让我们 中南财 一起追寻

<DAISHIN TEIKOKU>

©Yoko Konishi 2002

All rights reserved.

Original Japanese edition published by KODANSHA LTD.

Publication rights for Simplified Chinese character edition arranged with KODANSHA LTD. through KODANSHA BEIJING CULTURE LTD. Beijing, China.

本书由日本讲谈社授权社会科学文献出版社发行简体字中文版。版权所有，未经书面同意，不得以任何方式做全面或局部翻印、仿制或转载。

大清帝国

［日］增井经夫 著　程文明 译

ᠠᠯᠲᠠᠨ ᠬᠡᠦᠬᠡᠨ

目　录

导　读　/　1
引　言　/　1

序章　清代概观　/　1
　一　时代特征　/　1
　二　社会状况　/　11
　三　文化特征　/　21

/　明清易代的背景　/　31
　一　《华夷变态》　/　31
　二　满族的崛起与明朝的垮台　/　42
　三　明代遗产　/　56
　四　明朝遗老　/　67

大清帝国

2 清朝的强盛 / 77
    一 清朝统治的施行与贯彻 / 77
    二 三藩之乱 / 88
    三 康熙治世 / 99
    四 雍正时代 / 112
    五 乾隆朝的繁荣 / 120

3 清代社会的盛衰变化 / 131
    一 统治的弱化 / 131
    二 白莲教起义 / 141
    三 白银经济的确立 / 151
    四 对外关系的转变 / 162
    五 广东十三行 / 172

4 鸦片战争 / 181
    一 中国的近代 / 181
    二 鸦片贸易 / 191
    三 鸦片的大规模输入 / 201
    四 《南京条约》 / 212
    五 第二次鸦片战争 / 222

5 太平天国 / 233
    一 近代思想与活动 / 233
    二 拜上帝会 / 242

目录

  三 太平天国的发展 / 251
  四 对太平天国的评价 / 262
  五 太平天国的灭亡 / 272

6 清代的社会经济 / 283
  一 社会经济的基调 / 283
  二 通货和商人 / 295
  三 白银经济的展开 / 306
  四 商人的活跃 / 318
  五 会馆与公所 / 327

7 清代的学术 / 337
  一 中国文化遗产的集大成者 / 337
  二 清代思想 / 348
  三 清代史学 / 358
  四 清代诸学 / 374

8 清代的文艺 / 387
  一 清代文学 / 387
  二 清代美术 / 401
  三 清代建筑 / 420
  四 清代的文房用具 / 431

大清帝国

终章　清代二百七十年综述　/　442
　　一　中国历史上的清代　/　442
　　二　世界历史上的清代　/　453

参考文献　/　461

年　表　/　478

附　录　/　486

索　引　/　490

导　读

一

本书作者增井经夫先生，于昭和五年（1930）春毕业于东京大学东洋史专业，与其同期毕业的还有江上波夫先生和野原四郎先生（已故）。对于我而言，增井先生是东京大学东洋史专业的老前辈。

我与增井先生直接接触是1950年前后的事，时值增井先生受三省堂之邀，执笔编撰高中世界史教科书之际。记得当时，增井先生从重视近现代史的观点出发，计划编撰出一部倒叙式的世界史。那时，既没有文部省对教科书的检定，也没有教科书调查官。

当时，作为东大的一名"特别研究生"，我正在东洋史研究室效力，通过一名西洋史专业的朋友，收到了增井先生希望我协助他编写这部世界史的邀请。由于当时时间甚是充裕，我便接受了增井先生的邀请。但所谓的"倒叙式",真做起来并不像说起来那么简单,而且对于初出茅庐、资历尚浅的我来说,在当年并不是一件力所能及的事情。虽然我好歹完成了所承担的东洋史部分并提交了原稿,可当时并未出版,也许是由于三省堂编辑部方面不甚满意的缘故,增井先生编写倒叙式的世界史的计划最终就没有了下文。

许久之后,中国社会科学院历史研究所的多位专家为调查郭沫若先生流亡日本期间的相关资料来到日本,我曾作为向导,带他们造访了增井先生的宅邸。郭沫若先生在日本居住期间,曾去过位于本乡二丁目的文求堂书店,拜访过店主田中庆太郎先生,并与田中先生有过深交。这位田中庆太郎先生,正是增井先生的岳父。田中先生已然去世,因其子田中乾郎早在其前就已经过世,所以郭沫若先生的相关资料当时都保管在增井先生那里。

增井先生为自己的毕业论文选择了"清代的广东贸易"这样一个题目。虽然在当下来看,这可能是个极其普通的选题,但在当时,选择一个与近代史相关的题目撰写论文的学生是很少的,据说当时增井先生的老师也没给他好脸看。因此可以说,增井先生当年是下了很大的决心才选下这个题目的。那之后,增井先生便始终如一地从事着中国近代史的研究工作。

说起增井先生的研究成果(不包括论文),截至本书出版为止，第一部出版的是他的一部译著——H. B. 莫尔斯的《中国工商业行会论》(『支那ギルド論』，生活社，1941)。估计增井先生在撰写其毕业论文之际，借鉴过莫尔斯的这一著作。二战后，作为岩波新书的一部，增井先生在1951年出版了他的《太平天国》，也是在这一时期，中华人民共和国成立之后不久，太平天国的研究终于在新中国也开始有了生机。

增井先生并没有特别地采用中国方面的新史料，而是充分利用出版于德川时期的日本方面的文献，以其平实易懂的文章，对太平天国起义所具有的近代史意义进行了巧妙的叙述。在当时，以这样的形式对太平天国起义进行记述的日本学者的文章尚未出现。而且，《太平天国》被作为岩波新书的一个单行本出版，在当时也是非常符合时宜的。

《太平天国》一书出版，给日本的中国史学界带来了极大的影响，不仅在中国史研究者中，在一般的读者群中也被广为阅读。增井先生在该书中大量援引日本人在江户时期写的有关中国的文献、图书等，这似乎也给读者们留下了一种新鲜的印象。虽然在自战前开始便长期研究太平天国的学者中，存在对该书的各种不同的见解，但在当时日本的读书界，该书一石激起千层浪，而增井先生作为一位新晋的中国史专家，在当时给人们留下了很深的印象，

大清帝国

这是一个毫无疑义的事实。

四年后，增井先生以该书为基础，出版了名为《鸦片战争与太平天国》（『アヘン戦争と太平天国』，弘文堂、アテネ文庫）的小册子。该书是一本 A6 大小的 76 页的小册子，至今手中仍然保有该作的日本学者估计是很少的。虽然该书仅仅是一本小部头的著作，但在其中，增井先生却对太平天国起义和鸦片战争的关联性进行了准确的论述。该书中展开的论点，构成了《大清帝国》一书的重要组成部分。

1978 年，增井先生重新执笔写作《中国的两个悲剧——鸦片战争与太平天国》（『中国の二つの悲劇——アヘン戦争と太平天国』，研文出版）一书，再度就太平天国起义和鸦片战争的相关性发声。另外，增井先生还与中国文学研究者今村与志雄先生一起，共同翻译了吟唎（Augustus Frederick Lindley—Lin‒Le）的《太平天国》（全四册），并将其交由平凡社（东洋文库，1964~1965）出版。

增井先生在此之外还于 1966 年出版了《亚洲的历史与历史学者》（『アジアの歴史と歴史家』，吉川弘文馆）和《史通——唐代的历史观》（『史通——唐代の歴史観』，平凡社）两部著作，在三年后的 1969 年翻译并出版了《焚书——明代异端之书》（『焚書——明代異端の書』，平凡社，1969）。《焚书》的作者李卓吾先生不仅在中国的学界甚是知名，在当时日本的中国思想史领域也是一位常被提起的思想家。增井先生之所以特意翻译李卓吾先生的著述，恐怕是因为他很关注李卓吾先生吧。

如此看来，与社会经济史相比，增井先生应该是对思想史、文化史更感兴趣的。在金泽大学工作期间，增井先生之所以会如此将自己的研究重点放在中国思想史、文化史上，或许是因为居住在金泽这个中国史料比较缺乏的地方。在增井先生从金泽大学退休的1972年，他还出版了《中国的历史与民众》（『中国の歴史と民衆』，吉川弘文馆）一书。

战前，在东京大学东洋史学部，考证史学被视作正统，当时存在一种若不从事考证史学研究便得不到认可的倾向。增井先生和野原四郎先生都未曾参与到考证史学研究之中，所以在整个战前、战中时期，他们在学问上一直处于一种"在野"的地位。

在这段时期，刚刚起步的年轻学者虽然缺乏经济支撑，却依然努力地坚持着他们的研究工作。在当时，有稳定职位的研究人员可以说寥寥无几，增井先生是其中的一位。二战末期，抑或是二战刚结束后，增井先生在继三岛一先生之后，当上了旧制武藏高校的教授。随着新制大学的成立，增井先生随即成为武藏大学的教授。后由于金泽大学法文学部向其发出邀请，欲聘其为该学部的教授，增井先生在再三思虑后，最终决定到金泽大学就职，直至退休。

增井先生的大多数著作，都是在金泽大学工作时期执笔完成的。本书《大清帝国》，虽然也很可能是增井先生在金泽大学时期开始构思的，但出版是在他从金泽大学退休回到东京之后。继该著之后，增井先生在其晚年出版的著作中，还有《中国的两个悲剧——鸦片战争与太平天国》（参见前文）和《中国的白银和商人》（『中国の銀と商人』，研文出版，1986）两部。

二

以下，希望通过对《大清帝国》一书的简要介绍，为始读本书的各位读者提供些许指引。

在序章中，增井先生对清代的特征、社会状况、文化特色等进行了简明易懂的说明。可以说此章浓缩了增井先生的清代观，希望各位读者能认真品读。

第一章"明清更替的背景"，并不是从正面就明朝的灭亡和清朝的兴起等展开叙述，而是试图通过对明代遗产和明朝遗老的讲述等入题，对明清两代的朝代更迭做出了说明。为此，增井先生援引了长崎奉行中川忠英编撰的

《清俗纪闻》和《华夷变态》等史料。

《华夷变态》一书原本并没有出版。1644年以后，来到长崎的唐船（即中国商船）船长需要向长崎奉行提交报告书。后来江户幕府的大学头林鹅峰（即林春斋）、林凤岗父子将这些报告书施以整理，并将其命名为《华夷变态》，研究者只能到内阁文库才能查阅找这一史料。中国史研究人员几乎无人使用过这一史料。但广岛大学教授浦廉一先生发现了它的价值，动员他指导下的小组研究生、大学生将其原文誊抄下来，并委托东洋文库将其出版。当时，正在东洋文库担任研究员的我，受研究部长和田清先生之命，担当了《华夷变态》一书的编辑和校对。该书全书共三卷，其中上卷于1958年出版，中卷、下卷于1959年分别出版面世。

增井先生第一时间便注意到了出版的《华夷变态》，并将其用于《大清帝国》的写作。据此可见，当年增井先生在学术研究上无疑是非常积极的，而这也是增井先生和我之间的学术渊源。

在第二章"清朝的强盛"部分，增井先生就康熙、雍正、乾隆三代进行了记述。这三代是清朝最为繁荣、辉煌的时期。虽然同时也出现了三藩之乱，但清朝统治者通过对其进行有效的镇压，为自己的统治确立起了牢固的基础。若是一般的清代概述，恐怕会把这部分作为重点来叙述。可增井先生似乎并没有对其进行特别重点的处理。

在第三章"清代社会的盛衰变化"中，增井先生从乾隆末期发生的白莲教起义展开，分别对白银经济的形成、来自欧美各国外压的开始、广东十三行等进行了叙述。过了全盛时期的清朝各种矛盾接踵而至，迎来了盛衰转换的时期。增井先生毕业论文中选取的广东贸易也不断地产生问题。可以说，对于相当于鸦片战争前史的这一时期，增井先生倾注了大量笔墨。

第四章"鸦片战争"和第五章"太平天国"在本书中是大放异彩的两章，是增井先生重点阐述的内容。当然，在这之前，以《太平天国》（岩波新书）为代表，增井先生曾写过很多相关著作和论文。读者若是读了这两章，应该会清楚地发现增井先生在《大清帝国》中也对太平天国起义和鸦片战争给予了高度重视的原因。至此，本书中关于政治史的记述告一段落。尽管该著名为《大清帝国》，但政治史叙事是截至十九世纪中叶的，这应该还是有问题的。但这并不是增井先生的责任，遵照讲谈社编辑部定下的方针，只能如此。在此，我必须加以澄清。

在第六章"清代的社会经济"这一部分之中，增井先生对清代的通货，特别是白银流通的问题、白银与商人的关系、会馆与公所等进行了详述。在其近代中国经济研究中，增井先生最为关心的是白银流通问题。如前所述，增井先生在其晚年,还在《中国的白银与商人》一书中对这一问题进行了系统的论述。增井先生似乎格外关注流通问题。关于会馆与公所,正如他在二战期间翻译了H. B. 莫尔斯《中国工商业行会论》一书所显示的,增井先生同样对此极为关注。

第七章"清代的学术"亦如前章,增井先生对此话题做出了非常详尽且广泛的论述。在思想方面,增井先生自朱子学谈起,对反对朱子学的异端思想家明末的李卓吾也进行了详尽的论述。如前文所述,增井先生曾翻译出版过李卓吾的代表作《焚书》。在史学方面,增井先生对王鸣盛、钱大昕、赵翼、章学诚等进行了详述。另外,他也论及了清代的地理学、考古学、天文学、医学等。除本书外,在"中国的历史"系列丛书之中恐怕没有其他能如此全面、详细地对学术、思想领域展开叙述的著作吧。由此也可以看出,增井先生对学术、思想是极为重视的。

在第八章"清代的文艺"之中,增井先生对文学、美术、建筑、文具等进行了叙述,尤其是对文学、美术的叙述更为详细。至此,关于清代的学术、文艺,本书的小词典功能发挥完毕。如前所述,本书中关于政治史的叙事截止于十九世纪中叶,而第六章至第八章却一直叙述到清末。

在最后一章，增井先生从整体上对清代历时二百七十年的发展过程做出了一个清晰的总括。

三

作为1974年刊行面世的"中国的历史"系列丛书中的一本，《清帝国》即将改名为《大清帝国》（即本书），并被正式收入讲谈社学术文库。由于增井先生于1995年6月先行辞世，讲谈社便请我来协助完成这一工作。基于与增井先生生前的缘分，我便接受了这一邀请。

拜读此书时最先注意到的，是此前的注音假名有很多错误的问题，其次是汉字也有一些错误，这些都是我的责任，已订正完成。再有是增井先生在其著作中，都是以"扬子江"的表述来行文的，由于最近日本已改称"长江"了，所以我将其都改为"长江"。此外，由于藤井宏先生的论文，我还将增井先生"新安商人"的表述改为更为人知的"徽州商人"。

另外还有一处，在此想指出增井先生的一处误解。增井先生原文中的"'宋代＝近世'的观点早已在日本普遍存在。为了论证这一点，人们曾从思想、艺术、法制、经济等方面出发，提出过很多证据，并据此宣称：同西欧相比，中国早在几个世纪前便进入了近世"的表述，似乎

导 读

会给我们这样一种印象："宋代近世说"当时在中国史学界已经成为一种定论。但实际上，围绕"宋代近世说"这一问题，在战后的日本中国史学界已经展开了一场激烈的争论。宋代近世说最早是京都大学的内藤湖南博士提出的一个观点，战后，其学生宫崎市定教授等对此做了详细的说明。

但在战后迅速重建起来的历史学研究会的年轻学者，对内藤湖南博士的观点进行了激烈的批判，并通过对出现于五代、宋代初期的地主与佃户制度的分析，提出了正是这一时期才是中国封建生产关系的确立时期。是将宋代视作中国封建制度的确立时期（中世），还是像内藤、宫崎主张的那样，将宋代视作近代中国近世社会的确立时期呢？如今这两种主张相互对立，尚未形成一个定论性的观点。对此，希望读者能够谅解。

东京女子大学名誉教授　山根幸夫

引 言

清代——此前中国的集大成者

在讨论中国史之阶段划分时,基于各朝代的历史进行划分,已成了一种久而久之的习惯。特别是在通史编撰之际,若使用其他方法,不仅难以划分,而且今天看起来,也似乎无此必要。本书的记述针对自清王朝兴起至其衰败,即自十七世纪中叶至十九世纪末的清代中国的历史发展状况展开,也就是说,描述的是所谓的旧中国的最后的繁荣,及其逐步走向没落的过程。

在人类历史上,清代中国给世人留下的印象是:它既是一个难以企及的顶点,也是一君万民社会的终结点。但由于今日之中国是在否定旧中国的基础上建立起来的,所以即便是取清代而论,除那些可视作人民遗产的事物外,

大清帝国

人们并不会对这段历史产生多少认同。但事实上，中国人传下来的可夸耀于世界的文化遗产，却多数是清代遗留下来的。

清代简略年表（从明清之际至太平天国运动）

公历	皇帝	重要事件
1644	顺治	明清更替 三王之乱(1645～1661)
1662	康熙	三藩之乱(1673～1681) 中俄《尼布楚条约》(1689)
1700		《康熙字典》(1716) 平定西藏(1720) 禁止传教(1723)
1723	雍正	
1736	乾隆	平定回部(1759) 英国马戛尔尼使团来华(1793)
1796	嘉庆	白莲教起义(1796～1804)
1800		英国阿美士德使团来华(1816)
1820	道光	鸦片战争开始(1839) 《南京条约》(1842)
1851	咸丰	太平天国运动(1851) 亚罗号事件(1856) 《天津条约》(1858)
1862		
1864	同治	太平天国运动失败(1864)

引　言

　　清代，是此前中国的集大成者。仅以此视角来解说清代的社会、经济情况和思想、文化动向等，或许没有什么意义。之所以这样说，是因为一直以来，我们的做法多是将清代历史作为王朝历史之一加以看待，并以清王朝为中心就其政治性问题展开各种记述。这与其说是我们一心专注政治史、无心他顾，不如说是基于这样一个事实：除了这种视角之外，我们可为清代赋予一定特色的地方还相对不多。

　　所谓政治史，可以说是一种用测振仪记录的社会波形，正是以此描画出来的一个个事件，历史才有了它的脉络。然而，这一脉络图容易将一个看似平整且成规律性反复的历史印象展现在我们面前。本书力求规避该记述方法，特别是将不会采用那种越对这为数庞杂的事实进行阐释便越感充实的记述方法。此前的中国史书，皆是经官僚之手，为官僚而写就的，他们为之日夜执着的制度、官位等，几乎占据了那些史书的全部主题，其遗风仍然延续至今。因此，本书刻意规避了这一点。毕竟即使在今天，这种一味列举谁是重要人物、谁是大小官员的记述方式，也算得上是一种喋喋不休、令人厌烦的笔调了。

本书的宗旨

　　我在动笔之初，便未曾想过让本书发挥一种清史事典的作用。因为这样的事典中，已经有了许多杰出的著作，所以行文时也不曾想过要网罗各个方面。读者之期待甚为广泛，本书难以对此做出相应回应之处，在此还请见谅。另外，很多读者已经习惯了长期以来的、传统的中国史记述。可以想象，对于这些读者来说，本书也定会有很多不足之处。对此，若能将这种不足视作视角不同的结果，我会倍感荣幸。

我原本想将此书作为一本民众史付梓，可这样一来便会使本书失去它作为"丛书"中的一部的功能，所以未敢那样尝试。如此一来，不能否定的是，本书存在表达不清、解释不够充分的问题。其实，就概说性的著作而言，这样的欠缺本来就是相伴而生的，实难避免。不过反过来说，在此类概说性著作中，也并不是都没有新的东西可去发掘。如同张网逐鱼群，鱼群的特点自然重要，可与之相比，我们也能深感渔网性能的重要性。

以清代的美术为例，通观其各个领域，如果说绘画、书法方面的问题还比较明晰，那么雕刻方面的问题就是十分令人困惑的。留存至今的实物并非没有。若说明清时期雕刻呈衰退之势，可视作雕刻物的东西那时已不存在，这已经是过去的说法了。当人们认定何为雕塑的时候，我们用以逐鱼的网眼似乎该是问题的关键。明清时期，建雕塑的需求变少，人们建雕塑的欲求也随之下降，这一事实当

引　言

时确实存在。可与其说是雕刻技术衰退了，不如说是转换了发展方向，即在雕漆、玉器和象牙精细雕工等方面实现了转型和发展。这种倾向不只在中国，在亚洲其他地区也能够见到。日本江户时期塑像建造呈衰退之势，我们会想到其背景因素可能与中国的情况有共通之处。宗教热情冷却、人们的审美意识发生改变等，仅以这样的理由便难以厘清的问题，我们还能想到很多。所谓概说性的著作，可以说都是提出问题多一些，但不强调对其做出各种解答。

本书记述的是旧中国的最后阶段——清代，具体记述内容包括：首先，政治上着眼于将庞大的官僚组织统一到服务于皇帝一人的强力、实效的政治体制，经济上聚焦于以白银为支撑的商品流通的盛况；其次，对这二者朝向极限发展的过程进行了一定的描述；最后，针对促使清代由政治经济鼎盛局面最终走向政治崩溃、经济解体的三方面因素——来自外部的西方国家的军事、经济入侵，源自内部的国内农民的反抗，以及以市民阶层为主的经济势力的优势发展——分别进行了相应的记述。其中，最后一方面的记述内容也会下及至清末，但本书对此所做的记述未必充分、详尽。另外，当我们观今日之中国、论旧时之中国之际，当然也要言及现在的印度、西亚等国家和地区，而且也不能不环顾对那些被称为第三世界的国家。这些都是相当困难的工作，所以本书对此进行的论述，也容易流于

大清帝国

一些定论、公说。尽管定论、公说可以令日本读者产生一种放心感，可我还是在努力回避这种做法，所以也会为本书增添很多难以理解的地方。不知在读者心里的那面镜子中，本书的论述到底会形成一种怎样的映像？我想即使其中只有一幅映像能被读者朋友收入画框、长期留存，也算是我的幸运了。

序章
清代概观

一 时代特征

如何看待清代

十七世纪中后期至二十世纪初的中国清朝大体与日本江户时期并行,欧洲则处在近代民族国家崛起发展的时期。由于这一时期近代欧洲(国家)已向世界各地拓展自己,所以亚洲的文明、东方的(财富)富足等,这些起初曾为西方憧憬、向往的印记已发生改变——此时的亚洲、东方,在西方看来已然成了一个僵化、落后的"亚细亚"。另一方面,亚洲本身也在发生改变,它开始意识到自己的落后,认识到自己远不及西方。及至江户幕府崩溃王朝覆灭,人们随即认为这种社会发展的迟滞于江户幕府的锁国政策和王朝的大中华观念。

大清帝国

政治上的变革会缔造新的时代。及至新时代出现，前朝一般都会被视作一个失策、错误甚多的时代。基于这种认识，近代史学表现出了如下趋势，即以社会发展为主要课题，将对探究社会矛盾当作解释历史的关键。为此，十七世纪至十九世纪的亚洲历史，尽管留下了难以计数的文化遗产，但在时代意义上并未被给予多高的评价，不仅中国如此，日本、印度也不例外。向前推溯，当我们想到中国的唐、宋和日本的平安、镰仓等时期时，与社会发展之类的问题不同，仅是在文化上，人们都会努力认可它们，赋予它们重大意义。相比之下，人们对十七至十九世纪亚洲史做出的评价却明显有失偏颇。一言概之，这种评价虽在时间的亚洲归于近世，但在时代特性上，却认为它是反近代的。

人们一旦认为某个时代存在此种倾向，且此种特性甚是明显，便会刻意提取诸如此般的事实并将其积累起来，如此一来，便越发认为确实如此了。若人们想到的是与之相反的倾向、特性，同样也能找出许多与之相符的史实。即便事实只有一个，观察它的视角和思考它的方式也会各不相同。

那么，是不是说可以毫无凭据地解读历史事实呢？绝非如此。能够让我们接受的思考方式、研究方法等并非多种多样的，在现在与过去之间进行"健康"的对话

序章 清代概观

是人们所希望的,我们必须循着这样一条路径来与过去对话。

"清代史"这一名称①

大清帝国是一个庞大的帝国,它与存续许久的古罗马帝国一样,一直延续至一个时代的最后。那时人们一般习惯于将这一时期称为"清朝的时代",将这段历史称为"清朝史"。如此称来称去,便出现了以清政府为中心来进行思考的毛病。其结果,或是清朝之天子都是些比历代王朝英明的皇帝,或是彼时之官僚机构在当时的世界上非常完备无人可比,对清代历史进行的研究多是以赞誉而终的。对此,即使不能视其为错,却也不禁觉得似有误判之嫌。如我们把历史地域、民众、社会所具有的一种内在驱动力的发展性,而非一种王朝史纳入视野的话,将这一时期的历史称作"清代史"似乎更为适合。所谓"清"这一国号,对当时中国的汉族人而言,其实是位于主导地位

---

① 在本节,作者区分了"清朝时期"和"清代"的不同(原文分别将其表述为"清朝の時代"和"清代"),认为这两种叫法对中国历史的研究倾向产生了一定的负面影响,并力图以此认识为据厘清"清代史"这一称谓,这对如何翻译原文中的相关概念、表述带来了很大的困难。对此,在翻译过程中,采取了尽量尊重原文的处理方法,所以译文中的个别表述、概念,虽在字面上与国内普遍使用的表述、概念一致,其意义却未必完全一致。——译者注

的朝廷的自称，与满族统治中国的历史记忆也有密切的联系。

就欧洲历史而言，当人们提起法国的波旁王朝时期、英国的都铎王朝时期，我们的研究一般会将王朝文化作为对象，而非将那一时期的一切全部涵盖进来。在伊朗历史上，近世以前的阿契美尼德王朝时期和萨珊王朝时期等自不用说，近世的萨非王朝、卡加王朝、巴列维王朝时期被作为一个"时代"加以称呼的很少。在日本，"藤原时代"、"足利时代"、"德川时代"的叫法已然为人放弃，这同样并非偶然。虽无人以其国姓——爱新觉罗来称清王朝，可"清"与"爱新觉罗"实乃同义，这很早开始便为人知晓了。也就是说，称清王朝为"清代"，是一种古来如此的叫法，时至今日，尚无可取而代之者出现。

通过王朝名来对中国历史进行时代划分，不仅是一种长期以来的习惯性做法，也由于史料制约，且一般认为王朝之更替一定程度上也映照了基础层面的社会变迁，所以实际上也没有人去尝试硬行改变此种称谓。即便是通过各王朝的权力中心所在地的北京、开封、西安等来划分统治，并立足于此研究中国史，也难说就可以超越以往，收获更为有效的成果。或者如世界史那样将其按世纪划分又如何呢？恐怕要让人接受这种划分方法也尚需时日。

序章　清代概观

繁荣的前清和衰落的晚清

在印度的莫卧儿帝国史中，虽然自巴布尔占领了德里，阿克巴统一帝国，至奥朗则布进一步扩大帝国领土，其间共有六代皇帝掌控莫卧儿帝国，为印度史留下了浓墨重彩的一笔，但其后的莫卧儿帝国由于地方割据，成了一个空壳，并在不久后被英国蚕食，又成了大英帝国控制下的印度。奥朗则布之后虽然有十一代皇帝，但几乎都是名义上的，没有任何实权，人们称此时期为后莫卧儿时代。

仅就清代的清朝政权而言，其发展可以分成三个时期：前期始自满洲地区的一个部族强大起来，进而攻占北京，建立起自己的政权；中期是其平定中原，收并新疆、西藏，进而进入全盛阶段；及至清政府屈服于西方势力、最后崩溃的这段时期，可被认为是清朝政权的后期。但若就中国社会而言，则明显可划分为前后两个时期：前期承继明代时期既已实现增长的社会生产，实现了基于自给自足的稳定和大繁荣；后期因受欧洲产业革命大潮冲击而走向衰落、崩溃。

在近代西方的攻势下，印度如瓦砾般破碎，中国似冰块般融化，而日本则像蒸发了一样，来了个一百八十度的大变身，这些都是令人关注的话题，长期以来屡屡被人研究。有些研究甚至认为，亚洲各国的主食是大米还是小

大清帝国

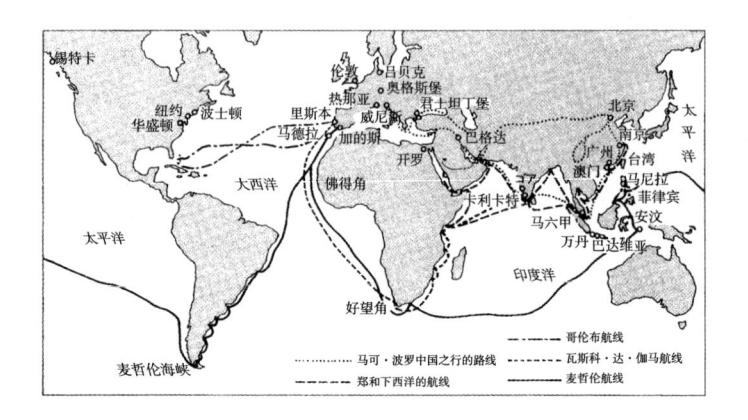

麦,仅仅是由于产自一定土地的农作物总量所能提供的热量不同。但毋庸争辩的是,无论是印度、日本还是中国,在受到西方冲击之前,其社会状况原本不同,这是其应对西方挑战的社会条件。但当时最习惯于同外来民族接触的印度遭受的损害最大;最不习惯的日本在一定意义上损失最小。这其中的缘由,仅凭亚洲各地区与欧洲势力接触的状况,是难以阐述清楚的,其结果缘于接触的时期差异,也缘于欧美各国具体情况的不同。也就是说,比起来自外部的压力,即所谓的"外压",那些内部的东西更应该被探讨。在对外部影响、往来交涉等进行研究之前,需不断挖掘存在于每个行为主体之中的问题,人们往往懈怠于此,而这似乎也成了一种通病。

对清代的研究亦是如此。清代前期与后期之间的巨大落差使民族和国家出现内耗,失去坚强的意志,甚至步入落魄之途；也令其失去了政权的平衡，进而丢掉了恢复、重振它的意欲，采取一种置之不理的姿态。这一落差不仅涉及政治和经济层面，而且涵盖了整个社会层面，要测量这一落差绝非易事。

少数民族的统治

汉族人以自己吸收、同化其他民族的能力之强而感到自豪。这或许也可以说，他们很难被同化到别的民族中去。这成为汉族人引以为豪的资本。但少数移民被当地人同化，实为随处可见之事，入关后的满族人之所以在二百五十年的统治时期全部被汉化，可以说是一种为实现统治而主动为之的同化，与之相比，拒绝汉化的蒙古族的统治不满百年。所谓以汉人为主的社会融合其他民族的能力特别强，并非其本质如此，而是由于不时需要如此强调而已。

这个世界上混杂居住着许多民族，他们的语言、习惯等都千差万别，或彼此对抗，或相互融合，循环往复，而这种现象最为显著的地方是西亚地区。在此，能够看到不同民族间接触与冲突、统治与被统治的所有缩影，很难认定哪个民族宽容、哪个民族冷酷。这类似于两个人的相遇，可以说，双方的关系变化几乎是由相遇之时的实力对比、相遇之前的利害关系等左右的。当某一民族率军大举进攻另一民族之时，则进攻方统治对方的意图明显，伴随着掠夺、杀戮，充满了压制与傲慢。与其说此种行为缘于一种民族性，不如说会因时而异，从渐次积累起来的经验来看，历史上曾出现过的强力压制逐渐缓和的现象也并非一定与民族性的转向有关。历史与现今原本并无二致，就局部来看，相似剧目还在不时地上演着。

除战时外，少数民族统治的水平也在随着时代的发展而不断提高。中国历史上曾反反复复出现过少数民族建立全国统一政权的情况，从匈奴到鲜卑，从契丹到女真，再从蒙古到满族，时代距今越近，其统治区域越广，其渗透力越强，这仅用军事实力变强来加以说明是行不通的。当时，在与其相对应的中国内地的汉族人社会中，实际上也内含着可使少数民族统治扩大的因素，汉族人在民族间的相互习惯、融合方面也付出了心血。

虽说满族人之统治中国，不仅在中国历史上即使是在世界历史上也算高明的，但经过二百五十年，入关前的满族人却悄然无踪了。满族投入了汉族的怀抱，双方相互融合了。

对外关系

1689 年，清政府与俄国之间缔结了《尼布楚条约》。该条约确认了中国与俄国之间的对等地位,设定了两国的国境,是当时中国初次认可在朝贡体制以外,也存在与自己地位对等的国家的标志,这一点已广为人知。该条约缔结之前,清政府一直认为世界都处于自己的统治之下,尚未有往来之地的住民未及皇恩,皆属蛮夷。不仅是《尼布楚条约》缔结之前如此,这种意识其后同样表现得甚为强烈,招致了外国的反感,所以人们说这是清朝继承了古代帝国的大中华意识。看似如此,但其实在很久之前的汉代,人们便将远在西方的罗马叫作"大秦",知道当时西方有与自己类似的大国存在。当大国意识为自信确证之时,它与不安相伴之时的表现、反应是不同的。缔结《尼布楚条约》之际,清朝处于勃兴时期,其大国意识的反应是主动与俄国缔约,至后来清政府因鸦片战争屈服于英国,并与之签下《南京条约》之时,其大国意识的表现则是想把自己封闭起来。

鸦片战争后的中国的对外关系一蹶不振,以致各列强都开始议论是否该对中国实施分割统治。究其原因,人们都认为是因为那井底之蛙般的大中华思想:在这种认为世界皆应处于自己统治之下的中华帝国,抑或说天下国家的虚妄的大中华思想下,清政府难以正视现实,令自己表现出一种极尽妄自尊大、极尽寡闻无知的形象。

大清帝国

无论哪个民族，都有自认为本族是一个优秀民族的倾向。这种自豪感或表现为一种"选民思想"，认为本族是被神所选定的民族，或表现为一种"神州思想"，以为本国是神的国度。由于长期以来，这种认识已成为中华民族的一大思想支柱，所以我们与其单就大中华思想责备个没完，莫如说其原因还是在于那个时代。晚清时期所持有的那种令其对外姿态固化的诸般情势和民族自信就是大中华思想，其原因亦应被归结于当年的那种迫在眉睫的境况。在汹涌而来的近代化浪潮中，当年的溺水者能抓住的救命稻草，也只有大中华思想了。

都说中国人古来就是谙熟政治的民族，思想在现实中的推行、有计划的生活的维系，皆与政治有着一定的关系。可若说是不是所有的政治模式都在中国人的历史中被尝试过了呢？实则不然，事实上只是以皇帝为中心、以官僚为羽翼的政权组织在变，生活在其中的中国人尽管已经习惯了权谋术数，能很快顺应大势，但因为他们一直生活在同一类型的政治模式中，所以虽看似是谙熟政治的达人，但当他们需要应对其他类型的政治时，也同其他国家、民族的人一样非常幼稚。回顾当时的情况，中国在外交原则上时而"远交近攻"，时而"以柔克刚"，时而"一以贯之"，等等，左右摇摆，举棋不定，同时代的日本也是如此。不过，在这样的历史时刻，个人能力会凸显出来，重要人物可以发挥类似转折点的重要作用，这同样也是各国相通之处。

二 社会状况

农业社会的持续

虽然中国社会的上层部分曾因不时发生的政变而剧烈变动，但我们相信，其底层部分如大海深处一般，并未受到海面上暴风骤雨的太大影响。之所以这样说，是因为在一个农业国家里，无论哪里均是如此，人民由于从事的是天灾频发的农业生产，所以也习惯了忍受人祸，明白保持古来如此的习惯最为有利。尽管如此，随着农耕技术、耕种作物品种、农产品分配等发生变化，农业社会也在逐渐改变。这种改变使中国广大农村地区渐次形成了一个自给自足的圈子。与地域差导致的分裂、对立相比，这种改变似乎使人们超越了为数众多的方言、习俗的不同，强化了"同为中国人"的共同认知。这种共同认知不是近代国家主义，而是一种扎根于土地的中国农民的集体意识。

在中国，城市生活和农村生活很早便出现了差异，城市内聚集着工业、商业，各种各样的消费不断出现、膨胀，城市居民以一种将其称作"乡下"的轻蔑的目光

大清帝国

看待地方。这虽是世界各地共通的现象,但在中国,城市几乎未曾以其工商业为基础,孕育出某种从农村独立出来的倾向,工商业自身也不曾有过脱离农村以求自立的立场。尽管这种现象一般被解释为人和物资均为政治权力强力支配所致,但与这种解释相比,不如说是由于中国农村的结构被原封不动地搬到城市,并被维系下来。中国的城市是一种农村型城市,其中没能孕育出自由意识的土壤。这并不是指中国的城市表面上看起来是田园都市,而是指城市中的人际关系和生活方式的基调是农村式的。或许也可以说,这种城市特性,在亚洲各国是具有共通性的。

当然,也可以认为当时中国的城市分别具有政治型城市、农业型城市、贸易型城市的特征,而且它们也的确发挥过与之相对的功能,只是并不具有将农村人口吸引到城市来的功能罢了。农村对城市的依存仅限于城市的周边地区;反之,城市寄生于农村的事实却十分明显,这反映在城市居民的主要阶层是被称为"不在地主"的人群上,所以一旦农村发生饥荒,城市经济便会随之疲敝。彼时中国的农村和城市,与其说是对立的,莫如说是一种共存的关系,甚至可以说,如果城市与农村不能共存,社会便会无以为继。实际上,中国没有出现产业革命,所以中国不曾进入近代——这是郭沫若先生所言。在中国,即便各式各样的机器、驱动装置等被发明、制造出来，我们也很难具体想象中国的产业革命是什么样的。

农村社会的结构

中国农业社会缓慢发展，自十四、十五世纪以来，农村逐渐形成了地主、自耕农、雇农三个阶层，并固定了下来。这虽意味着农奴阶层获得了解放，但由于地主和自耕农成了农村各个村落的主体，所以也可以说，这种阶层结构使雇农阶层的附属身份变得更加普遍。商品作物种植进一步发展，在种桑、种茶的基础上，木棉的种植也得以发展，农民的生活水平在当时获得了提升。可是，集体要求降低地租的抗租事件也因此变得多发起来。这种抗争当然要比来自奴隶的斗争强烈，而且也会不断发生，这意味着当时中国的农村问题开始逐渐朝着"耕者有其田"这一雇农阶层的要求聚集。

尽管在不同的地区，农村的特点等都各不相同，差别很大，但长期以来农村都是基于农民共同生活的一种结合，共同体特征明显。共同体的基础包括共用的水利设施和山林、沼泽、墓地等共有的土地，其经营权主要掌握在地主和自耕农的手里，在惯例的影响下，强制性甚为严重，而且倾向于由地主特别是大地主独断专营。这样一来，农村村落共同体的自治也朝同一方向发展。如为了村庄的安全，农民会自己武装起来与贼匪作战，与其他村庄斗争，但这种自治性的组织也经常会镇压村内的不满分子，警察、司法等力量也经常被在村里拥有实权的人物所掌控。

村落共同体在饮用水源和灌溉用水等方面却似乎相当公平，还有路桥、舟渡等的交通，在学校、寺庙等处实施的教育，墓地的维持，水害、虫害、旱灾的应对等，村落共同体自觉承担起责任的事项也很多。但总体来说，村中大地主的力量多会与官府勾结，成为当时中国农村封建专制统治的基层网络节点。

这些村落有时还会几个、数十个地联合起来，进一步强化其自治力。联合起来的村落设立起称作"公所"的事务性机构来负责单个村落难以负担的工作。这也可视为一种地主的联合，是主要担当起与官府进行相关交涉的机构。它或在租税的征收、物资的征缴等方面与官府达成协议；或组建义勇队，承担共同的自我保卫责任；甚至有些还会建起称作"育婴堂"的孤儿院，经营一些慈善事业，建起自己的仓库以防止市场被城市独占，培育自己的手工业以构建独立的市场等。

这种主要由地主控制的村落联合体一方面压迫自耕农、雇农，另一方面有时也会牵制、制约官府，甚至会与之发生冲突。实际上，当时的政府也是通过与它的密切联系维持政权的，所以正是所谓的"乡党父老"，即那些村落共同体的领导者，才是当时中国封建统治的支柱所在。

城市工商业

自十六、十七世纪起，在以北京为首的主要政治城市里都盛行开设名为"会馆"的地方派驻机构，作为地方与中央的一个联络纽带，其开设者也以府、县为主，并逐渐出现了以省为单位的大型"会所"。在这种同乡团体的背后，商业的发展是一个非常重要的背景，城市工商业者也对其行业组织进行了再编，使其实力愈加强大。

中国同行业者历来抱团，他们组织起自己的同业集团，商人的同业集团称"行"，手工业者的同业团体称"作"，他们在国家的集权统治下相互扶助，十一世纪前后开始发展形成了颇具自主性的独立的同行组织。政府方面也改变了管理方式，由以往的直接管理转为通过此类组织实施间接管理，城市工商业也因其自主性而得到了进一步的发展。在同乡团体与地方产业直接连接起来后，同行业团体也开始在主要城市中开设"会馆"，强化他们相互间的联系，所以城市中的同行会活动也变得频繁起来。

在城市商业中，最活跃的是那些从事金融业的人。随着货币单位由铜钱到白银的转变，他们通过操控钱银比价、铸造银锭、发行银票等积蓄财力，使自己成为所谓高利贷资本的中坚力量。此外，他们中的很多人在居间贸易、易货贸易中也拥有大量资本，使茶业、生丝业的发展盛极一时。

城市手工业中，织染、造纸、陶瓷玉器等方面的技术也达到了当时世界的最高水平，中国的陶瓷和茶叶已经大量出口至国际市场。在广州的贸易商人中甚至出现了据说是世界首富的大富豪，可见作为前近代社会，中国当时的工商业已经达至一种成熟的形态，而其象征性代表便是当年的那些城市工商业者。他们均建立起了自己的同行业组织，那些或称会长或称行头的头脑人物，基本上独霸着同行业组织的运营。不过，它们当时并没有联合起来处理市政事务。虽然他们实质性地行使过军事、司法、执法等具体权力，但在城市并没有真正将地方官驱逐出去、实行自治的事例。

因此可以说，让某一城市成为自由都市，使其从国家权力中分离开来，将自己的军事实力用于自己的经济斗争等，是彼时的中国工商业者想都没想过的——国家的统治如魔咒般强有力地束缚着他们。换个视角说，在当时的国家权力之下，中国工商业者的力量若不能为国家权力所用，那么他们定会活跃在国家之外。远渡海外者增多，东南亚各地的华侨在当地获得的快速发展并非偶然。即使在十八世纪以后，政府禁止国人离开国内，实施海禁，远渡海外者还是不断出现，这可以说都是理所当然的。

官僚制度的极致发展

中国的官僚政治历史悠久，甚至可以上溯至国家形态确立之初，官吏的出身阶级及其组织等也屡经变化。不过，其中的政权治理却一直是由天子任命专门官吏进行的。这些官吏古时虽曾呈现一种通过世袭或欲通过世袭来沿袭的倾向，但与这种家世、身份会一直拥有权威的主张相对，在中国，古来便存在着另一条通官之路，即天子根据个人的能力和品行等，对其进行直接任命。政府的某一官位即是一种权威，同时也意味着该官员可以行使某一特定职权，这种以皇帝为顶点的金字塔形的政权管理系统逐渐发展成熟，自十四、十五世纪开始，整个中国社会便被一张蔽日的、可以称为"官僚网"的大网罩了起来。少数的几个位于金字塔顶端的大官掌控着为数众多的下级官吏，他们权倾万民，但也都是为皇帝一人服务的。

中国历代王朝在其建立之初，都有官僚阶层的支持作为其基石，政权运营都是通过官僚系统实现的。当然，在不同朝代，官吏的特征多有变化，官僚系统的组织形式等也多有重组，及至清代，中国的官僚制度已经呈现出一种无比完备的形制，可谓发展到了极致。在中央，皇帝之下

大清帝国

设置内阁，内阁大臣由有地方势力背景的大官出任，在将来自全国各地的有能力者吸纳至内阁这一权力中心的同时，还将作为其手足的官员委任到全国各地。在地方，许以地方胥吏根据当地习惯做法管控行政性事务，以使"官员"和"胥吏"各成体系，各司其职，既强化了中央的权威，也使体制具有了一定的弹性——在官和吏之间确立了一种不连续的政治，实现了一种相互间的牵制和政治强压。一言概之，清代官僚制度整体贯彻了这样一种体制：权力集于皇帝一人，责任全部分散至下层和民众。

在当时的中国，官僚属于最精英的阶层，他们拥有诸多特权，统治着民众。虽说官僚阶层中也有新鲜血液注入，但基本被各地名门望族把持，若非大地主是无法进入这一阶层的。若干豪商也加入其中，其后即会出现一股经济上处于支配地位的势力。在当时，被人们称为"官场"的官僚社会相互牵制、相互斗争，其结果是各自努力维系自身地位、利益的不良特性甚为明显，长此以往，体制自然会流于僵硬。

清政府每每在难以进一步提拔人才时，便会增设新的机构加以应对。但由于新设机构，官位层层叠加，所以及至清末，整个官僚组织的弱点已经完全暴露出来，几乎没有可动的位置了。在指导者能力强的时候，清代中国的官僚组织的管控能力会毫无遗漏地达至基层末端，将一种可谓壮丽的统帅美展现给我们，但这种官僚体制一旦变得僵硬起来，那么无论是在哪个节点，都是容易出现阻塞的——这是一种典型的集权政治的政治运行体制。

城市与农村

一般认为，农耕地区的社会生活的很多问题，都可以从对城市和农村进行的对比中提取出来，不只在中国，其他国家也一样。之所以这样说，是因为二者在支撑城市、农村生活的衣食住行等方面的条件不仅原本就不尽相同，而且在长期的发展过程中还形成了各自的独特之处。二者的独特之处的形成有赖于各方面条件的组合和各自生活的长期累积，所以城市有城市呈现给人们的一面，农村有农村呈现给人们的一面。

在中国社会进入流通经济已获发展的近代后，中国的大城市多在其周边培育出了数个相连的卫星城市，它们距此大城市的距离基本都在一日行程左右，与该中心城市共同构成一个经济圈，成为城市和农村相互交流的一个节点。在中国，虽然古来便有认为城市富足、农村贫困的倾向，但并未形成一个城市将农村吸纳于其中的体制。

前文所说的中国城市有着农村社会的特性，并说它作为城市发展得尚不够成熟，这都不是指它当时的工业化水平比较落后，而是意味着城市的生活节奏与农村是一样的，农村的共同体式的生活基调在城市中也是普遍存在的，在此基础上，城市工商业行业组织的各种规制支撑着这个共同体式的城市生活。当时的中国城市，并没有衍生出自由，也并没有让市民阶层获得相应的发展——这是欧洲人看到被城墙围绕的景观时说出来的话。不过，虽然像欧洲那样讴歌胜利、说这个时代属于我们的市民在当时的中国没有出现，但极富忍耐性，能够开拓出独立的自觉性的市民，不仅在城市，在当时的农村也已孕育出了很多很多，而且支撑他们成长的基础条件实际上在那时也已经出现了。

说中国的城市总是在文化、经济等方面引领着农村，各种繁荣都集中在城市，这并非一种决定性的观点。实际上，农村也有积累，有文化，而且人才辈出。因为无论是城市还是农村，当时的体制都同样地触及了二者，它们都同样为官僚组织所吸纳，它们的利益同样为中央政府所攫取。在体制的强压下，二者会朝同一方向发展，其中也会孕育出相同的要素。比如在欧洲近代国家对外开拓殖民地，并通过牺牲殖民地的方式发展自己之际，在殖民地范围内，难道不是到处都呈现了同样的景象吗？与之相反，不是通过国外的殖民地，而是通过本国民众的牺牲来使官僚国家获得发展，无论是在城市还是农村，所呈现出来的，不也都是同样的面貌吗？承认这些，我们的判断或许就接近事实了。

中国未曾对外开拓殖民地，或从其他民族哪里掠夺过什么，但在其内部造就出了相同的社会阶层。那些为威严耸立的城墙所环绕，繁华街道和极尽豪奢栉比相连的近代中国城市，和那些不过是封建领主装饰的欧洲的中世纪城市一样，当时都被塑造出了一种均质的特征。另外，与农奴聚集、骚动、不堪苛敛诛求的欧洲中世纪农村一样，当时的中国农村也处于力量强大的地主阶级的支配之下。

三 文化特征

文化传统

一个民族所拥有的文化，绝非一朝一夕成就的，需要以悠久的历史传统为背景的诸多要素的累积。当我们从中国史的角度出发思索清代文化之际，具有清代特色的领域虽多，但也均非一蹴而就的。可以想象，它们都是在汲取了前代之涓流，应时代之需求，是在众多先人之努力和久经淬炼的思想与技术的基础上形成的。

那么，代表清代历史长流的文化传统又都有哪些呢？是什么最能在获得多数人肯定的前提下，成为清代文化传统的基础呢？我们可以把那看作儒家的伦理观，也可以将

大清帝国

其视作颇具道家思想特征的长生富贵的人生观，或者还有聚焦于科举出仕的立身出世主义思想、极具现实性的明哲保身意识等——到底用哪一个来代表中国文化传统精髓才好呢？

以往，人们经常根据风土气候将中国南北分为湿润和干燥两大类型，并以此解释各种特征。人们以为，无论是民族间的抗争，还是思维方式的异同等，均能据此加以阐释。这种做法宛如将一张动物图谱在我们面前展开，看似简单明了，却难以让人明白其生态原理。一个鲜活的民族，其文化是流动的，其传统断不是一种固化的东西。比如说，本来我们以为一种极具现实性的合理性会一直贯彻始终，然而一种极具梦幻的浪漫性又不断地纠缠其中；本来我们认为与专制政治相应的权威主义会无止境地增强，却没想到不存在无用之人的人文主义思想又无限地蔓延开来。而在这两极之间，让人们能够自由自在地生活的生命力本身，不就成了传统的力量吗？

当"一边倒"这个词语在社会上流行的时候，有人曾说中国是"两边倒"，这一词语可谓道出了中国人的生活方式和传统习惯。那么，这"两边倒"的"两边"指什么呢？难道"首鼠两端"的妥协就是本事吗？实际上，作为"两边"的幅度不宜过宽，中国人的基准在于二者始终能够相互触及，因此"两边倒"不是妥协，而是协调之道。所以一旦这"两边"过宽，达至无法触及之处，中国人便会顽固地唱起正气之歌，固守原则，丝毫不动摇。将这"两边"置于可触及的范围之内，是中国人从长期的共同体生活中得到的一种智慧，诸如家族、氏族等血缘关系，村落、乡土等地缘关系，同业、同职等职缘关系，所有的这些都是在"两边"相结合的基础上处理的，这已经变成中国人的一种习惯，与并不过分的坏习惯——抗争相比，中国人肯定会选择以理服人的做法。

儒家思想的僵化

被认为是中国思想主流的儒家思想，拥有着可服务于各种统治的丰富内容，一直都主要着眼于维护社会秩序和弘扬人伦道德。与之相比，体系化的儒家学说却在不同时代屡屡变换面貌，具有不同的特征。一般认为，在清代，儒学家们追求的是对古代经典进行正确理解，儒家学说整体上是以通常被称作"考证学"的学问为中心的。当然，其中并不是没有对儒家古代经典进行的扩大解释和就文字学做出的新见解，但诸如通过考证学赋予儒家思想以新的主张，并使其成为政治、社会治理的指引等儒学取向，在清代未曾出现。说清末的改革思想源自公羊学，毋宁说改革是儒教思想所容许的，但未必可以说儒家思想就是清末维新的原动力所在。同时，我们既不能说是考证学的学风消减了其他主见,更不能说当年强大的集权统治扼杀了与政治相关的各种言说。

自从儒家思想被视作国家统治的理念以来,"修身、齐家、治国、平天下"和个人道德修养的积累便成了维系社会秩序的基础,除了在发生外敌入侵、内乱、水灾、饥馑等时国家需采取相应对策外,社会秩序还多依赖于民间的建设和善举来维系,这是儒家思想所支持的社会治理趋向。

儒家从佛教中汲取了有益的思想,这在清代之前甚是多见,清代当然也不例外。这是由于佛教中同样也有许多使个人甘愿隐于众人之中的道德美谈。曾以抵御入关为中心树起大义名分之旗的儒学,及至清代,也将忠于满人朝廷、维持当下社会秩序作为大义来看待,且不对其抱有任何怀疑。所以,个人的责任被加以强调,组织的责任却被隐没到各种各样的名目之下了。此时,儒家思想的道德纲常已成了一种标杆、主张,它只是不厌其烦地说教,已失去了现实规制力。

一种思想,既不是只靠使其体系化的学术研究才有了生命的,也不是只赖于把它作为一种信仰的务实性行动才变得极具生命力的。如果研究没有成为行动的指引,这种思想就只是一种思考,或者说不过是思想的准备罢了;如果固守教条而行动,不考虑客观性,这种思想就会干涸枯萎,或者成为盲信之物。儒家思想的这种状态,在清代逐渐呈现，且愈加明显。虽然这种倾向在很久前的唐代儒家思想中也出现过，但由于清代流行一种近乎强行为之的考证之风，所以出现了文运盛隆的景象，无论是参与其中的学者人数还是研究成果的数量都特别多。然而，儒家思想自身已经失去了呼风唤雨的能力，成了一种为政治稳定背书的僵化之物。

道家思想的扩散

人们一般都相信，儒家思想是支撑官僚体系的统治思想，而道家思想是支撑普通民众的思想。如此一来，不同的社会阶层，其思想亦不尽相同，但这并不是指不同民族、不同人种的宗教信仰各不相同。根植于生活的思维方式的差异，以及最终作为一种精神归宿的信条的差异等，会使整个体系产生变化，所以当时这些都没能上升至一种据此主张自我的思想，不会导致印度教和伊斯兰教那样的悲剧出现，却塑造了一个相互无缘的世界。清代统治阶级通过儒家思想要求民众恪守的伦理规范是固定的东西，但普通民众希求的伦理道德却是流动性的。农民有农民的伦理要求，商人有商人的伦理规范，将其统合起来，把普通民众的愿望作为目标，对有助于农业耕作、商业繁荣、富贵长生等的善行给予奖励的形式古来有之，只是其推行方法在不断变化。

过去，道家思想曾执着于神秘的巫术和各种丹药、护

大清帝国

符和祈祷等，但自明代以后，一种计数式的思想开始盛行起来，即将个人的功罪折算成具体的数字，根据这一数字来计算人们相应的祸福。记录这些数字的是被称为"功过格"的图表，记载应验实例的是被称为"阴骘录"的劝善书籍，此类教化书籍在世间流传并发挥了教化的作用，进而在民间形成了一种社会习惯、风气。这些劝善书籍中，留下了许多人因自己的善行而在科举中成功出仕的故事，所以一般认为，在社会生活中，官僚阶层也受到了道家思想的影响。

用数字统计来规定伦理道德，是受到了流通经济发展的影响，可以想象，在此之前，商业中的信用意识已经逐渐形成并固定下来了。长期的商业活动有赖于相互的信任才会稳定发展，此类经验不断积累，人们便深深体会到信赖与利益密切相关，所以对儒家思想中记述的颜回这样的圣人早逝、盗跖那样的恶人活过天寿之年的那种天道是非的怀疑，在当时的中国未曾大范围出现过。作为道家思想加以总括的上述信仰，在清代依然鲜活地存在于民间。孔庙、佛寺等，已变得只被用于正式的庆典，与此相对，道观四季香火不绝，无论是在城市还是在农村，都能将民众吸引过来。表面上，它们会给那些憧憬福禄寿的人们带来福音，可实际上，这些道观已经拥有了若想找寻救世主，除来这里以外别无他法的思想支持。可以说，在儒家思想宅居于官僚阶层后，道家思想便有了向其他阶层渗透的扩张性，它有着既可以与权力阶层相结合，也能实现同最底层民众结合的黏附力。

学术的大发展

清代学术涉及各个领域，无论是学者的人数还是他们取得成果的数量都非常多，甚至可以说是前无古人，后无来者。但若一言以括之，其中多为传统之学，在超出这一框架的，比如说吸收与消化"外来之学"的学问在清代是没有的。中国原本就一直存在看不起周边文化的傲癖，所以即便是对待那些之前就已经从外部传进来的机械文明，也只是将其作为观赏之物用于装饰，而不是将其精度用于具体的应用。仅在传统的经学、史学方面，优秀著作一部接一部地推出，其学术成就可谓壮观、宏伟之极。有人认为，这是政府当年让那些反抗满人统治的势力投身于学术，而且不许他们口吐批判之言的政策导致的一个结果。即便并非如此，在学者即官僚的组织中，与其行政能力相比，研究能力更加受到重视，因而个人理所当然地将努力集中在学术研究方面。

经学是中国的哲学，在明代主张实践的学术研究取向便很强烈，结果仿佛明代学者又将实践托付于满人政权一般，清代经学在正确把握古代经典方面倾注了他们的热情，进而促进了文字学、校订学的发展。只是，他们并未像过去的学者那样，在对古代经典中的字句进行解释时发生争执，甚至赌上自己生活的意义，使那时的中国哲学充满了激烈的争论——埋头于这种经学研究的人在清代已经看不到了。尊崇正确的东西，可谓是西方近代思想精神的基础，但由于它针对的不是机械、统计等"外来之学"，而是始终忠诚于中国古代经典经学的清代学术，所以它的渗透力和影响力减弱了。

同样，清代史学研究亦是如此。尽管此前的学者已经把握了时代转变的脉搏，但是清代史学疏于在史料中探求真伪，并从中捕捉历史演变的机缘。清代疆域扩大了，人口也增加了，这意味着在讴歌了新王朝的建立后，谁都未得亲身经历历史发展、体味成功的机会，所以即使他们把历史看作一种朝代更替，也不曾将其作为一种发展来对待。在这一点上，努力颂扬道义的官僚意识也导致了清代史学的停滞不前。

清政府动员相关学者，开创了诸多图书编纂事业，通过刊行大部辞书、类书等，构建起了文运昌盛的基石。这一方面展示了政府统治的强大有力，另一方面似乎也有利于让人们明白个人力量的弱小。所以，清代虽然对于诸如自然科学这样的新兴学问翘首以待，却无任何学术性的开拓，在天文、医学等领域也只是固守传统。虽然偶尔有杰出人才问世，但无人对其加以继承，令其进一步发展，故而不过是昙花一现而已。可以说，清代的学术在不均衡中保持了它的平衡，这反映出封建社会的一个特质：清代学者几乎都被作为官僚编入了统治机构，他们缺乏把自己的专长作为职业来发展的环境。

华丽的文艺

明代兴起了阳明学，这样的儒学主张在清代没有出现过，可以说这是因为在清代社会的学问土壤中，未被植入具有活力的学术种子。在文学、美术等方面也是如此，因袭前代并进一步使其流光溢彩，这便是清代文艺的真实状况。虽也有小说、戏曲等方面的大作震撼读者，诗文等也更显高贵，但这些作品反映的都是只有官僚贵族的世界才是理想世界的文艺潮流。绘画音乐、建筑雕刻，乃至从陶瓷器工艺到服装服饰等，其整体发展全都顺应这一潮流，尽显华丽豪奢，以至于清代几乎没有出现过新的文艺形式。

无论是北京郊外的离宫颐和园中建造的西式建筑，还是在乾隆皇帝前供职，以极具异国特色的奢华装点过宫廷的意大利人郎世宁的绘画，这些都未能融入当时的中国文化。各种钟表成了精巧的玩物，玻璃器物仅作为存放香料的器皿竞相争艳，这些来自欧洲的文物最后也都成了宫廷内的装饰物。当时，甚至连基督教都是一样，当其只是宫

大清帝国

中趣事之时还好，一旦开始提出自己的主张，它便难以为继了。一想到这些，我们面前似乎呈现出这样一幅景象：专制统治吸入新鲜空气，却不呼出陈旧空气，总是重复这样的运动，因此不能让整个社会出现新旧空气的对流。特别是像美术、音乐等需要特定阶层加以保护的艺术营生，由于其原本就与宫廷联系密切，所以很难摆脱传统，从旧的形式中脱胎出来。

然而，清代的庶民文化却不是毫无变化的。以演剧、舞蹈等为中心，充分展示普通民众热情的文化，一如既往地广受欢迎，且其规模也基本上扩大许多。清代民间文艺与流通经济并行发展，甚至随着华侨的海外发展走出国门，扩展到了国外。另外，清代民间手工艺也同时发展，丝织品、金属器物等的生产尽管存在较大的地区差异，但也在不断增加。当时在世界各地，被当作中国的事物加以介绍的首推之物，都是那些普通民众创造出来的各种各样的器物——这是一个不能被忘记的事实。

这些器物并不是清代民间手艺人特别的创造，而多是些老旧的把玩之物，其中甚至也有近乎原原本本地保留着石器时代形制、造型的物件。从这些物件中，我们可以探寻到继承并一直沿用这些物件的中国民众生活气息的悠远。可以说，这也传递给人们这样一种信息：中国的民族脉搏从未停息！

1
明清易代的背景

一　《华夷变态》

"唐船"逸闻

在岛国日本，由于外国的信息过去流入甚少，所以人们似乎超乎寻常地热衷于收集这种信息。当然，在锁国时代的日本，对这类信息的收集是秘密进行的。尽管如此，江户幕府还是对此做了许多且十分详尽的记录。特别是初期记录中的中国明清政权交替过程中发生的一些大事件，以及后期记录中出现的鸦片战争、太平天国起义等，当时幕府对它们的关注非比寻常。这些记录多是由来到长崎的中国商船或荷兰商船带到日本的。从今天来看，当时幕府对这些信息的解读具有重要意义。让我们先看一看在清王朝取代明王朝之际，江户那些身居要位的人是怎样理解这些逸闻的。

大清帝国

江户幕府当年曾收藏有《华夷变态》这样一部集著。这是幕府命儒官林春斋及其子林凤冈，将1644～1724年这80年间的海外消息逐次收集、编纂而成的一部中国逸闻集。在当时，"华夷变态"这一标题指的是夷狄占领中华王朝的意思。该书1674年的序言写道：

> 明崇祯帝自裁，弘光帝被捕，唐王、鲁王虽残喘于南方，亦无法阻止鞑靼逐鹿中原。故中华之土变夷狄之地，但毕竟是远地他国之事，不能尽知其详情。我虽读阅《剿闯小说》、《中兴伟略》、《明季遗闻》等书而略知其概，然明朝覆灭正值我朝正保年间，因而已是三十年前之事。此类书册均为来航长崎之福州、漳州商船所带消息，传至江户，呈报当局，解读翻译而成，然我族未曾参与其中。唯恐其草稿凌乱如山，遂依年代编集，题名《华夷变态》。又闻近日吴三桂、郑经等率众揭竿而起，意欲造反清复明之势，然其胜败不详。且不论其详何如，夷狄制华，纵是他国之事，闻者亦是大快人心。

从李自成起义、郑芝龙请援、鲁王的书信，到"三藩之乱"、郑经的活动记录等，《华夷变态》一书在该时段将这些檄文、逸闻等都逐次记录了下来。从此时的记录来看,来到长崎的中国商船以福建、广东等南方的商船居多,而且从朝鲜方面传过来的也都是些倾向于支持反清复明的消息、逸闻。可到了1685年前后,记录内容便发生了改变,开始转为以讴歌大清盛世、安宁太平为主调了。

在整个江户时期,日本均将满洲称作"鞑靼"。本来,"鞑靼"是蒙古的一个部族名称,但就是这样一个中国商人不经意的叫法,却在当时的日本原封未动地固定了下来。甚至在中国已经称满族为"虏"时,《华夷变态》中还特意地将其译作"鞑靼"。这说明对于刚刚崛起的满族,"鞑靼"这一文字指称和言语表述,恐怕在当时的日本已固化为一种印迹了。不过,从《华夷变态》来看,对于唯我独尊的中华帝国所遭受的沉重一击,编者林春斋本人该是有种痛快淋漓之感的。

让我们回到本节的主题。将这些消息带到日本的中国商船,在日本被称作"唐船",它们多来自山东、江苏、浙江、福建、广东等地,按当年入长崎港的顺序,被编为某某年的一号船、二号船等。在十七世纪初期,每年大约有五十艘左右,后因清政府讨伐台湾,实行海禁,禁止远洋航渡,所以驶至长崎的船只数量逐渐少了起来。不过,由于当时在中国,铜钱铸造少不了日本产的铜,所以驶往日本的"唐船"一直未曾中断。

及至台湾回归,驶往日本的中国商船又迅速增多,在

大清帝国

唐船（《古今图书集成》）

1867年前后，已超百艘之多，反倒是幕府方面开始限制中国商船的数量了。此后，日本的铜产量和来到日本的中国商船数量都逐渐减少，进入十八世纪后，中国商船降至二三十艘，及至十九世纪，就仅有屈指可数的几艘了。这就是驶至日本的中国商船的大体情况。

与之相比，在实施锁国政策的日本，当时是没有商船驶往中国的。虽然也有些走私贸易，但中国对日本的警戒之心在当时是十分重的，对那些驶往日本的中国商船来说，将国内发生的事情泄露出去是一种"国禁"。另一方面，中国方面也责令它们积极探查日本的事情。在长崎，从来到日本的中国商船上搜集各种信息，在当时已经成为一种规定,从事这一工作的人是"唐通事"。出任"唐通事"一职的人需要首先向长崎奉行递呈誓约书以期公正才行。而且在长崎,针对中国各地的方言还设有专门的"通事"。"唐通事"一职,前后延续七十余年,且他们所记录的有关中国的消息等,基本上都作为公文呈报给了政府。必须得说,其中流传至民间的逸闻等,在当时是极为少见的。

长崎的唐人屋

逸闻与史实

在长崎收集到的外国信息,除前述《华夷变态》一书外,还有《崎港商说》、《通航一览》、《阿兰陀风说书》等几部集作,其内容或相互重复,或前后衔接。不过，它们大多被收藏了起来，并没有被长期利用。这当然也与它们多按编年体编写，时间上时断时续，内容上前后不连贯有关，但更主要的原因是幕府对这些自民间收集来的情报不够信赖。如吴三桂的檄文，在中国早已被官方封杀且无迹可寻，但在日本得以留存下来。据此，明清易代期间出现的中国民众摇摆不定的动向是可以窥见一斑的，只是传统的历史记述不曾着眼于此罢了。诚然，在《华夷变态》之中，既没有关于北京的情况的记载，也未触及清朝强大的统制力，而不了解权力中心的动向，便无法对一个国家的未来做出判断，同时也难以对这个社会的走向做出准确的观察。——人们对《华夷变态》一书所做的这种评价，也着实是无可厚非的。

对于强大的压迫，老百姓一般会屈身逃避，若是从正面与之对抗，老百姓也能做到坚忍不拔，抗争到底。这种压迫若是消失，他们则又会趋利如蚁、争先恐后地向多数人奔赴的那个地方聚拢。普通民众的这种特点，既可以因某种力量而改变其方向，也可以因某种力量而变强或变弱，所以可以看出：在当时，普通民众难以成为一种可推动社会、民族发展的推动力。

但由于很多智慧也是在这种生活方式中总结出来的，所以我们也不能说历史的镌刻只取决于统治的动向。"野火烧不尽，春风吹又生"，社会正是由这种杂草般的

1 明清易代的背景

生命力所支撑着的,所以民间逸闻也绝不是那种不堪一击、没有分寸的胡话。古代中国的当权者,就曾尝试在广为流传的童谣中窥探世相变化的前兆。夸张一点地说,在古代,那些民间逸闻就曾是一种历史的原型。只是,我们不能仅从字面去理解它,必须几经过滤之后,才能领悟到其中真谛。因为不喜欢在这方面下番功夫,人们才产生了一种只去探讨统治阶级命令下达、命令执行过程的普通史观。

《华夷变态》中所记载的逸闻,似乎源自对一些问答事项的记录,我们从其中可以发现它的一些偏好和倾向等。例如其中有关台湾郑氏的记载甚多,这当然与郑氏曾一度垄断对日贸易有关,但从中也可以窥视日本对其的关注度颇高。这就为近松门左卫门的《国姓爷合战》的诞生做了铺垫,同时也促成了大阪柏原屋十册读本《明清斗记》的出版。这些在当时已成了一种深深扎根于日本民众心中的中国观的标识,以至于后来中国发生了太平天国起义,日本民众甚至也将其视作一种"明清对决"。这种中国观的形成应该是由于当时的日本民众愈加意识到中国是为"鞑靼"这一少数民族所统治的。在当年的日本,仅有一些当权者支持少数民族在中国的统治,民众声援郑氏的亲热始终不见冷却,直到中国自己都忘了这一点的时

大清帝国

《清俗纪闻》

且不论在长崎所记录的各类逸闻的内容,这种千方百计收集中国信息的努力,最终发展为一项固定的工作,即长崎奉行须将中国每年定期举办的节日庆典、房屋建筑、婚丧嫁娶等风俗习惯通过图解的方式刊行出来。其代表是1799年问世的《清俗纪闻》。该书是由当时的奉行中川忠英派长崎画师深入华人旅舍,详尽采集十八世纪的江南风俗所绘成。此书虽由幕府官吏完成,但其序文之一与大阪的怀德堂的学风甚是相符,应该是中井曾弘所写。怀德堂是与江户的昌平黉相抗衡的学问之府,推崇的是在大阪商人之间形成的合理主义、实用主义的学风。正是在这种学风指导下的著述首次将历来被尊为儒学之祖国、文教之故乡的中国,放到了凡人所居的国家的位置上。据说怀德堂主张古今人无高低贵贱之分,因而不会按学生身份划分座席。

在《清俗纪闻》的编纂者中,不仅有年轻的近藤重藏,还有作为描述对象的中国商人,更有担任翻译的通事,他们都是当时最为才华横溢的一群人。

实际上,十八世纪是合理主义、实用主义之风共通于世界的一个时代。在欧洲,耶稣会向中国派遣了大量的传教士,这些传教士送回本国的报告很多,且中的大部分都

· 38 ·

1 明清易代的背景

《清俗纪闻》

同长崎的逸闻一样，多是些片面的、不连贯的记录。其中首次以正确的视角看待中国国情，将有关中国的信息报告收集并分类整理而成的集大成之作，是1793年法国人杜赫德编纂的《中华帝国全志》。杜赫德虽然是一名耶稣会的传教士，但他从未到访中国。

《中华帝国全志》不谈传道或信仰的问题，主要着眼于记录中国的文化与社会，所以在欧洲各国也备受珍视，曾重印了很多版，不愧为首次介绍具有实用性的中国知识的著作。杂乱无序的知识应该被归类，这才是正确、合理的。在当时，编著此类著述的无论是幕府官吏，还是耶稣会传教士，都信奉这种观点。

大清帝国

就《清俗纪闻》而言，以林子平因《海国兵谈》而受罚一事为鉴，故而忌惮之处更多，甚至将幕府儒官的序文联合刊载，以求庇护。果不其然，林大学头的序文中便有如下主张：今日清国，先王之礼仪颓，结辫发而化夷狄之风，故不以之为昔日中国之风雅。也就是说，他认为珍赏这种情况下的中国舶来品，已不再是风雅之事。但实际上，以食品、杂货类为代表，大量的中国商品、物件已经源源不断地涌入日本百姓的生活之中了。

长崎的对华贸易（中国商品的输入）

庶民的时代

在十八世纪的欧洲，各国的市民阶层（即资产阶级）不断壮大，后经过资产阶级革命而站在了领导者的地位上。但在亚洲各国，封建制度依然根深蒂固，并未出现社会阶层的地位转换。不过，自由、进步的趋向也在亚洲各国日渐盛行，从商业的活跃、财富的积蓄，到有产阶层的奢侈之风、娱乐人生等，都呈现了一种扩散式的发展，所以旧势力逐渐产生了改革的压力。换句话说，这种趋势正是社会的禁锢有所松动的体现。日本安土桃山时期的华丽文化，便是受这种市民文化的影响而诞生的。进入江户时代，这一社会发展的势头更是得到了长足发展，而且由于江户幕府的重压，它是以一种悄无声息的方式不断扩散的。这在中国也大抵相同，曾在明末盛极一时的市民文化，在进入清代后，也被完整地继承了下来，且在封建统治的高压之下，顽强地生存、发展着。

在"华夷变态"的背景下，无论在中国还是在日本，这种从民众生活中满溢而出的文化几乎在同一时期都有让人感到温暖的一面，不论幕府更替还是王朝更迭，始终如一地创造着一个时代。

江户幕府和清朝政府，通常被视作一种封建制度的再建，即对那既已走向崩毁的旧制度施行的一种再编和重建。从体制、制度的角度来看，中日两国历史上的朝代交替的确如此。依据这种制度运行起来的政治，与其说是要推动什么，莫如说是不得不把重点放在压制什么上。这当然与统治阶级地位的不稳有关，特别是在少数民族统治的中国，统治阶级地位的巩固更加需要强有力的统治权威。而只要将这一权威限定在少数人手中，便可轻易使其得到某种彰显。所谓的专制政治，并非单指独裁者的统治及其对统治权力的滥用，也指造就并守护着它的那种制度体系和体制安排。

仅仅遵循政治的踪迹记述历史，往往会有很多遗漏。民众特别是工商业者在社会中所占的比重增加后，不仅会引导社会的流行与发展趋向，而且会大大刺激思想与文化的发展，这是十八世纪普遍存在的一种世界性的现象，中国也好日本也罢，都不例外。无论是中国的朝代更迭，还是日本幕府的将军易主，这一趋向都未曾停息。在欧洲各国的多数国家，这一阶层虽为自己的胜利而自豪，但在当时，他们事实上并未经历过从政治到经济，全盘掌握权力的过程。或者也可以说，除西欧的少数几个国家外，在世界的大多数地区大量聚集、骚动着的，都是一些在专制统治之下，不自量力地试图与之抗争的民众。

二　满族的崛起与明朝的垮台

满族崛起的主要条件

纵观中国历史，北方民族挥师南下征服中原农耕地域

1 明清易代的背景

的例子屡见不鲜。一般认为,那些居住在人口稀少、生产能力更是不足的地区的民族,之所以能占领地广人稠的城镇与农村,首先依靠的是他们的军事实力,即其军队机动性好这一优势。就传统军队而言,其最为有效的攻击能力来自骑兵。骑兵军团的那种迅雷不及掩耳的攻势,会让农耕民族感觉到一种不可名状的恐惧。

不过,若是中原地区拥有强大的军队,亦能击退少数民族的入侵,有时反而还会出兵对其加以讨伐,历史上曾有过几次这样的实例可作证明。一方面,北方民族察觉中原内部四分五裂,进而渗透入侵的例子不在少数;另一方面,利用少数民族的军事力量消灭对手的中原统治者也大有人在。

那么,北方民族收集、利用情报的机动性,是否也同其军队的机动性一样优秀呢?我们能够想象,北方民族因游牧狩猎生活而需要不断地迁移,常会脱离群体而孤立,所以对情报的反应和判断会十分敏锐、迅速。可是,这并不意味着他们善于有组织地进行情报传递。虽然权力越是集中,与之相应的远距离信息传递就越顺畅,但同中原地区的信息传递网络相比,北方民族的信息传递在当时还是疏漏甚多的。不过,在堆积如山的各种报告之中,需要选取哪些信息?对什么样的事态采取行动?在这些方面,北方民族似乎更胜一筹。之所以这样说,是因为北方民族的生活相对单纯,平时经常需要针对各种各样的情况当机立断地做出决定。在古代，武器是否优良，是否善于骑马作战，并非一种决定性因素。十七世纪前后，火枪已经传入中国，但在中国并未发挥它在欧洲的那种效用——动摇了封建制度的根基，进而导致统治权的更替。

我们不能说满族当时的军事力量特别强大。虽然女真族一直以尚武著称，但就军事而言，他们不具备可凌驾于中原地区的明军之上的实力。在当时，无论是作为后盾的生产能力、人口数量，还是传统文化的积淀等，女真人均不能与汉人相提并论，而且他们早年也遭受过明军的军事打击。可以说，强大的民族向心力和新兴民族的十足干劲，为满族带来了各种各样的机会，同时也使其克服了重重困难。

满族的兴起

历史上，在满洲——现在的中国东北地区，曾存在过名为"肃慎"、"濊貊"、"夫余"、"挹娄"、"勿吉"等的部族，其中五世纪前后的高句丽曾在此创建了自己强大的国家机构。

当年的高句丽盛极一时，不仅为防御继勿吉之后兴起的"靺鞨"的入侵而筑过长城，占据过自朝鲜半岛北部至满洲东南部的广大地域，还曾连续三次击退隋朝的进攻。虽然公元七世纪时，高句丽被唐朝、新罗联合消灭，

1 明清易代的背景

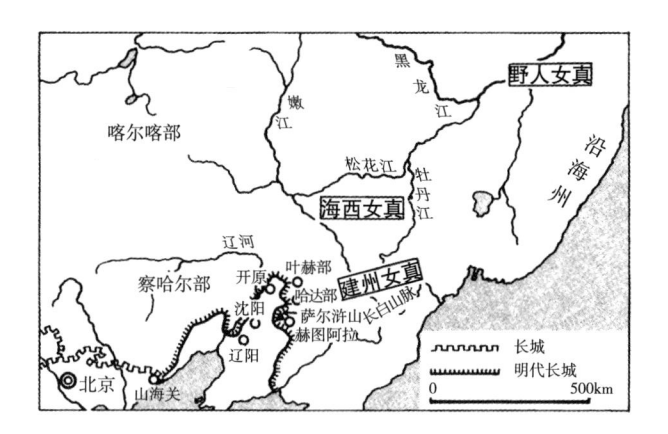

清朝崛起时满洲地区的形势

但其后又有以复兴高句丽为目标的"渤海国"兴起于此，并创造出了灿烂的文化。及至十世纪，渤海国又被自西而来的契丹族所建的辽所灭，其遗民便被称为女真。十二世纪，女真又建金、灭辽，逐鹿中原，打败了北宋，当时的实力甚为强大。再至十三世纪蒙古族兴起后，女真及其建立起来的金国又被蒙古族政权所灭。

虽然后来明朝将满洲地区的蒙古势力驱逐出去，并在此驻军、屯兵，对女真人进行统治，但进入十五世纪后，随着明朝统治的逐渐衰微，女真人又分化为建州、海西、野人三大部族，分别与明朝对峙。其中，建州女真的实力最为强大。虽然建州女真后来成为努尔哈赤创建清朝的基础，但他当年并没有像过去的高句丽、渤海国那样，将东北作为其根基,并在此创造出一种独自的社会、文化。由于满族崛起之际,蒙古、女真、契丹都已对中原地区实施过占领,当过中华帝国的主人,所以满族自然也将目光投向了中原之地,认为只要不断扩展自己的统治势力,满族亦能统治中国。不过,满族入关恐怕并非仅是一种对女真、蒙古等的模仿。此时,以中华帝国为尊并定期向其朝贡的卫星国家,已不像唐代那样整齐排列于中国的周边地区,都在努力尝试占领中原之地,登上中华帝国的宝座。对此,在过去相当长的一段时期内,历史学家曾用实力的强弱来解释,即他们认为契丹强于匈奴、鲜卑,女真强于契丹,而蒙古、满族则又强于女真。然而,本书在此认为,与这些相比,将汉民族作为优等民族的意识逐渐淡化,恐怕是其最主要的原因。

蒙古族当年占领中原后有意识地轻视中原文化亦缘于此:既然汉族称我们北方民族为夷狄,那我们也可以毫无顾虑地称其为夷狄。就满族而言,当年他们背负着此前高句丽、渤海国等创建出来的灿烂文化,牢记着漠北民族的自豪感,这两方面的传统其后一直贯穿整个清朝。

入主北京

"满洲"之名,是清朝建立后不久开始使用的。由于之前的"女真"被汉族人视作侵略者,所以清朝统治者

1 明清易代的背景

改用"满洲"之名，一般认为是顾及到了汉族人的这种认识。"满洲"之名基于当时中国东北地区广泛流传的一种文殊菩萨信仰，即无论是人名还是部落名，当地人都称其为"满住"，一般认为这即是"满洲"之名的由来。在现在的抚顺东部，当时出过一位名为"满住"的领袖人物，此人就是后来的清太祖爱新觉罗努尔哈赤。虽然努尔哈赤的父、兄等都被明万历帝的征讨大军所杀，但他在独立并统一邻近部落后，却表面上与明朝通好，趁机在周边的女真人部落扩展了自己的势力。对此，女真人曾与蒙古人联手，共同对努尔哈赤部实施过多次攻击，却都被努尔哈赤所破。至十七世纪初，努尔哈赤基本统一了女真各部。

1616年，努尔哈赤定国号为"后金"，年号为"天命"，登上了帝位。与此同时，他针对明朝列出了七大恨，开始公然挑战明朝。明廷开始曾计划帮助其他女真部族压制新兴部族，最终却派出了十万大军，分四路进击，试图一举打败努尔哈赤。在萨尔浒山迎战明军的努尔哈赤在取得大胜后，趁机出兵占领了辽东平原并移都辽阳，后来又将都城定在了沈阳。

努尔哈赤随后自沈阳出发，进兵辽西，在辽远遭遇驻守在此的明军炮火后，退而转兵向东蒙地区进军，却在征战中病逝，享年六十四岁。此时，满族军队已经创设出了

大清帝国

八旗制度,满族文字也已开始使用,其意气轩昂之势可谓随处可见。但由于此时满族政权尚属军事统治,所以政治上施行的是一种与此相适应的贵族政治。努尔哈赤去世后,在萨尔浒之战中立下军功的末子皇太极成为他的后继者。

当时,满洲统治者关注的势力共有三方:一是南方的朝鲜,二是西南的明朝,三是西北的蒙古。由于最终目标在于明朝,所以满洲政权需要首先令朝鲜彻底服从自己才行。当时,朝鲜与明朝修好,对满洲政权并无亲近感,所以皇太极便以其引明军进入为由,派兵征讨了朝鲜。而对于蒙古,皇太极则从外交与军事两方面对其进行了拉拢与打击。

讨伐蒙古的察哈尔之际,皇太极获得了自元代传下来的中国的传国玉玺。1636年,皇太极改国号"后金"为"清",改年号"天聪"为"崇德",正式登基称帝。而后,清再次出兵朝鲜,攻陷汉城(现首尔),使朝鲜完全臣服于清。作为对清臣服的证据,朝鲜在三田渡设立了一个"清功德碑"。虽然此时皇太极也开始对明频频出兵,但由于山海关固若金汤,难以攻克,所以清军转而自东蒙古地区迂回,再对明军发起攻击,但计划未行,皇太极便先行去世了,享年五十一岁。

在不断征战之中,皇太极还致力于制定各方面的行政制度,在创建国家的基础性工作方面毫不懈怠。在当时创建这些制度之际，皇太极并没有借助汉人的帮助，这足以说明，在辅佐清朝皇帝、负责清朝行政事务的满人中，具有相关能力者大有人在。

这在皇太极去世后皇位选立的前后经过中可见一斑。虽然皇太极驾崩之时，未及立下太子，但通过王族会议，皇太极的九子福临成为清朝第三代皇帝顺治皇帝，是年他年仅五岁。这种先立幼帝，将同族间的权力之争留待日后解决，通过此后的功绩再来决定的行为，在当时是一种颇具合理性的智慧之举。在顺治皇帝的身边，两位叔父多尔衮与济尔哈朗出任辅政，多尔衮在对外征战方面战功赫赫，济尔哈朗在对内施政方面兢兢业业，分别将满族人的命运和自己的生命联系在了一起。

明朝方面，几乎与多尔衮出征关内同时，大明政府因农民起义军攻陷北京而覆灭，驻守山海关的吴三桂降清，并彻底打败了占据北京的李自成，从而使顺治皇帝未折一兵一卒便幸运地进入了北京城。至此，战功赫赫的多尔衮被称为皇父摄政王，他开始倾尽全力确立清朝的专制统治、扫除明朝残存势力。在内政方面，多尔衮确立了全面承袭明朝旧制的方针。

初期的政权

一个政权趋于成熟后，初期的紧张感，总是与晚期的

大清帝国

松弛形成一种鲜明的对比。对于初期的那种紧张感，人们往往会以一种赞赏的方式来回顾它，特别是对那种在行军打仗之中施行的严格的军纪、行政等，其赏罚分明的执行效力更是与人们对新政权的信赖程度密切相关，所以人们很容易简单地取其效用而行。那么这种做法的实际可行性如何呢？严格与冷酷之间，仅一念之差而已；在领袖人物的公众身份同他作为个人的私利之间，其界限同样也非常微妙。汉朝的高祖皇帝与明朝的洪武皇帝，作为各自王朝的创建者，之所以获得了冷酷之人的评价，是其本人真的冷酷无情，还是其政权创建初期的紧张感使然呢？恐怕是政权创建初期的那种紧张感使得那些政权创建者变得严格、冷酷、无情起来了吧！

清朝政权亦是如此。在其创建初期，从旧式部族领袖的权力急剧膨胀的角度来看，其统治面临着很多困难。特别是王族之中，很多人握有实权、故步自封，甚至连如何使用自己的权力都不了解。太祖努尔哈赤之时，有部下向他进言，献上四策：虽太祖当年并未立此大志，但本族能在满洲地区收获广大疆土，此乃上天所赐，若欲继续扩大疆域，必须赏罚分明，利用汉人，珍惜所占土地，提防蒙古。而后，清太宗皇太极全面采用了这四项政策。当时有很多比清太宗年长的王族，但他既未姑息任何一族，也未疏于起用归顺清朝的汉人和蒙古人。他沿用了汉族统治者的六部官厅，创设了蒙古八旗，甚至后来还组建起了汉军八旗，为清朝确立起一个满汉蒙大一统的统治奠定了坚实的基础。

在这种情况下观察清朝政权后来的发展轨迹，人们若是对其怀有好感，便会抱有一种统治初期的政权是清廉、刚毅的印象，反之，恐怕也会认为其是一种粗犷、野蛮吧！而且，即使是将此时的清朝政权与昔日的蒙古政权、契丹政权相比来看，由于每个政权其后的发展轨迹会成为一种决定性要素，所以也未必就能得出正确的结论。在此我们只能说，若将历史集中至某一个人身上来看的话，那么严格、严厉的统治特色，很多时候都会投射出冷酷、无情的一面，形成一种像克伦威尔般的人物评价；若从整体上把握一个集团，那么很多时候，这又会被认为是一种严明纲纪的果敢行动，让人形成一种类似对法国革命初期的军队等的那种印象。在当年的清朝政权统治者之中，我行我素者很少，多是行为取向符合常规的人物，所以人们似乎更习惯于用采后者的视角，来对初期的清朝政权进行评价。

明朝的灭亡

在将蒙古人驱逐出去，恢复了汉族人统治的中华帝国后，明王朝的统治在经过了两个半世纪，至其晚期，已经是积弊累累、困难重重了。虽然普遍认为，外有北虏、南倭为患，内有宦官、党人堪忧是明代面临的最大问题，但明代社会还是维持了被誉为"丰亨豫大"的繁荣景象。所谓"丰亨豫大"，是一句形容君德隆盛、世道昌平的古语，时值明嘉靖、万历之际，人们乐于以此来讴歌明代社会的繁荣与昌盛。

如此来看，所谓的北虏、南倭之患，应该是明王朝的困境，而非明代社会面临的困难。不过，无论哪一个王朝都需依存于农民缴纳的租税，这一事实意味着一个王朝面临的困境很快会转嫁到农民身上，而农民的负担又会不断地层层转嫁下去，这是一种常态。因此，十分明显的是，支撑着明代"丰亨豫大"的社会繁荣的事实上是小农们所承担的重负。

所以，明王朝治下的社会也同前朝各代一样，农民暴动如"野火烧不尽，春风吹又生"般频频发生。

事实上，十四、十五世纪是全球农民暴动频发的时代，如在日本，此时期爆发的"土一揆"（农民起义）和"国一揆"（地区起义）等也都广为人知。但甚为明显的是，这种情形在明代社会更加严重。中国历朝历代皆有的农民暴动在明代又呈现了新的特点：此时农民身上所背负的，不仅有来自统治阶级的重压，还有来自在商品经济中发展起来的工商业者的重压——这在当时是

1 明清易代的背景

一种世界性的现象；而且，农民阶层也不再盲目地发起暴动，其中出现了想通过自身力量实现某种主张的事例。这一时期，农民不再像过去那样，只是为某些野心家所利用，他们已经开始自行发声，去争取一些他们希望得到的东西了。

然而，在中国这种旧制度根深蒂固的土壤中，史无前例的新动向是很难出现的，人们总是依照某种先例行事，模仿某些先例构建其政权。事实上，明代的农民暴动也多呈现出这样一种趋向：农民暴动在不知不觉中被某些野心家利用，随着时间的流逝，逐步构建起来一种专制统治。由于北方边境受到满族的威胁，明朝将全部的精兵投入到了山海关的守备之中，可长城之内也并非一片太平，在四川、河南、湖北、陕西等地，当时被称作"流贼"的起义大潮已呈现出锐不可当之势。1634年，以"闯王"自称的李自成以西安为根据地扩展势力；他于第二年正月称帝，定国号为"大顺"、年号为"永昌"，挥师进攻北京；同年三月他占领了北京，迫使明崇祯皇帝自杀。

迫于北方满族人的频频侵扰和国内各地起义的风起云涌，崇祯皇帝也曾致力于严明刑罚、振兴纲纪，但这犹如投虎狼之药于残喘之躯，反倒加速了明朝的灭亡。这位末代皇帝目睹了自己政权崩塌的整个过程，不得以留下了

大清帝国

"朕死无面目见祖宗,自去冠冕,以发覆面。任贼分裂,无伤百姓一人"[1] 的遗言。

李自成与明廷遗臣

李自成进入北京城后,那些坐视崇祯皇帝自杀的明朝遗臣,随即拥戴李自成坐上了皇帝的宝座。而后,看到大顺王朝仅在北京存在四十天便被多尔衮率领的清军赶出北京后,这些明朝遗臣又身着丧服,将清朝军队迎进了北京城。在过去,一旦北方民族入侵,皇族、贵族往往先行逃亡,然后是大官、富户紧随着迁移,无奈留下的就只有那些哪里也去不了的市民和农民。但这次是由于各地都动荡不安,没有容身之地的明王朝不得不在北京灭亡了,明廷的官僚们也不得不同农民一样,留在北京以图自保。取而代之,明朝的地方官僚则将身居各地的明代诸王推上了皇帝之位,一直在各地进行着反清复明的抗争。被元朝推翻的宋朝,其灭亡是与其军事实力的消耗殆尽同时发生的。与此不同,明朝灭亡后,其支持者散布于中国各地。其实,这不是一种偶然现象。对此,我们可以尝试着将如下两方面因素结合起来思考:一是在当时的情况下无法通过武力解决一切,二是李自成政权出人意料地突然覆灭了。

---

[1] 见《明史·庄烈帝本纪》。——编者注

1 明清易代的背景

李自成本是一名驿卒出身的士兵,成为"闯王"后,因一个名为李岩的书生向其进言而制定了严明的军纪,确立了农民均田、三年免税、不杀百姓的方针,又下达了禁止私吞钱财,禁止私闯民宅,强暴妇女者一律问斩等命令,以此获得了巨大的支持。李自成入主北京城后,并未采取征收田税的措施,而是依靠从当地富豪手中强征物资以维持其政权运行。李自成的这一做法招致了商人的反对,并最终导致他在北京建立起来的政权难以维持。经济抗争战胜了军事压迫,这样的事例虽古来有之,但这一现象在李自成的身上体现得更为显著。而且,商人们的反抗不仅在中心都市进行,也扩散到了地方,其反抗力度因而更为强大。这并不是军事实力与经济实力之间的简单较量,而是这二者依托各自的实力,都有了一种自信和期待——可以说正是这种自信与期待的综合作用,给当时的局面带来了变化。

无论是当时的社会还是后世,对于明廷遗臣这种没志气的姿态,都很少施以谴责与批评;而那些明廷遗臣自身,对于自己的所作所为同样是恬然自若的。这足以表明,在明朝末年,所谓道义的内涵已然出现了变化,即不再急于求死以坚守气节,而是选择继续活着以观事态发展的人变得多了起来。清初之所以有很多被称作"明朝遗老"(后述)的人,恐怕原因便在于此。且相比于贵族和武将出身的人，这种新的道义观在庶民与文人的身上更为明显。不难想象，这也成了明代社会已大幅度地向庶民化方向倾斜的一个有力证据。如此一来，取明朝而代之的清朝政府将军事统治贯彻始终，便也顺理成章了——这不只源自北方民族的自身统治特征，也是出于对这种倾向施以控制的需要。

三　明代遗产

汉族统治的官僚体系

由于清朝借"为明伐闯"之名，以吴三桂为先锋进入北京城后，原封不动地继承了明朝的官僚机构，所以明廷的官员多数都被留了下来。本来为汉族统治者一直推崇的以夷制夷的政策，这次反了过来，成了"以汉制汉"。清朝想要在像中原这样庞杂的社会里施行其中央集权统治，除了利用既有官僚体系外，并无他法可选。并且此官僚体系及其权威的建立，既已经历了各个朝代的努力，汉族人一直钟情于此，执着于此，并且也对此充满自信，清朝政府没有理由不将这一习惯做法和成熟的统治方法有效利用起来。所以在当时，清朝统治者首先需要着手去做的，就是授予汉人官职。

1 明清易代的背景

所谓"官僚体系",即将人按高低贵贱划分为等级,并将其依次纳入组织架构。其制度的缜密程度、其体系的规模大小等,未必一定反映其运转情况和发展动向,虽同为官僚体系,但朝代不同,其特性也各有所异。

若言明代官僚之特色,则以文人官僚居多为著。这里所谓的"文人",并不仅仅是与武将出身者相对而言的。中国那些身怀文人气质的人中,喜文雅、好风流,性温和、爱文化,宁退让、不喜争,先活命、次名誉,先安宁、次荣华者居多。在明代的官僚中,虽然武将出身且成就功名,作为名将并为人颂以勇武的官僚并不在少数,但一般来说,不断增加的还是那些文人官僚。之所以如此,其原因在于:支撑明代官僚体系的基础,已不只是贵族和地主,商人阶层也纷纷加入进来了,而这些商人之中,文人商人的数量也在不断增加,甚至出现了很多著书立说的文人商人。

不过,这些文人出身的官僚之中很少有人对统治权力过于执着,所以他们当时对新创建起来的清朝并不怎么感兴趣。另外,在这些文人官僚看来,在清朝统治完全稳定下来之前,恐怕出仕清廷也不合适。虽然清朝在推翻明朝后,将明代的官僚体系保留了下来,但就其特征而言,清代官僚体系有了巨大的变化。虽然清代官僚体系中的文官也不在少数,但是不可否认的是,与明代相比,文官升迁

大清帝国

清朝的武官（左为汉人，右为满人）

的机会已然变少，事实上已经处于一种到一定程度便无法再行升迁的状况。清朝是一个典型的军事政权，它依靠军事力量拓展疆土、维持统治，同时也随着军事实力的衰退而走向崩溃。之所以这样说，是因为政府对武将出身的官员的依赖程度太高，究其根源，这也是当时北方民族为维持其统治而不得不采取的那种守旧、暴力的统治使然。

从阳明学到考证学

一般认为，明代的代表思想是阳明学。然而，可认作阳明学特色的那些东西，却并不是明代思想的特色。在孕生出阳明学思想，同时也支撑着阳明学思想的明代社会，还有着一种不断向能动性的、计量性的、合理性的方面倾斜的倾向——阳明学的特色似乎由此而来。不论是阳明学的实践性，还是"功过格"——对人的行为进行评价的一种定量性的标准——都不是以儒家思想、道家思想等为基础的，而是根植于老百姓的实际生活体验，且随着百姓生活范围的不断拓展而逐渐趋于一般化。更为直白地说，由于商人的计算能力、行动能力等优于其他阶层，所以其思维、行为的模式、标准等最终便打破了传统的观念性、抽象性的思维模式。最能展现明代社会的这种倾向性特点的便是明代的"校订学"。

"明人常校订古书，反致其顿失本色。"明代文人执着于校订，就像不把那些晦涩难懂的古代经典中的字句用易懂的当代语言解读出来，便怎么都不舒服一样。他们不能接受那些模糊暧昧的、仅靠感觉得来的理解。对于那些读不懂、难以读懂的古书，一定得读懂了才行。对文人来说，出现这样的欲望是最自然不过的。但在极具平民特色的典籍上，比之于校订者的那种迂回、饶舌的解释，当时也有人更为尊崇那些可直接读懂的古代经典，陈继儒便是这类人物的代表。明代"校订学"继续发展，便是清代的"考证学"。因此可以说，清代将当时中国社会的发展倾向、发展动力等明代遗产都原封不动地承袭了下来。不论是官僚体系还是思想的发展倾向都是如此，所以始于校订学的文人官僚的此类追求，当时已逐渐从一种颇具文人特色的兴趣、爱好，发展成了一种具有严肃性的、高调宣扬的社会发展姿态。

有人认为：清代考证学对批判清朝是少数民族统治政权这一点十分避讳，因为如若有人触犯这一忌讳，清政府就会对其处以严刑，所以在清代，无论是儒学还是史学，文人的学问都走向了一味考证的狭窄道路。这一说法是有一定根据的，清代考证学之所以热度不减，可令我们感到某种潜在性的存在。

从本质上讲，考证学欠缺一种斗争性，构成其基础的是文人身上的那种趣味性、游戏性的志趣。进入清代后，考证学方面出现了很多专家，在各个专业领域也出现了各自的权威人士，这就好比那些原本在乡间巷头传唱的民谣升入殿堂，变成一种雅乐一般。其权威性得以确立的背景，是各个领域的文人们得到了正式的承认或官方的认可，而不是文人们自身意识到这应是基于作为其支撑的广大民众的具有合理性、具体性的需求。

显著发展的工商业

在日本，桃山时期的花朵结出果实，是在进入江户时期以后。同样地，与桃山时期处于同一时代的明代的花朵，是在进入清代以后才得结出累累硕果的。这一硕果，

1 明清易代的背景

便是清代经济的大繁荣。由于清代已经普遍使用白银缴租纳税,所以政府难以强化其抑制商业的政策,无论是在数量上,还是在质量上,清代的商品均一点点地超越了明代。清代工商业的各方面多源自明代,特别是明末。查看诸如此类的记录不难发现:在明代成熟起来或出现萌芽的产业及其组织与运作等,在进入清代以后,不仅都得到了完整的继承,而且还获得了进一步的发展。一般认为,中国的历朝历代,虽更迭不断,但其影响深及中国社会底层的情况几乎是没有的。明清两朝换代前后的经济发展恐怕比其他任何时候都显著。

当时中国经济的这种发展,并不是清政府通过方针政策自上而下地培育出来的,而是一个个的经济体通过自身的蓄积自然地发展起来的。例如,明清易代期间在各地出现的数量庞大的同乡、同业组织,便是由各个地方的小团体逐步发展而来的。在都城北京,为方便各地进京者,当时曾建起数百所地方会馆,查看其记录便会发现,率先在京城建起会所的是诸如某县的较小的地方团体,某府、某省等较大地方的京城会所是在其后才建成的,而且两者的性质也逐渐产生了差异。

同样地,在手工业产品方面亦是如此,过去往往是宫廷掌握着最高技术,但在明清易代时期,很多地方都有了自己的特产,其中,传统的丝织品、陶瓷器、造纸等很多来自地方的产品，甚至达到了世界最高的技术水平。可以说，在进入清代后，民间经济已处在一个极高的水平上。民间的这种经济实力，是通过武力拓展疆土、炫耀国富的清朝政府以其统治促成的，还是那些无论接受谁的统治都得生存下去的民众通过他们的努力与自信培育出来的呢？恐怕无须赘言，该大书特书的自然是后者。

如此一来，我们便可以认为清代文化的几乎所有方面都是在民间经济活力之中发育、成长起来的。这并不是说此前的宫廷文化已然消亡了，但是像考证学这样看似与市民阶层无关的学问，其思想的形成不也是以工商业者的生活与思想为先导的吗？在清代，考证学者也并不是为了装点宫廷文化而竭尽全力工作的。对清政府而言，同江户幕府一样，只有朱子学才是它们极力推崇的学问，清政府当年并未将考证学作为一种可辅助朱子学，为朱子学担起一份重任的学问。与清代的工商业者自行开辟出一条自己的道路一样，清代的考证学虽不是市民阶层的学问，但也是考证学者们自行开辟出来的一片天地。

活跃的民间文艺

若说中国的庶民文化，一般可以举出小说、戏曲等盛行于民间的实例。之所以如此，是因为其作品的内容和读者都来源于庶民阶层，而且在当时支持并使其快速发展起来的也是普通的民众。不过，我们也不能据此说所有的作品都一定源自普通百姓的生活，其中有些作品并非如此。在中国，无论是此类作品的作者还是读者，都既是读书之人，又在闲暇之时进行戏曲创作。正是他们假托民众，排忧解闷，才创作出了那么多的小说、戏剧。若就老百姓的视角来说，欣赏过他们的作品后，很多人或许会有种入梦一般的感觉——其中所写的生活是真的吗?!

那么，文艺作品的创作是自然地落到了庶民阶层的，还是文人们有意识地将其降到庶民阶层的呢？在此实难对这两种看法做出判断，通观明清年间的文学艺术，二者似乎皆可见其端倪。明代前期出现的通俗文学初期作家，施耐庵也好，罗贯中也好，其出身都不是很清楚，但他们之所以在发表作品时隐去自己的身份，说明这些文人应该已经降身到了民间。及至清代创作《桃花扇》的孔尚任和写下《长生殿》的洪昇，他们虽或是官僚出身，或为名门之后，却也已经毫不犹豫地将自己的视角降到了民间。

实际上，那些取材于民众生活，且直接经由民众之手创作出来的作品，能登上文艺舞台的可以说是少之又少的。尽管如此，自明代至清代，将前代遗产继承下来的庶民的能量，已经开始一点点地蚕食原本专为读书人占据的笔耕的世界了：书信类文章孕生出了商业类文书；借用三字经的形式，人们编作了各种各样的、可用于工商业实习的训诫性条目；一种被称作"善书"的劝善惩恶的小册子也已经被人们大量地刊行出来。这些都是支撑着通俗文学最底部的庶民文化的具体表现，同时也反映着该时代的某一社会动向。

在清代，也已经有了专门刊行、出售通俗作品的书店。这种专门性的书店可以维持一种商业经营，仅是这种变化便可以说明，当时民间文艺的发展已经不再是一种一时流行的现象了。不过，不可否认的是，当时的通俗出版物还不是内容上已甚为凝练且拥有高度艺术性的作品，还有很多尚显幼稚的读物。这恐怕既与清代文官人数的减少互为表里，也与能同民众产生共鸣的读书人的数量不多有关。在明代，无论是有名的还是无名的文人，大多会在通俗类作品中展现其创作风格。但在进入清代后，这一现象却变少了，若是有人走上这条道路，那反倒是将文人假面彻底抛却且难以维持生计的一类人。

手工业的全盛时期

如今，中国的手工业技术很多处于世界最高水平，可其中的一些具体领域的水平还是无法达到中国以往创造出来的作品的工艺水平。时至今日，作为既已遗失的先代技术的体现，那些作品被我们视作珍宝。比如传说中以乾隆年间的宣纸为代表的文房四宝，正像相关文字所记载的那

1　明清易代的背景

样，清代曾出现了一些举世无双的珍品。同类情况也可以推及陶瓷器、丝织品，但此前人们一般认为，伴随着清朝统治的衰微，所有这些技术都已经退步了。虽然中国确实遗失了许多传统技术，这是无可争议的事实，但认为中国所有领域的技术水平都已退步的观点其实是与机械工业产品的飞速发展比较而产生的错觉。实际上，很多中国传统手工业的精髓都传承到了现在。近年，明朝万历皇帝的定陵中的随葬品被挖掘出土后，中国以同样的材料、同样的制作工艺制作出了许多仿品，以供海外展览使用，虽说这些是仿品，但需要强调的一点是，这些仿品并不是模制出来的。虽然这种做法也有彰显其技术之精湛的意味，但也充分显示了中国手工业者工艺传承的深厚底蕴。

我们在此要说的并不是现在的中国如何如何。回想一下元代曾是如何继承宋代留给它的文化遗产的，然后再将其与清代是如何对待明代留下来的文化遗产的加以比较便会发现，与其说清朝对汉族文化比较尊重，莫如说当时那些一直坚守传统生产方式和技艺的民众持之以恒的精神更令我们印象深刻。虽然元代没有令宋代的文化遗产完全荒废，也在某些领域将其传承下来并使其获得进一步发展；但在元代，工商业的混乱吞噬了普通民众的积蓄，而且元朝统治者对汉族人的歧视也令官僚群体心情沮丧，致使元代文化在整体上出现了衰退。由于我们错将这种衰退理解成了民众文化的正向发展,所以长期以来,便也错误地理解了民众的地位。

看一看清代那些意气轩昂的官僚群体和与之呼应的活跃的民众便会明白,只要是作为基础的普通民众健康发展,汉民族的力量就不会衰退,反而会获得进一步的发展,这种发展聚拢起来,便使得清代手工业出现了繁荣景象。

清代手工业产品之中,艺术品都呈现出极尽绚丽豪奢、流于形式而失之清新、过分装饰却忽视细节的特征,但诸如丝、绵、麻等纺织品,陶瓷制品、农用器具、日常生活用品等一般手工业产品,无论在种类上,还是在品质上,都极其多样化。知名品种的数量增加,品质的优劣差距扩大,这意味着需求和供给都在增加,是商业发达的象征,所以,明代的"丰亨豫大"在清代社会得到进一步的发展。虽然手工业的种类在此消彼长之中出现了差别,但其平民化程度的加深是非常显著的,而支撑这种变化的,可以说是清代手工业的整体发展。

清代手工业直至清朝末期才失去了均衡的发展,并因国外的经济压迫而出现了急剧衰退,特别是百姓的生活水平下降,导致产业荒废。但仅凭这一点便以偏概全,低估清代手工业的全貌,这岂止是一个简单的错误,恐怕还会成为人们对一个民族的力量做出过低评价的原因。

四　明朝遗老

明清易代时期的文人

在中国，十世纪上半叶曾存在一段称作"五代"的王朝更迭异常频繁的时期，当时曾有一位叫冯道的文人，他前后历经四朝并出任宰相，备遭后人批判，被视作"有失节操"的典型人物。据说在秦代，秦始皇制作了传国玉玺，大臣李斯在玉玺上写下了"受命于天既寿永昌"八个大字，由于这传世之宝在唐代失传，所以五代时有皇帝重制了一个。重制之际，在玉玺上写下"皇帝承天受命之宝"八个大字的，便是这个冯道。当时冯道就是这样一位备受朝廷重用的人物，他从同时代人那里获得了莫大的信任。在当年那种"下克上"频繁发生的，权力由武人把持的时代，让这样一位柔弱无力的儒者文人担当起重任，这是少之又少的例子。然而，这样的事例之所以存在，恐怕也有当时应当如此的缘由。

明朝的李卓吾曾盛赞冯道称：在战乱不断的年代，能将百姓的损失控制在最低程度的其中一个原因便是冯道的爱民作风和他的领导能力。那么，当年冯道拒绝遁世，总是选择将自己正面呈现给世人，其原因又是什么呢？

大清帝国

进入宋代之后,人们对冯道的评价非常之低,认为他惜命,贪图富贵,趋于妥协,谙于世故,对社会造成的毒害甚深,甚至将他视作"五代"这个乱世的象征。在同辽、金、元等北方民族政权的交涉中举步维艰的宋代,若有人像冯道般既出仕辽国,又几经出仕汉族政权,还当上了宰相,恐怕是绝对不会被世人接纳的。而且,冯道还在自传中罗列了自己从所侍君主那里获得的各种荣誉,后人看到这些后,更是气愤无比,认为其卑贱至极。

中国的文人多投身于某一王朝,所以在该王朝灭亡后,以身相殉的做法被视为一种美德。特别是在受到了宋学之说的鼓舞之后,儒家文人似乎将此当作一种信念。例如宋朝灭亡后,声称不再描绘被夷狄玷污的土地,进而留下大量无根墨兰画作的郑思肖,与其说他是一个民族主义者,不如说他是大义名分的盲信者。在当时,逃亡国外的是文人,终生不侍二君的也是文人。当然,宋朝遗老中在元朝做官的也大有人在,当年的元朝若是不用他们,其统治也无从着手。但若是作为俗吏,仅凭一点微薄的薪俸,那些侍二君者不仅会视服侍夷狄之事为不洁之举,而且其生活本身恐怕也会变得拮据不快吧。

文人以某一信条为标准而终其一生,这是古来就有的事情。但将自己的一生与侍奉某个王朝相结合,虽可见于为数不多的王朝统治者中的一部分人身上,但在宋代以前并未形成一种潮流。不可否认的是,宋代的文治政策对这种潮流的形成产生了很大的影响——它似乎将一种极其武断的勇气灌输到了文人的深层心理之中,并在鼓舞以身相殉的悲壮精神上发挥了它的功效。因此,在因官僚制度的运行受挫而走向自毁的元朝灭亡之时,文人官僚中出现了很多逃难者。我们且不论当时的缘由为何,殉身王朝即殉身国家的心理强制性,源自宋元换代之际的那种潮流,同样,明清易代时的情况也是如此。

黄宗羲

明清易代之际,在以大明朝的遗民自居,同清政府抗争对抗的文人中,有三位被称为"三大儒"的知名文人——黄宗羲、顾炎武和王夫之。他们分别选择了三种不同的人生,其悲壮事迹在民国时期被给予了极高的评价。而且,他们总被认为是"悲壮"的,同样也是缘于前述的那种潮流,而且由此在当时的社会也滋生出一种与古代印度寡妇焚身殉夫的压力。明朝末年,酝酿出这种情势的温床当中,有一种称作"文社"的社会团体。文社是一种以科举考生为中心,研习学问、文章的团体,其中苏州的"应社"、"复社",松江的"几社"、"豫章社"等最为知名。在当时,虽然官僚阶级也会对其加以利用,但由于其成员中不在官场的读书人占绝大多数,所以文社具有明显的进步性取向,并针对清朝展开了激烈的抗争。当年,黄宗羲和顾炎武都曾是复社的成员。

黄宗羲为明朝御史黄尊素之子,少年时代起便深受时为东林党成员的父亲的影响,跟随着父亲,在针对明朝宦官当权的腐败政治所进行的激烈批判之中长大成人。他痛恨逼死父亲的魏忠贤一党,曾在复社联名弹劾阮大铖。阮大铖当时是魏忠贤的心腹,在魏忠贤失势后,他与南京的游手好闲之徒混在一起,虽曾作为戏曲作家而闻名于世,但被认为是明朝腐败政治的元凶。

黄宗羲三十二岁时曾被举荐为中书舍人,但他在辞掉该职后,再未出仕明廷。黄宗羲生于官僚世家,身处党派争斗的旋涡,适逢农民起义、满族入侵等乱世,而且亲身体验到了被称为"小东林党"的复社深受广大农民、工商业者支持的事实,所以作为文人的他选择了一条非常危险的道路。当时的文人中,有一心向佛以求避世的人;也有对明代官场感到绝望,决心绝不再涉足其中的人;同时还有重新审视民众力量并努力对自己的立场加以反省的人;而黄宗羲选择的却是其中最为激进的形式。

黄宗羲虽未出仕明廷,却是明代名门之后。明朝灭亡的时候,他正当三十四岁,当时曾险些被阮大铖逮捕。脱身后的黄宗羲回到故乡浙江,并在此创建了一个名为"世忠营"的团体,与数百名同志一起开始了反抗清朝的

1 明清易代的背景

运动,后追随在绍兴被拥立为皇的鲁王,投身到了反清复明的事业之中。为了反清复明,黄宗羲当年甚至曾与同志一起远渡日本长崎以求援军。但当时在各地被拥立起来的明朝王爷们未能超越明末的党派之争,相互间依然各行其是,互不交通,所以被清军逐个消灭了。此间,黄宗羲并非一个旁观者,而是亲临其境地经历了复明力量最终覆灭的过程,并在深感恢复明朝已无希望后,返回故乡专心著述。清康熙十七年(1678),黄宗羲被推举为"博学鸿儒",但他辞而未受;第二年又接到明史馆的邀请,他同样没有接受。

在亲历明朝衰亡的黄宗羲身上,并没有像法国的伏尔泰那样,表现出一种对皇权的依赖。伏尔泰诞生在黄宗羲去世的时候,他亲眼见证了路易十四世时代的法国的全盛,而黄宗羲却见证了明王朝、崇祯皇帝的悲剧。或许正是由于他们的这种不同,黄宗羲才在他所著的《明夷待访录》中,提出了"天下为主,君为客"的主张。黄宗羲的这一著作后来曾被拿来同卢梭相比,被认为是宣扬民主主义,期待、鼓励革命的著作。但据说该作中还有一部分内容由于作者自己的担心、顾忌而未能公之于世。黄宗羲虽未直接参与明史的编纂,但他向明史馆提供了史料,命其子黄百家、其弟子万斯同参与编纂,同时还写下了《明儒学案》和《宋元学案》等著作,表达了重视学统的观点。这都体现出黄宗羲不曾因时局动荡而改变处世原则的高尚情操。若说黄宗羲的民本主义思想来自孟子以来的传统,那还有一点更是不可置疑的,即触发其思想产生的,是明末百姓那种水深火热的生活状态。

顾炎武

顾炎武也出身于明朝官宦世家,明朝灭亡的时候,顾炎武三十一岁。明亡之后,顾炎武坚持去各个明帝的皇陵祭扫,其明朝遗臣的意识甚为强烈。顾炎武自少年时起便是能一目十行的优秀人才,与复社成员有所往来,选择站在了正义派的一方。及至清军压境,顾炎武与其母亲一起逃至常熟躲避兵乱,并投身反清运动之中,追随鲁王,直至复明运动最后以失败收场。由于母亲留下"汝毋为异国臣子"的遗言后绝食而去,顾炎武用两匹马、两头骡子驮着书卷,游历河北、江苏、山东、山西各地,未曾入朝为官。

顾炎武游历十余年,此间以走访挚友、读书著述度日,后在陕西华阴定居,自称在此地足不出户便可结交天下之人,获知天下之事,再未回过江苏老家。同黄宗羲一样,顾炎武也坚守气节拒绝了清廷的招纳,而且连附近的学生请他讲学,他都加以回绝。

明代的学者多通过讲学传播自己的学问,但顾炎武拒绝这样做,而且他还不以成为文人为荣,不作应酬文章,

1　明清易代的背景

只专心于自己的著述，即便有人邀他为名士作传，他也一概回绝。顾炎武不回故乡，即使友人劝他南归，他也不愿放弃周游与隐居的生活。据传隐居期间，顾炎武"垦田度地，累致千金"，生活是颇为富足的。可以说，顾炎武的生活能力很强，通过自己的实践，其经世致用的实学也得到了验证。

所谓"垦田度地"，在当时恐怕就是当上了地主。但关于顾炎武当年是如何与农民相处的，目前尚无记载。说顾炎武生活富足，这种生活想必又与五代时期的冯道与下人同桌共餐，或是于晚上劳作，替那些病农耕地的生活又有所不同吧。在此背景下，顾炎武得以继续自己的学术创作。顾炎武的著述涉及多个领域，但以史学为多，据说他早年曾随其祖父顾绍芳学史。

顾炎武的祖父曾这样教导他：读明书百卷，不如宋书一卷；有新旧二书所载相同事项之际，则须读旧为宜；《汉书》系对《史记》的改写，故不及《史记》；《新唐书》改《旧唐书》而成，故不及《旧唐书》；《通鉴纲目》在改写了《通鉴》之后，更不及《通鉴》了，所以与其改写旧书，不如摘录纲要为宜。祖父顾绍芳的这一教导，奠定了顾炎武学风的基础。他还开创了多方收集证据以资论断的考证方法。与顾炎武的初衷有别，由他开创的考证方法毋庸置疑地带来了另一个影响：在商业资本积累

·73·

的时代孕生出一股经、史资料收藏之风。与此同时，在读书阶层扩展至下级官吏后，那些追随顾炎武的读书人也开始四处收集史料以炫耀其博学。他们虽对其史料加以注释，却不做品评的做法逐渐形成一股学风，进而悉数被卷入了考证学的潮流之中。

顾炎武的实用之学，依旧是将重点放在如何施政之上。为将其学风与实践相结合，顾炎武摘录各地的地方志，编成了《天下郡国利病书》，从经世之基础的视角上观察了各地方的地理；写出了《音学五书》，在解读经义方面导入了音韵学的视角。可以说，这些著作集中起来便反映了顾炎武的史学观：由于他拒绝将理论空洞化，所以没有形成历史体系；由于他眼中的事实是统治层面的事实，而不是人的事实，所以顾炎武笔下的历史，还缺少一种应有的感动。

顾炎武花费三十余年时间，自诩倾注了一生精力的《日知录》，是一部内容涵盖了千余种课题，并融合了其史学洞见的经典之作。或许我们也可以说，作为清代可以承继的明代遗产，顾炎武的这一著作是最合适的一部。

王夫之

明朝灭亡的时候，王夫之二十五岁，可以说是没能赶上"丰亨豫大"的明代大好时光的一位大儒。虽然他二十三岁便考中了举人，但由于明朝的覆灭，却未能获得参

1 明清易代的背景

加更高一级考试的机会。由于无论是自己还是周围的人，自始至终所想走的都是那条入朝为官的仕途之路，作为一个秀才，追随刚刚崩溃的明朝最为自然，所以王夫之也投奔在南方拥立起来的桂王、明永历皇帝的麾下，加入了抗清运动。但由于自己投身的这个宫廷集团同样内讧不断，乱局纷呈，所以王夫之从反清斗争中抽身而退，返回了故乡湖南，开始专心著书立说。原本站在正统立场上挑战现有学问权威的王夫之，对亲眼所见的宫廷的丑恶大失所望，进而又将自己的学术视角拉回到了作为原点的正统之上，即排斥阳明之学而着眼于朱子之学，抛弃了夷狄视角而回归中华，变得对中华传统执着起来。为能超越现实统治，呼吁后世，王夫之的学问变得哲学意味甚浓；为了论证有理有据，王夫之的学问立论更显透彻。也许正是由于王夫之治学的这种特色，后来才有了曾国藩这样的信奉者，再后来王夫之的思想更是跨过曾国藩，直接对清末的革命思想产生了巨大的影响。

王夫之在经学、史学、文学等各方面都留下了大量的著作，这其中对清末革命思想产生影响的，是他的政论性著作《黄书》等。这些书由于在当时不受重视而免于遭焚的厄运，所以才得以保留到了清末。王夫之的著述中最为人广泛阅读的，是他依据《资治通鉴》对历朝历代的历史施以评论而写就的《读通鉴论》一书。该书完美地

大清帝国

洞察了统治的历史，但并未过多言及不这样统治的人会希望如何去统治，而是多论及理想的统治方式，即该如何去进行统治的问题。在中国，这种述史传统可以说是孔子以来的一种积习，除此之外，当时尚未构建出一种极具思想性的史观。也有人常拿王夫之与欧洲的启蒙思想家相比，那么，王夫之当年究竟都启蒙了些什么呢？由于他主张华夷有别，所以是民族主义吗？由于他拒绝腐败的官僚政治，所以是反封建精神吗？由于他以朱子学为纲，所以是精神主义吗？由于他正视明王朝的崩毁，所以是唯物主义吗？更何况，王夫之的这些思想中没有一个在当年被清代社会直接继承下来。

被尊称为"三大儒"的这三位明代遗老，其气节、功绩等都受到了广泛的高度评价，所以即便是在清代，他们同样是广受尊敬的人物。若就气节来说，与此三人一样，当时因对仕途绝望而归隐山林的人实际上还有很多。在王朝更迭之际，明清易代期间选择归隐山林的文人数量恐怕是最多的。在清朝确立后，这些人之所以远离讲学传道这一教育领域，选择著书立说这一学问之场，该是因为讲学更容易演变成政治运动的一环，他们有意回避了。正因为如此，他们的学说、思想等，在当年虽是一种启蒙思想，却未能促成启蒙运动，虽持的是一种反封建立场，却没有达至否定封建制度的程度。

2

清朝的强盛

一 清朝统治的施行与贯彻

皇权政治与不断壮大的官僚机构

我们看一下中国古代帝王的画像就会发现,其皇冠上都装饰有一种叫作"旒"的珠帘,帝王的眼睛会被它遮住。皇冠上的珠帘一般有十二条珠串,如此装饰是因为天子不能把眼前的东西看得太过清楚。诚然,统治的理想状态或是"无为而治",或是"帝力于我何有哉",总是目光灼灼的形象与皇帝的身份似乎也不大相称。

虽然在欧洲人看来,在历史悠久的中国皇权政治中,享有自由的唯有皇帝一人,其他所有的中国人都是为服务于皇帝一人而生的,但这唯一自由的皇帝,也并不是总能过上安稳日子的。这里所说的自由,对皇帝而言,是一份统摄、管理专制政治的系统工作,需要付出超乎常人的辛

大清帝国

劳。为实现独裁统治，据说秦始皇会亲自阅读从全国各地收集来的报告并对相关事宜做出决定，其庞大的工作量可想而知。清雍正皇帝留有《雍正朱批谕旨》，这是皇帝批阅臣子奏章，并在其上用朱笔写下自己意见的文献资料。

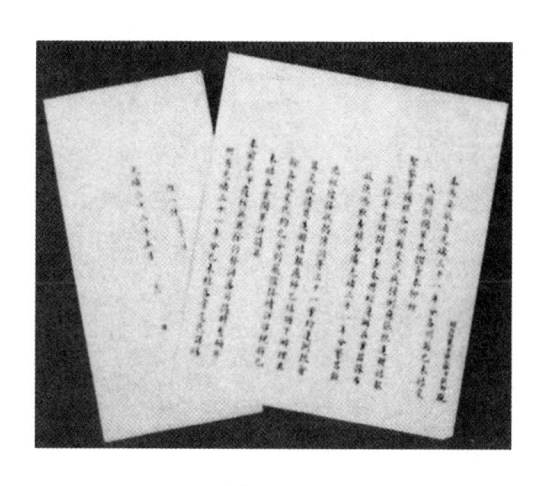

清朝的奏章

为了将这样的工作分担下去，虽然很早以前便形成了相应的官僚体系，可驾驭这样的官僚体系也并非一件简单的事，需要一次次地按照各种礼数安排才能对他们施以统帅，所以这与渔师与鸬鹚的关系不同，它像是继续一盘按定式布子的围棋，把棋局进行下去需要一种程序化的手法。官僚体系的组建和运行容易定型，因此对新发事态进行有效处理的能力不足，进而官僚也会努力尽量避免这样

2 清朝的强盛

的事态发生。清朝被认为是官僚制度最为完备,且已构建起庞大的官僚体系的朝代,这可能也是由于为应对不断出现的未曾遇到过的事态,除尊重礼数、新设官职外别无他法吧。封建礼数这一宗教性的权威曾有的实效并非总是令人信服的,立于其顶端的皇帝是这种礼数的主体,可礼数到这里便也失去了相应的效力,残留下来的仅是一种负面效果。在皇帝的位子上,无论是谁都容易成为一种定式的、形同装饰的角色。官僚体系若能自行运作,并走上正轨,皇帝便是一个只要无大过就能顺利担任的角色。人们说清朝历代皇帝都是英明的君主,其理由之一便在于此。

不过,清代皇帝中的大多数人并不想自己仅仅成为这样一种装饰和摆设。在这个过程中,也许他们发现无论怎么重用满人,其能力都不如汉人;他们也不得不承认满族人口处于绝对少数,本民族的传统积淀不够。即使他们都不介意这些,只是试图维持自己的强权统治,但随着军事实力衰退,且难以对其重新强化等问题逐年变得明显,少数民族统治多数汉族的难以协调感和界限也一定会逐年显现。为了防止这种趋势的出现,作为皇帝,必须精勤于政务,必须对官僚施以督促奖惩,必须厉行礼数才行。清朝实行"密储制度",即不立皇太子。有人认为其目的在于通过让皇子们竞争太子之位,使皇子们不断努力,变得都非常出色,但这只是一种比较浅显的观点。应该说,正是

大清帝国

由于清朝坚决防止官僚们参与太子之争，以至于在竞争中两败俱伤，其官僚体系才得以壮大起来。

汉化的清王朝

曾有段时期，在日本东洋史学界，有很多人研究过"少数民族统治中国"这一课题。不用多说，因为伴随着日本军队的全面侵华，他们想讨论自入侵过中原腹地的匈奴人以来的少数民族统治历史，以为日本统治者提供参考。不过，针对一个无人不知的结论，即少数民族对于中国的统治最终全部以失败告终的事实，他们却始终没能得出不要图谋统治中国这一简单结论。从辽到金，从金到元，再从元到清，他们对历史的解读总是如此简单：随着这些朝代的更替，少数民族的统治力不断强化。"马上得天下，不能马上治天下。"正如古人所言，成功的征服不意味着成功的统治，后者远非前者能比，这已为世界各地的征服者所印证，征服后建立起来的帝国仅一朝一代便随之崩溃的事例屡见不鲜。

有人说，满人征服中原，并能够将其统治持续下去，是由于他们成功地运用了"大棒"和"萝卜"两种统治方式。所谓大棒，是一种基于强压的强制性统治；所谓萝卜，是一种基于利诱、善导的怀柔性政治。那么，清

2 清朝的强盛

代统治者对哪些人施以大棒,又对哪些人授以萝卜了呢?按照满人的习俗被强行蓄发、编发,将抵抗满军的一个小镇的居民全部杀光以儆效尤——当时遭受此种迫害的全都是汉族人。在清代大兴典籍编纂事业之际,那些被动员起来并接受俸禄的,是读书之人;保留旧有特权并使之与地方官吏相勾结的,是各个地方的领导人物。这说明大棒萝卜并用,绝不是指将这两种方式应用在同一类人身上——这是中国各个朝代在其创建之初,或多或少地都以论功行赏的方式做过的事,历朝历代并无大异。不过在清代,令人瞩目的是它的大规模典籍编纂事业,其中动员了数以百计的文人,既让他们将精力集中于一个目标,又以此彻底封上了他们的嘴,这可不仅仅是施以萝卜就能做到的事情。

如此看来,在本质上,满人与蒙古人并无不同,为了实现长久的统治,二者都采取了各种各样的统治方法。不过,清朝持续的时间是蒙古族政权的近三倍,其背后还有一个原因是满族被汉族同化了。与清朝处于同一时代的日本江户幕府通过对其封建制度进行改革维持了政权;而清王朝则使汉人官僚制度进一步发展,让满人在其中不断汉化,将自己的语言、风俗、思想意识、传统等都一股脑地丢到一边,仅作为一个保守的封建政权维持了下来。

大清帝国

满文（满人科举的答案）

清史与《三朝实录》

中国史就是各朝代宫廷历史的重复叙述，之所以有这样的说法是因为中国本身就是如此，而且将此借用到其他场合也同样适用。因此，当提起"清史"时，虽然并不是指爱新觉罗家的历史，其内容会包含其统治时期的各个方面，但宫廷历史仍是其中心内容，这与在欧洲史的范围内说波旁王朝史、都铎王朝史时基本相同。这也是被称为中国的正史——在各朝代朝廷的主导下编纂的史书都首先要以记录各朝代皇帝之事的"实录"为基础编纂的原因

2 清朝的强盛

所在。

清朝也是如此,史官记录下来的实录特别受到尊重,甚至连皇帝自身也不能随意干涉,需要密藏在宫中。清初的太祖努尔哈赤、太宗皇太极、世祖福临三代的实录经历过多次修改,有些甚至流传到了民间。宝历十三年(日本纪元,1763),中国商船将其中一部分带至长崎,于是日本人以此为基础,编撰了《清三代实录摘要》、《清三朝事略》等,两书在日本民间流传下来。

据说,明治时期来到日本的中国文人,见到在中国根本不得一见的实录在日本相对容易就能弄到,都特别珍视,争相购买后带回国内。乾隆时期,清朝空前强盛,日本也能感知到这一点。于是在当时的日本,这个王朝是如何在中国实行统治的,本该是一个很让人感兴趣的课题,只是当时刊出的相关出版物究竟有多少人认真读过,尚不能确定。

作为清代初期的史料,近来已有人对其加以有效利用,可当年读这些书的人大概会在共同立场上形成一种同感,即比起吃惊于当时清朝采取的措施,他们可能更有感于必须维持封建制度。强有力的统治、推进这种统治的军事实力,加上勇敢的战斗、廉洁正直的辅佐者——实录中记录的这些对当时的幕府来说,也都是颇受好评的主题。读书,与其说是在读自己不可理解之书,不如说是在阅读过程中整理自己的想法，从书中获得一种自信或己之所需。在封建制度逐渐松弛的日本，《清三朝事略》等肯定是能够鼓舞日本人的出版物。

在日本，与此类出版物几乎同时出版的还有长崎奉行中川忠英的《清俗纪闻》，日本人对中国的兴趣日益高涨。然而，这种兴趣并没有继续发展的契机，中川忠英的《清俗纪闻》介绍的只是中国的地理、风俗，历史方面的书籍始于爱新觉罗家族的实录，同时也止于此类出版物。

根据统治者的大事记来编撰历史，是古来有之的传统，它不只是将对统治者的赞美、咏叹等加入历史，也是一种循统治本身之踪迹构建历史的方法，可谓是统治的拟人化——这或许是封建社会的一种共通做法。当在人类本身的某一发展态势中很难构建历史的时候，历史编撰者会把某一旗帜鲜明的特征先行导入，而这也可以被视作一种辉煌且极具魅力的东西。

《扬州十日记》与幕末日本

继《三朝实录》之后传入日本，并在日本被翻印出版的清朝初期的著作还有《扬州十日记》和《嘉定屠城记略》。江户时期在日本被翻印的中国书籍，其种类和数量都非常可观。清初的翻印书多集中于此类与"大棒"有关的记录，这一点值得深思。

2 清朝的强盛

1644年占领北京城的清军,在追讨自北京向陕西逃亡的李自成的同时,也对在江南获得相应支持的明朝诸王进行了讨伐。为此,清军迅速动员了大规模的军队,主力军以英亲王阿济格为统帅,吴三桂、尚可喜等明朝降将自榆林、延安向西安进军,豫亲王多铎与降将孔有德一起自潼关向西安追讨,与此同时,也开始向徐州、江淮等地进军。在李自成放弃西安向湖北撤退后,清军基本未遭遇任何抵抗就抵达了江南。在南京,明朝的福王虽在马士英的拥立下建立起了政权,但其政权极其腐败,明军投降、掠夺事件不断,只有一个史可法据守扬州,同豫亲王的军队进行激烈的抵抗。

《扬州十日记》便是在顺治二年(1645)清军攻克扬州的时候,由一名叫王秀楚的人根据其亲身经历所写的。对史可法其人,清军也甚是了解,曾三次劝其投降,但史可法未受。在扬州经历了前所未有的抵抗的清军,被史可法的顽强抵抗点燃了怒火及憎恶之情,在攻克扬州后实施了屠城,据说多达八十万人被清军屠杀,扬州当时成了人间地狱。

对于这惨绝至极的十天的记录令读者战栗惊魂。《扬州十日记》较早就传入日本,文政十一年(1828),斋藤南溟推出了它的校订本,该书随后被日本读者广为阅读。由于在中国被列为禁书,所以中国人当时是读不到的。明治之后，该书经中国留日学生之手，被带回了中国，经翻印后，又为反清革命运动者所用。在日本，当时被选中的为何是此书，而非其他书籍呢？恐怕当时的日本人想事先了解一下外敌入侵是何等残暴，另外也想告诉国人，少数民族统治就是这样彻底实施的。这也许与当时日本的社会情况有所契合，其中恐怕存在可为日本人首肯的东西。

扬州屠城结束后的第四天，清军又在嘉定再度上演了一场掠夺与杀戮的大戏。清军兵临徐州城下之际，逃亡的明军将领李成栋投降，并成了攻克嘉定的主力。在这里，虽然明朝的官员和军队无能无为，但嘉定百姓做出了顽强的抵抗。记录了清军历时四个月的暴行的是名为朱子素的人所写的《嘉定屠城纪略》，该书在日本同样是由斋藤南溟刊出的。

进入天保年间，这两本书在日本被人广泛阅读。此时，美国船、俄国船已经造访了日本，因而，这两本书之所以被选中，大概是因为两点：一是外船来航带来的、近在咫尺的对于外族入侵的恐惧感；二是当一种统治走向末朝时出现的不安心理。

薙发令

清朝在统治中国时采取的强硬手段中最为显著的是强制性地推行满族风俗之一的辫发，即推行"薙发令"，将

2 清朝的强盛

头发剃掉，保留下头部后方的头发，并将其编成辫子垂于背后。通过推行这一满族男子习惯的、一目了然的发型，清朝保证了所有人都服从满族人的统治。由于汉人对这种夷狄风俗的发型一直持蔑视态度，所以强制其剃发，也是对汉人传统自尊心的麻痹，满族统治者做出了"留头不留发，留发不留头"的决定，并在全国各地厉行。

这种与日本的"踏绘"相近的强制性手段，无论是在元朝还是在金统治时期，都在一定程度上有所体现。在占领北京前，清朝就曾试行过"薙发令"，及至占领北京，随即于顺治元年（1644）正式推出，第二年确定了在长江流域的统治后，则开始在全国厉行，通令布告所到之处十日内必须实施，例外者仅限于僧侣、道士。

对此，虽然汉人的反抗非常激烈，特别是在江南地区，以文人为中心的抵制更是极其强烈，但是与此同时在扬州和嘉定等地发生的清军的残暴行径，很快令这种抵制销声匿迹了。这种被欧美人嘲笑为"猪尾巴"的辫发风俗在清代很快固定下来并融入了中国人的生活，甚至在清朝灭亡以后，也有人执着于此，拒绝剪掉辫子。

将一种风俗习惯强制性地加以施行，这与强制推行一种宗教一样，是当时在亚洲各地都能看到的现象。清代强行推行辫发与伊斯兰国家曾强制推行伊斯兰教，是这种现象中规模最大的两例。伊斯兰教的推行，并未确立起阿拉伯国家的权威，而是构建了伊斯兰民族、宗教的权威；与此不同，清朝的辫发，形成的不是满族的权威，而是发展成了中国的象征。除了辫发以外，满族的传统未能延续至今，这一自然而然的命运颇有些意味深长。

二 三藩之乱

顺治皇帝的政治

清朝的第三代皇帝顺治皇帝，进入北京时年仅六岁。当时，其叔父多尔衮为皇父摄政王，为其后的清朝统治奠定了坚实的基础，可他当时奉行的方针的第一要义是基本沿袭明朝时期的统治架构。这对汉人来说，可谓是宽大的方针。有传言说，幼帝顺治实际上并非满人，他有着此前被蒙古人灭亡的宋朝天子的血统。

顺治皇帝十五岁的时候，多尔衮去世，顺治帝开始亲政。他一面将多尔衮一派的势力从宫中驱逐，一面重用汉人，派吴三桂、洪承畴、孔有德等剿平了广东、广西、云南、贵州等地的明朝残留势力。顺治皇帝二十三岁时便英年早逝，在他亲政之年，与保守的做法相比，其进取的色彩更浓。对顺治来说，这种进取正是汉化。学《资治通鉴》，以儒家思想的正统性为至上之道，这对顺治皇帝而言，绝非陈腐守旧之举。

顺治皇帝在位时一直倾精力于南方，但至其离世，也没有完成南方的清剿行动。虽然明朝的残存势力近乎自取灭亡，但派去执行清剿的明朝降将们成了一种新的威胁。顺治帝在其去世时反省称"渐习汉俗，于淳朴旧制日有更张"，后悔学习汉族之风，失淳朴之旧俗。但应该说，这是顺治反省自己过于重用汉人，以至于养狗却被狗咬了手的情况出现，而不是因为他怀念满族旧俗。掌握权力以后，汉人们也就易于融入清王朝，这是自然而然的事情。

顺治时期是清朝统治的一个十字路口。当时满族也可以像昔日蒙古人那样一路高压，在中国施行蒙古人般的强力统治。不过，当年蒙古人的自信有两大支撑，一是通过与伊斯兰各国的交往形成的宽阔视野，二是将其势力席卷四方，征服过许多外族的事实，而这在满人身上是没有的。若采取的是一种"以夷制夷"的统治策略，那满人被汉人同化，也就只是时间上的问题了。

清代继承明代，仍以北京为首都，且从未自此迁离。之所以将北京定为首都，与昔日的蒙古族一样，都是由于距故乡较近，基于一种以北方为基础压制、统治南方的意图。但在中国大陆上，北京的位置过于偏北，从地理上看，北京难以受到海外的影响。清末外国军队入侵北京时，皇帝向西逃往西安，而不是向北退回满洲，这说明中国的腹地是在西部。要是不接受外部力量的影响，只按既定的方针行事，在北京实行统治是甚为合适的；但若要推行改革，实现脱胎换骨的改变，那北京的环境中是缺乏推动改革的力量的。

平西王吴三桂

将清军从山海关带到北京，再追讨李自成，以此促成清王朝君临整个中国的，是明朝的降将吴三桂。吴三桂之所以做出这样一种卖国之举，据说是因为他留在北京的爱妾陈圆圆被李自成的部将所夺，吴三桂为报此仇而转向挥戈。传言虽如此，但吴三桂不愧为一名猛将，他追讨李自成，肃清各地流贼，自陕西入四川，进而打败明桂王永历帝，可谓一路勇猛，常胜不败。他同那些与明朝相比，觉得自己对新王朝的责任与义务更为重要，并由此转变了立场的明朝官员不同，如下对吴三桂的评价或许更贴切：此间他已从一个成功的征服者，变成了一个权力欲极强的背叛者，在平定云南、贵州后，他便开始寻求独立建国。

吴三桂以云南昆明为根据地，讨伐了贵州邻近地区，甚至将那些此前清政府委以少数民族自治的许多地方都纳入了自己的控制范围。他独掌行政军事大权，对矿山的开采、贸易的管控等又为其提供了财政上的支持，所以吴三桂已经成为一股强大的势力，几乎要与清朝分庭抗礼。不过，将逃亡到缅甸的明永历帝俘获，断绝明朝帝统的正是吴三桂，因而他无法利用"复明"这面最具号召力的大旗。

明永历帝为清军俘获是在顺治皇帝去世之年，此后的六年间，吴三桂专心军事，不再亲自出征，又过了六年，他终于树起了反清的旗帜。此时吴三桂自称周王，随后他又穿上龙袍，立年号为建武。

在明朝遗臣在各地拥立起来的明王中，南京的福王朱由崧（弘光帝）、福州的唐王朱聿键（隆武帝）、广州的永明王朱由榔（永历帝）最为有名，清剿三者是清朝初期的大事，记录其经过的是史书《三藩纪事本末》。在三王剿伐大业中发挥了决定性作用的吴三桂以云南为根据地，同广东、福建等地的地方势力勾结一起反清，这场叛乱一般被称作"三藩之乱"。对清朝而言，这是生死攸关的大事，能否渡过这一难关，是清王朝当时面对的最大课题。继英年早逝的顺治即位的是年仅七岁的幼帝康熙。一般认为，康熙伊始，清政府便下定决心要平定三藩。对当时的清政府而言，这无疑是一个巨大的考验。

平南王尚可喜

尚可喜是辽东出身的明朝部将，较早就归降了清军。他也是因与上司反目才投降的，在朝鲜和辽西地区为清军的南下给予了侧面支持。清军占领北京后，尚可喜追讨过李自成，随后转战于陕西、湖北，于顺治六年（1649）被赐封为平南王，随后向南进军讨伐广州的明永历帝，平定了广东。顺治十三年（1656），尚可喜驻屯广州，并以此为根据地，构建起了自己的势力范围。广州自古以来便是贸易港口城市，尚可喜在此聚敛财富，施行苛酷的统治。现在，广州市中还保留有使用"十七甫"、"十八甫"这种数字命名的街道名，据传这些是当年尚可喜进行"拉夫"式征兵制的遗留——给街道定以数字之名，并按日期突然封锁某一街道，将通行者全部充军。

尚可喜六十五岁时，将王位让于长子尚之信，并奏请朝廷，希望退隐故乡辽东。康熙皇帝认为，南方三藩废藩会反，不废藩也会反，所以借尚可喜奏请隐退之机，令尚家举族迁回辽东。尚可喜对清朝的归属感很强，即便康熙皇帝如此对他，他仍未想过脱离清朝独立，他受清朝恩惠很大，所以也不曾背叛清朝。

由于康熙皇帝命平南王撤藩，原本就要独立的吴三桂随即公然反叛。于是尚可喜被命攻打叛军——进入湖南的吴三桂、福建的耿精忠、广西的孙延龄和台湾的郑经的军队。陷于孤立的尚可喜苦战叛军，此间屡受朝廷嘉奖，不曾变节。吴三桂的军队攻入广东后劝尚可喜投降，很早便与他产生隔阂的长子尚之信串通吴军，此时也举起了反旗。尽管如此，尚可喜仍未屈从。

尚可喜年长于吴三桂，投降清军时，吴三桂已是明朝赫赫有名的将军，尚可喜却仅仅是一名部将。降清后，尚可喜受到了破格的优待，所以他始终没有脱离清朝。不过，他却被自己的儿子背叛，被自己儿子的军队包围，自杀未果，最终郁郁寡欢、因病去世。

靖南王耿精忠

明朝末年，背叛明朝投靠清军的孔有德和耿仲明（耿精忠祖父）同样是辽东出身，而且他们是几乎总在一起行动的好朋友。清朝对较早归顺的武将特别优待，并加以重用，当时，尚可喜率领的军队被清军叫作"天助军"，孔、耿率领的军队被称作"天佑军"，他们扫荡辽东、辽西的明军，追讨李自成，后又转战河南、陕西，在湖南攻打明永历帝，均得到了重用。

当年耿仲明被封为靖南王，曾与尚可喜一起远征广东，后来由于其部下被问罪，耿仲明自杀而亡，其子耿继茂进入广州后，建立了靖南王府。耿继茂其后移师福建，以福州为根据地，将留在北京的儿子耿精忠叫到身边，他们逐渐发展成为南方的一大势力。

耿精忠青年时期在北京曾服侍过顺治皇帝，他前往福州之时，是康熙即位之初。康熙十年（1671），其父耿继

大清帝国

茂去世，耿精忠随即成为靖南王。康熙十二年（1673），尚可喜奏请归隐后，他也与吴三桂一起奏请朝廷，提出退隐，想以此打探朝廷的意图。此时朝廷中对于南方三藩有两种观点：一是主张一举废掉；二是主张不能操之过急，应图渐进废止之策。两方各持己见，争执不下。最后，十九岁的康熙皇帝做出了一举废藩的决断。不过，考虑到长期在北京任职的耿精忠或许尚可加以利用，所以便命其继续驻屯福建。可是，耿精忠在吴三桂的劝诱下，最终还是背弃了朝廷，从福建各地出兵，占领浙江、江西等广大地区，同时也呼应了从台湾进攻大陆的郑经的行动。但不久后，耿精忠被清军打败，又于康熙十五年（1676）投降清军，在福建参与了同反清势力军队的战斗。康熙十九年（1680），耿精忠被召回北京，两年后被康熙皇帝处死。

吴三桂将清军带进了北京，却又在南方揭起反旗，宣布独立；尚可喜不屈服于反清、独立的诱惑，始终未改其对清朝的忠诚，却被其子背叛，抑郁而终；耿精忠则是在权力之间左右摇摆，以致最终丧命于康熙之手。这三个人的经历与结局，象征性地反映了清朝初期的汉人命运。明清两朝的交替，既不是成功于李自成那样的农民军起义，也不是成功于吴三桂那样的权力欲，可以说，虽然明代普通民众的经济、生活水平有所提高，但民族气节的丧失、腐败现象的增加等，也招致了政权落于满人之手的恶果。

2 清朝的强盛

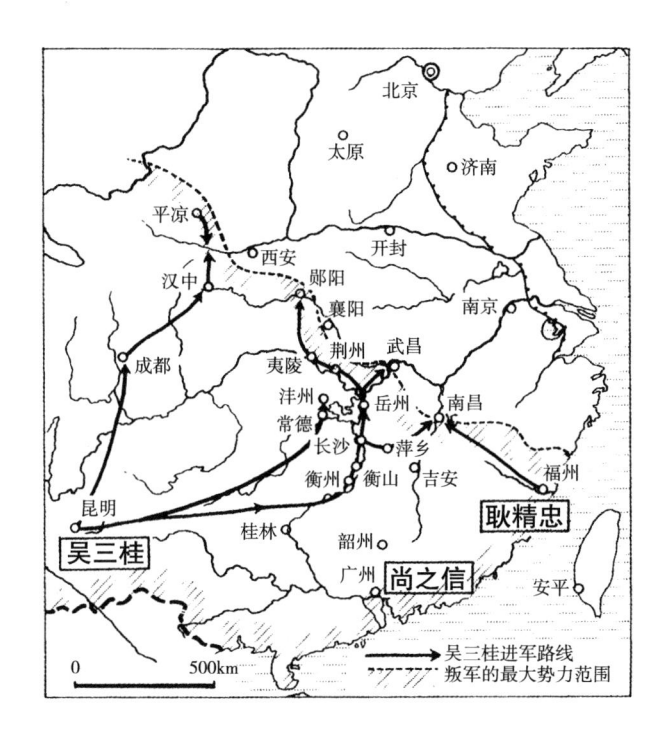

三藩之乱

三藩之乱的性质

回顾各个朝代的历史便会发现,一个朝代在其建立之初,必然伴随着杰出人物的登场,以及他克服重重困难的种种事迹,各史书将其作为某朝某代初创的荣光加以记载,是常有之事。印度莫卧尔帝国的第三代皇帝阿克巴,十四岁时便在帕尼帕特与敌人决战,确立起了在德里的主权，成为莫卧儿帝国史上的美谈。同样，清朝第四代皇帝康熙，年仅十九岁便遇到"三藩之乱"这样的大事，历经九年的征战，使清朝立于不败之地，这也成为载入清朝历史的壮美篇章。当然，康熙皇帝此举也有拿清朝的命运豪赌的一面，不过，他在长达九年的恶战苦斗中始终不气馁，逐渐壮大自己的势力，这不禁让人感受到事在人为这句话的力量。可以说，通过这样的巨大成功，年轻的康熙皇帝找到了他的自信，培养了他的聪慧。

"三藩之乱"之初，吴三桂谋划加强同尚之信以及耿精忠的联合，同时在陕西有王辅臣、在广西有孙延龄举起反旗，而且台湾的郑经也与之呼应，可以说，江南地区几乎所有地方都举起了反清的旗帜。但由于叛军之间缺乏共通的目标，特别是他们并未有效获得汉人的支持，所以清朝将由汉人组成的军队投入作战，先打败了王辅臣、孙延龄，接下来又打败了尚之信。吴三桂则率军自云南进军湖南，并将湖南作为反清根据地，另还有两路军队，一路自四川入陕西，另一路自江西进福建、广东与清军作战，最终在湖南陷入了孤立无援的境地。

康熙十七年（1678），吴三桂以衡州为都登基称帝。半年后，吴三桂病逝，其孙吴世璠继位，退返云南。清军则自湖南追讨，先平定了贵州，后收复了广西、四川。康熙二十年（1681），吴世璠自杀，叛乱结束。可以说，

2 清朝的强盛

"三藩之乱"以后,各地的人们对清朝的权威有了切身体会,清朝的统治渗透中国各地。

古代中国的政治,是以其广阔地域为舞台,在从分裂到统一、从统一再到分裂的反复中发展起来的。其间,中国人习惯了在大一统的稳定状态中寻求民族的安全与发展,这种长期以来形成的习惯,或许成为中国人希望并致力于统一的基础。因此,在争夺统治权力时,中国人能够迅速看出哪一方面能够实现统一,并据此对其主义、理想等做出相应调整,他们准确地收集、判断信息,慎重地开展行动。尽管并非每一个中国人都是如此,但大家都像政治家一样已经做好了相关的准备。在当时的中国,"三藩之乱"可以说是明末社会分裂倾向的一种延续,它能持续九年,是基于一种有着一定分裂倾向的政治情势。之所以中国周边地区也被卷入其中,是因为这顺应了政治发展的潮流。清朝最终能够统一、安定下来,既归功于清朝政权领导者的杰出才能,也是由于当时的中国人看到了这样一种政治趋势,即只有与满族统治者步调一致,才最有可能实现统一和稳定。

台湾郑氏

与"三藩之乱"同时起兵,并呼应了这一反清势力的,是台湾的郑经。郑经又名郑锦,系郑成功的长子,承其父之遗志,一直坚持反清复明。明朝遗王之一的唐王对

大清帝国

郑成功有知遇之恩。为报此恩，郑成功以厦门为根据地，以他所掌握的沿海贸易为财力支持，拒绝了清朝的劝降，于顺治十八年（1661）收复了被荷兰人占据的台湾，并将其反清的根据地扩大至台湾全岛。荷兰人从台湾被驱逐，这在当时轰动了欧洲，台湾之名也因此引起了欧洲人的兴趣。比较知名的是此时欧洲出现了《台湾志》（音译名为《福尔摩沙》）一书[1]。此书是一个欧洲人所写，是一本全凭空想写就的彻头彻尾的虚构作品。据说，这个名叫乔治·萨玛纳札（George Psalmanazar）的假日本人还曾在欧洲各地演讲。郑成功在收复台湾后于康熙元年（1662）突然病逝，当时在厦门的郑经回到台湾，后由于郑经与其弟之间发生内斗，郑氏的实力迅速衰弱。

清军夺取厦门后，呼吁台湾的郑氏投降。但是，恰逢此时三藩联合反清，耿精忠向郑经求助，而郑经也图谋借此机会反攻大陆，夺回厦门，进而攻取福建的泉州、漳州，广东的潮州，后南下进军惠州。这些地区，是自其祖

---

[1] 该书英语原名为 *An Historical and Geographical Description of Formosa, An Island subject to the Emperor of Japan*，意为日本天皇之福尔摩沙岛历史与地理的描述。该书是一本在 1704 年于欧洲出版的有关台湾的专书，作者乔治·萨玛纳札（George Psalmanazar）自称是来自台湾的土著。书中对台湾的地理、历史、宗教信仰的描绘，以及对动物与植物的叙述都是凭空捏造的，因为作者根本没去过台湾。台湾的大块文化于 2004 年年底出版了此书的中文版，译名为《福尔摩沙变形记》。——译者注

父以来，郑氏通过沿海贸易建立起来的势力范围，当年郑氏也曾与英国东印度公司有过贸易往来。"三藩之乱"被平定后，郑经又退回了台湾，并于康熙二十年（1681）病逝。其后，郑氏在台湾的权力由其子郑克塽继承。

郑克塽当时年仅十一岁，加之郑氏总是兄弟相争，内讧不断，清朝也借机加大压力，攻占了澎湖列岛。最后，郑氏一族于康熙二十二年献出台湾，投降清朝，移居大陆，郑氏历时二十三年的台湾统治结束。

说起郑氏历时三代的抗清斗争，很多人会特别想到郑成功的母亲为日本人，台湾当时与日本有着特殊的关系等。在中国史上郑氏的抗清斗争具有以下两个历史意义：一是首次确立了台湾作为中国领土的地位；二是说明台湾通过贸易维持其国际地位，进而寻求自立的可能性是很大的。与此同时，清朝已在扩大领土、炫耀武力中培养起了自信，这成为其改变国策的契机。一改前代的文人风气，清朝的官僚体系增加了一种武断的权威主义、教条主义。

三　康熙治世

"大帝"这一称谓

世界史上有一些非常伟大的统治者，他们一般被称为

大清帝国

"大王"、"大帝"等。古来，那些将几个民族国家统一起来，创建古代帝国的统治者，作为诸王之王，会自称"大王"——这是"大王"、"大帝"的由来。古代波斯帝国的阿契美尼德王朝的大流士（一世）大王等便是这种情况的代表；取代此帝国，并进一步实现了开疆拓土的马其顿王国的亚历山大（一世），又被称为"大帝"，也可以说是这种情况。

罗马帝国皇帝君士坦丁（一世）、神圣罗马帝国皇帝奥托（一世）之所以被称作"大帝"，还出于对其统治业绩的赞美——他们被推选为对天主教教会而言非常值得纪念的人物，而这也使他们更显伟大。进入近代后，俄罗斯帝国的彼得（一世）实现了俄国的近代化改革，法国的拿破仑引领一代风云，这都是他们被称为"大帝"的原因。

虽然在古代，为夸耀自己诸王之王之地位，有人自称"大王"，但像古印度摩揭陀王国孔雀王朝的阿育王等人并没有自称"大王"。在中国，作为诸王之王，秦朝的始皇帝开始使用"帝"这一称号，并为后世沿用了下来。在诸多民族相互角逐的西亚地区，"大王"可以说是特别值得骄傲的称号。

在中世纪的欧洲，政教分离后，从给予恩宠的方面来看，"大帝"这一称号更显尊贵，包含着一种赞誉之情；

2 清朝的强盛

不过,在亚洲,情况却不一样。

在中国,皇帝死后,根据其取得的业绩,通过相应谥号对其加以颂扬的习惯做法已经形成,其中未出现对某某皇帝冠以"大"字的例子。近代以来,人们的国家观念逐渐形成,开始重视国家形态的创建,所以出现了将莫卧儿帝国的阿克巴、清朝的康熙称作"大帝"的习惯,这是一种极具历史回顾性,且来源于外部的称谓。不过在欧洲的近代国家中,无论是对伊丽莎白女王还是对路易十四,虽有"处女王"、"太阳王"这样的称呼,反倒没有出现在其称谓上冠以"大"字的习惯性做法。因此,所谓"大帝",或许是以历史性的军事功绩为背景对某王某帝的习惯性称谓。

不过无论怎么说,康熙皇帝被冠以"大帝"的称谓是合适的,他以一人之手,成功完成了巩固国家和调整统治这两件大事,二者在正史中都被盛赞为伟大的业绩。在古代中国,汉有武帝,他彰显了汉朝的武威;唐有太宗,他完成了唐朝的建设大业;还有明代的永乐皇帝;等等。他们都是集开疆拓土、巩固国家统治等功绩于一身的封建帝王,却没被人们以"大"称颂过。这与其说是康熙皇帝较之而言更加伟大,莫如说是由于时代的不同——在以"大帝"称康熙皇帝的时代,人们更愿意使用"大帝"这一用词;另外,被称作"大帝"的那些时代人物所出现的时期也都大体集中。这与建造纪念碑、铸造铜像等事例相同。

疆域的扩大

发祥于黄河中游地区的汉族文明社会在中国大陆上逐渐扩大并最终发展为一个多民族统一体，这是中国历史的中心内容。除讨伐周边少数民族外，汉民族对向非农耕地带发展并不热心。在对周边少数民族的统治方面，汉族也只是防止它们的入侵，一般都避免深入少数民族腹地。但清朝则不然，它将新疆、西藏等汉族统治者以往不曾想对其进行直接统治的地区，也纳入了这个统一体。这与其说是满人的统治理念与汉人不同，莫如说是随着中国以北俄国的东侵和中国南方沿海地区欧洲势力的东渐，这已成为一种时代趋势。不同的是，欧洲势力的东渐，属于帝国主义的先导；而清朝的西征，则是康熙皇帝的丰功伟业。有人将二者理解为有着同样历史特征的事例，是由于他们未对二者进行一般化的理解。

清朝当时在边境开展的军事活动，本来就不是出于康熙皇帝的征服欲。"三藩之乱"期间，北方守备松弛，蒙古、俄国蠢蠢欲动，当时需要对此加以应对。特别是蒙古地区受到这种新动向的影响，在西边对清朝构成了一种威胁。

2 清朝的强盛

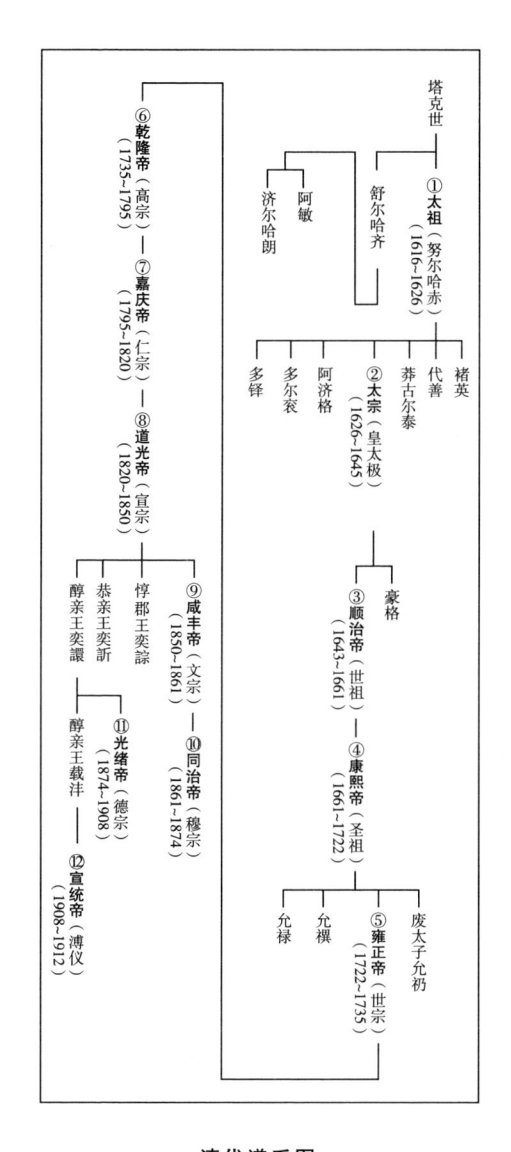

```
塔克世
├─ ①太祖(努尔哈赤) 1616-1626
│   ├─ 褚英
│   ├─ 代善
│   ├─ 莽古尔泰
│   ├─ ②太宗(皇太极) 1626-1645
│   │   ├─ 豪格
│   │   └─ ③顺治帝(世祖) 1643-1661
│   │       └─ ④康熙帝(圣祖) 1661-1722
│   │           ├─ 废太子允礽
│   │           ├─ ⑤雍正帝(世宗) 1722-1735
│   │           │   └─ ⑥乾隆帝(高宗) 1735-1795
│   │           │       └─ ⑦嘉庆帝(仁宗) 1795-1820
│   │           │           └─ ⑧道光帝(宣宗) 1820-1850
│   │           │               ├─ ⑨咸丰帝(文宗) 1850-1861
│   │           │               │   └─ ⑩同治帝(穆宗) 1861-1874
│   │           │               ├─ 惇郡王奕誴
│   │           │               ├─ 恭亲王奕訢
│   │           │               └─ 醇亲王奕譞
│   │           │                   ├─ ⑪光绪帝(德宗) 1874-1908
│   │           │                   └─ 醇亲王载沣
│   │           │                       └─ ⑫宣统帝(溥仪) 1908-1912
│   │           ├─ 允禩
│   │           └─ 允禄
│   ├─ 阿济格
│   ├─ 多尔衮
│   └─ 多铎
└─ 舒尔哈齐
    ├─ 阿敏
    └─ 济尔哈朗
```

清代谱系图

· 103 ·

大清帝国

康熙二十四年（1685），为了抵抗俄国的入侵，康熙皇帝对俄国人在黑龙江构筑起来的要塞雅克萨发起了进攻，并向俄国皇帝彼得一世发出亲笔信，提议议定两国边境。康熙二十八年（1689），两国使臣会于尼布楚，就以外兴安岭和额尔古纳河为国境，双方的出入境、通商等方面缔结了《中俄尼布楚条约》。该条约作为中国与外国对等缔结的第一个极具近代性的条约广为人知。但若从以往中国与北方的匈奴、鲜卑等的关系来看，是否就能认为该条约意味着中国放弃了其从不认可国境的"天下国家"的意识，这还需要探讨。

在此期间，蒙古准噶尔部的噶尔丹得到了西藏达赖喇嘛的支持，逐渐变得强大起来。为谋求蒙古族的统一，噶尔丹率部东进，打败了喀尔喀各部，为此喀尔喀蒙古的部族首领向清廷告急，请求康熙皇帝援助。应此要求，康熙二十九年（1690），清朝出兵内蒙古，并一度与噶尔丹讲和。康熙三十五年（1696），由于噶尔丹又入侵喀尔喀地区，康熙皇帝亲率大军北上征讨，在外蒙古大破噶尔丹。清军乘胜追击，给予其致命一击，噶尔丹自杀，其子被清军俘获。

但噶尔丹死后，准噶尔部又拥立策妄阿拉布坦为首领，他率部进入并占据了西藏。此时，清朝已在北自内外蒙古、西至新疆的大漠地区确立了统治大权。为切断蒙古与西藏的关系,让西藏脱离信奉喇嘛教的蒙古族的统治,康熙皇帝决定远征西藏,以其第十四皇子为统帅率大军出征,并最终一扫准噶尔部,将蒙古族势力逐出了西藏。至此,中华帝国的领土范围达到了空前的程度。

清代中国疆域的拓展,在中国人心目中树立了清朝极大的权威,但如此一来,其他少数民族也被置于满人的统治之下,这对中国而言又起到了怎样的作用呢?为开垦农田,从明朝开始,朝廷就向东北地区南部和云南地区输送了移民,但当时,西北的沙漠地带却不可能接受这样的移民,所以为了维持对在此游牧生活的各个部族的统治,朝廷必须不时派兵驻扎于此。这可谓是一种为维系权威而增加的统治负担。

文化事业

关于康熙皇帝的历史记载,最为人赞誉且一直传颂的,是他推进了各种典籍的编撰事业。康熙皇帝对文人的尊重,与其说是为了避免来自文人的批评,莫如说是缘于他本人的一种秉性。康熙皇帝自己便是一名杰出的读书家,他读书以朱子学为中心,洋学、历算、音律等都是他的兴趣所在。

康熙十八年(1679),康熙皇帝开设了明史馆,将那些不愿出仕本朝的硕学之士自全国招募至此,令其编纂

大清帝国

《明史》。在中国，每逢朝代更替，对前代王朝的各种记录进行编辑整理，并作为正史看待的习惯做法早已形成，这是一件事关新王朝形象的大事。雍正十三年（1735），《明史》编撰完成，它是历代编撰的正史中的一大杰作。《明史》的编撰前后历时近六十年，是清代成功动员文人的一个例证。

康熙皇帝授命编撰的书籍中最负盛名的莫过于《康熙字典》，它于康熙五十五年（1716）完成，其中收录了四万两千余字，虽未涉及熟语，但它作为汉字字典，长久占据着最为基础的地位，在汉字文化圈内被人们长期、广泛地利用。

比《康熙字典》稍早，还有康熙四十九年（1710）完成的《渊鉴类函》和康熙五十年（1711）完成的《佩文韵府》。前者对自然、人事之万般事项按部分类，并示以意义、出典，属于类书；后者以音韵排列熟语，同时示以出典。若再加上稍后于康熙五十八年（1719）完成的《骈字类编》，辞书类书籍的编撰在康熙年间可谓基本齐备了。作为最大部头的类书的《古今图书集成》，其编撰也开始于康熙年间，其名即为康熙皇帝所命，该书完成于雍正三年（1725）。

此外，《全唐诗》于康熙二十四年（1685）完成；《皇舆全览图》于康熙五十六年（1717）完成，这是基于

2 清朝的强盛

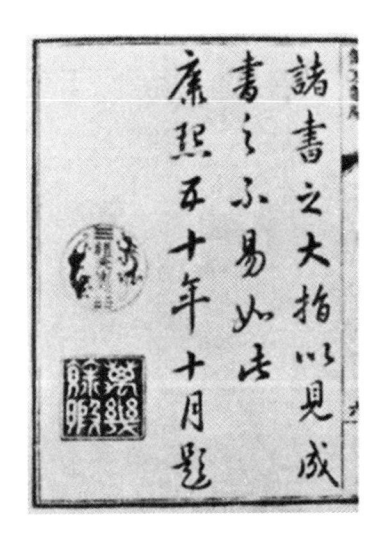

《佩文韵府》序（康熙帝御笔）

耶稣会士对全国进行的测量绘制而成的全国地图。另外还有根据天动说及地动说编写的名为《历象考成》的历法推算书，以及新引进的西洋数学的集大成之作《数理精蕴》。可以说，在康熙年间，展现该时代高学术水准的钦定编撰出版物不断涌现。

为了能在平定三藩时使用大炮，康熙皇帝还命耶稣会士南怀仁铸造大炮。由于南怀仁所铸大炮在实战中攻击效果显著，所以康熙皇帝对天主教的态度也变得宽容起来。耶稣会士在天文、历法方面的优异表现，更是提升了康熙皇帝对他们的信任。另有徐日升、德理格等传教士入仕宫中，大展其音乐才能。西洋音乐、西洋绘画在宫廷之中风靡一时，虽然这在当时亚洲的各个国家已不是什么稀罕事，可让西方人编撰出《律吕正义》这样的音乐书籍，将西洋音乐理论导入本国的，却仅限康熙皇帝一人。尽管这样的文化没能走出宫廷，但我们不得不承认的是：统治者的文化意欲，以及将其学术化的努力，一定会以某种形式还原到社会之中。

施政及其业绩

一般新王朝都会呈现出一种蒸蒸日上的发展态势，它能一改前代之积弊，以新的统治理念发挥出它的施政能力。年轻的康熙皇帝从其开始亲政之时起，三藩、治水和漕运便成了三大要事。事实上，这三件大事也是当时康熙皇帝需要倾注心血的统治事业，因为将它们处理好了，清朝的统治才能继续。

统治，是统治者的责任；而社会的稳定，则是统治的目标。明朝是从统治阶层内部开始腐败的，腐败的原因在于宦官专权，清朝对此非常清楚。所以，顺治皇帝下定决心排除宦官介入国政的隐患，并留下了遗言，而康熙皇帝在登基后不久实现了制度改革，使得整个清代基本上没出现过宦官干预政治的情况。

另外，康熙皇帝还力求减少宫中开销，有资料说他将

2 清朝的强盛

这一费用削减到了明代的十分之一。在对外实施统治时，若统治主体缺乏张力，便很难实施强有力的统治，而这种张力必以清廉为伴。康熙皇帝对此心知肚明，游刃有余。

康熙十六年（1677），在讨伐三藩的同时，康熙皇帝还开始在全国各地治水。他疏通河道、修筑堤坝等，使南方物资可以通过运河北上，防止洪水泛滥成灾，特别是在黄河堤防上，更是连续多年投入了巨额资金。康熙二十三年（1684），为考察治理成果，康熙皇帝首次南巡，到达长江流域。包括此次在内，康熙皇帝其后累计六次南巡，其中多以水路成行，舟运为主。其所需花费，全部由宫中"内帑银"承担，沿途所用物资，都是以时价购得，可见康熙皇帝尽量不让南巡增加民众的负担。康熙皇帝还多次派遣大军远征，但他并没有为筹措这些军事费用而增加税收，反倒是屡屡下令减税。

特别是为纪念其即位五十周年，康熙皇帝自信于国家的稳定和国库的充实，以康熙五十年（1711）的成丁人口两千四百六十万为定数，将此后新增人口作为"盛世滋生人丁"看待，不再增加丁银，这就是"永不加赋"的制度。这对中国的税制而言，也是一个划时代的举措。这将过去以"役"，即以人为对象来征税的做法，大体纳入以"税"，即以土地为对象征税的框架，所以一般认为，中国的人口数量因此开始急速增长。由于拥有耕地且

大清帝国

从事生产的成丁人口的增加与耕地数量的增长不可能同时出现，所以按人口增长数量仅对其征收人头税的做法在当时已经是不可能的了。康熙皇帝的"永不加赋"也是因此而采取的举措。其后，清代的税法逐渐发展为"地丁银"的形式。

对康熙的评价

在清代中国，将康熙皇帝神圣化是个必然的趋势。康熙六十一年（1722），康熙皇帝去世，享年六十八岁。其孙乾隆皇帝在位六十年，因不想超过康熙的在位时间而退位，当上了太上皇，这是将康熙皇帝神圣化的一个证据。法国路易十四派到中国的传教士白晋，在他1697年向路易十四提交的报告《康熙帝传》中充满对康熙皇帝的赞誉，随处可见将其与印度莫卧儿帝国皇帝阿克巴相提并论的表述。极具洞察力、智慧非凡，记忆力惊人，在诸多方面展现出极高的天赋，意志力强，统率能力超凡，等等，这样的评价绝不是在拍马屁。但事实上，无论是康熙皇帝还是阿克巴都对传教士们表现出一种宽容与善意，这确实有理由让传教士们夸大他们的杰出与伟大。

在1675年来到中国的俄国使节曾报告称：帝早晚之所言所行截然相反，缺乏一贯性；万事皆委之于亲任之臣下，其余之官吏、百姓无敬爱其人者。受到类似评价的还有莫卧儿皇帝贾汉吉尔。回顾贾汉吉尔的那些好日子和莫卧儿帝国史，阿克巴的这个儿子给人留下的印象是反复无常的专制君主形象。可以讽刺地说，亚洲的帝王们都是反复无常的，康熙皇帝也不例外。为康熙皇帝所重用的南怀仁也曾说过：康熙皇帝在意荣誉、名声等近乎贪欲，他知道中国人敬重那些学识渊博的统治者，便以超乎常人的努力学习、吸收中国传统知识。

虽然在将为数众多的文人动员起来，令其编撰各种图书之际，康熙皇帝非常优待他们，但像曾强制他们"辫发"那样，当有谁触及其统治核心的时候，他也会不辞苛刑以对。如康熙二年（1663）的"明史案"，浙江富豪庄廷鑨拿到明史的稿本后，补写了明崇祯朝的部分，将其编为《明史辑略》。此书由于存在清朝忌讳的内容而被告发，结果与此事有关的七十多人被处死。如果说"明史案"时康熙皇帝尚幼，其本人与此干系不大，那"南山案"则是在康熙五十年（1711）发生的。戴名世研究明代故事，在其所著的《南山集》中使用了明朝灭亡后的永历皇帝的年号，还引用了吴三桂属下方孝标的《滇黔纪闻》，因此戴名世一族被处以死刑。这些事例均是被称作"文字狱"的案例，它们集中发生在康熙、雍正、乾隆三朝。虽然这是一方面优待，另一方面又施以严惩的事例，却不能据此认为康熙皇帝是反复无常的。传说在龙的颈部下方，有大约一尺左右的龙鳞是逆着长的，若有谁碰到这逆鳞，就一定会被龙吃掉。亚洲的帝王，都是长有逆鳞的龙。

四　雍正时代

密储制

晚年一帆风顺的康熙皇帝，也曾因后继者问题而苦恼，直至他离开人世。康熙皇帝多子多福，有皇子三十五人。早年，康熙皇帝曾立第二子胤礽为皇太子，但由于在皇太子周围出现了朋党之祸，所以在康熙四十七年（1708），他废掉太子，将其幽禁起来。第二年，在众臣的劝谏下，康熙皇帝复立此子。但因皇太子恶行不断，他于康熙五十一年（1712）再废此子，并严令臣属禁止再就太子之事上奏。之后，虽然各皇子间的竞争和猜疑愈加激烈、严重，但直至临终之时，康熙皇帝才用笔在侍臣手掌中写下"四"字，指定四皇子胤禛继位。对此，也有传言称：实际上康熙皇帝写的是"十四"，是侍臣屈指将"十"字隐去，或是舔掉了。这个四皇子，就是后来的雍正皇帝。

雍正皇帝即位后，首先采取了根绝朝中朋党之争的举措,严厉追究各皇弟的责任,将廉亲王胤禩改名为"阿其那"(意为狗),将胤禟改名为"塞思黑"(意为猪),并对他们施以了幽禁,然后又做出了不再册立皇太子的决定。因此,雍正皇帝之治世时期,"冷酷无情"的评价贯穿始终。但自雍正时期开始,密储制成为清朝的原则,即皇帝不将其继承者公开,而是将其名字放入锦盒,置于挂在乾清宫正面的"正大光明"的匾额后面,另在皇帝手中也留有指定皇太子的密旨,只有在皇帝死后才能打开二者。

密储制的做法,目的是防止各皇子结党、争位、暗斗,同时也使朝廷众臣不致先行买宠,恪守本分,勤勉工作。整个清代,至少没有出现过为争夺皇位而导致的宫廷动乱,这与印度莫卧儿帝国不断发生惨不忍睹的皇位争夺形成了鲜明的对比。

有的人也认为,在清朝之所以没有出现过愚顽的天子,也是密储制的功劳。但反过来说,在其整个统治期间,皇帝自身也没有了可以代理他的角色,不设第二号人物的体制固定下来,所以密储制同时也是最终实现君主专制的一项举措。实际上,无论是在形式上还是在施行上,像雍正皇帝那般,有着鲜明的专制君主特征的皇帝,在中国历史上并不多见。

这里所谓的专制君主,虽然程度不同,但指的都是那

大清帝国

种恣意决定一切的帝王。根据他将政务委托给官僚的程度不同,其独裁性质有强弱之分,一个帝王越是勤勉,就越容易将所有事情的决定权握在自己的手里。雍正皇帝便是如此,对于派至地方的总督、巡抚等报送上来的文书,他都会亲自审阅,并以朱笔批阅后,退返给那些地方官员。这些文书作为文献保存下来,便是《雍正朱批谕旨》,从中可见,雍正皇帝之勤勉励精,简直堪比传说中的秦始皇。操控地方政治的末端,比任何一个官员都更了解、掌控全局,能做到这一点,估计是因为四十四岁才即位的雍正皇帝早就对如何掌控官僚心领神会了吧。

养廉银

雍正皇帝对官员们的体察入微,可以表现在征税方法上。中国自古以来,无论是纳谷,还是纳银,为冲抵征税、运输之费用,征税时都会在正常的纳税额度上加征若干附加税,其数额一般会根据各地实情的不同,由地方官员自行决定,所以,地方官员以此公饱私囊的情况屡见不鲜。

清代也是如此:纳谷时,在入库保管和运输途中等,有鼠雀之害导致的减额——"鼠雀耗";纳银时,有需要熔化、改铸时导致的耗损——"火耗"。征税时会附加征收这些部分,当时称作"耗羡"。对此,康熙皇帝曾多次

2 清朝的强盛

加以禁止,不过效果甚微;而雍正皇帝不仅正式承认了这种做法,而且还在雍正六年(1728)做出决定:以"养廉银"的形式,在地方官员的俸禄中增加职务俸禄。所谓"养廉银",就是为使官员保持清廉的一种津贴。由于薄俸难以养家,所以官员多少有些灰色收入,人们习惯上是很宽容的,这一习惯在中国很早便已固定下来了。不过,"养廉银"是为了避免这种做法而创建的制度,这才是雍正皇帝的本意所在。

雍正皇帝这样的天子是不需要大政治家的,他忠实于自己的分内职责,而那些各怀其能、无不干练的官僚仅是天子的辅佐。实际上,在选任官吏上,雍正皇帝非常慎重。在中国历史上,被称为名臣的杰出人物与被称作名君的出色君主呼应,共同创造了一个时代的事例,在汉唐时期曾不时出现。但随着官僚制度的日趋完善,名臣则多在国家的衰落时期出现,以君主作为时代划分标志的情况也较为普遍。在被称为"康乾盛世"的时期,历时十三年的雍正时期虽不太为人看重,但可以说,在完善国家制度的这样一个重要时期,清代出现了一个非常合适的君主——雍正皇帝。

整顿国政

已对统治中国充满自信的雍正皇帝,在将目光投向统

大清帝国

治末端的同时,也未怠于强化在中央的集权统治。为使国家收入保持稳定,雍正皇帝彻底废除了自康熙朝开始施行的丁银(人头税),实施"摊丁入亩"政策,在全国推行地丁银和以银纳税的税制;还解放了长期以来一直身为贱民,并受到与一般良民区别对待的被歧视阶层,使他们成为纳税对象。

中国的贱民在各个地方有不同的起源,他们的聚居地零散地分布在全国各地,受到严重歧视。诸如山西的"乐户",浙江的"惰民"、"九姓渔户",安徽的"世仆"等,他们或似流浪人群,或如奴隶一般,世世代代过着贫困的生活。雍正皇帝设定一定的基准,并据此将他们编入一般良民。所以,有人也将其评价为"中国的奴隶解放"。但实际上,这既不意味着对贱民的歧视消失了,也非贱民的生活改善了,只是在制度上,他们的贱民身份被废除了。

出于使边境地区的少数民族聚居区内地化的考虑,雍正皇帝还大规模地实行了"改土归流"政策。边境地区各部族在族长的领导下,按他们自己的习惯生活,其族长称为土司或土官。随着来自中国内陆的移民不断增加,中央也开始向移民地区派出官吏,并以此对他们施行同内地一样的统治,当时这种官吏称作"流官"。"改土归流"就是改"土官"为"流官"。为了云南、贵州的苗族的

2 清朝的强盛

"改土归流",雍正皇帝付出了很多精力。

另外,为了普及官方语言——北京话,雍正皇帝还在广东、福建等地设置了正音书院,让当地官吏学习北京话。这些都是强化中央统治的具体环节。当一位严格、勤勉的皇帝立于金字塔顶端时,其向心力会自然导致诸如此类的制度的构建。

因而,雍正皇帝对于对外征战并不积极。不是进一步拓展既已扩大的领土,而是将其维持好并固定下来,这是雍正皇帝的目标。青海的罗卜藏丹津与西藏的达赖喇嘛相互勾结反叛,雍正皇帝先是派出了岳钟琪将军讨伐,后又设置驻藏大臣,强化了对西藏的监管。雍正七年(1729),蒙古准噶尔部的噶尔丹策零发动叛乱,雍正皇帝再派岳钟琪讨伐未果,后该叛乱终为蒙古喀尔喀部将军博尔济吉特·策棱平定。雍正皇帝见此时边境战乱绵延不断,设置了军机处作为平叛的临时大本营。后来,该机构作为皇帝的咨询机构,成为清朝处理国政的最高机构。随着皇权的不断增强,官僚组织也会层层叠加,像搭积木一样不断膨胀,这可谓专制政治中出现的正常现象。

在对外关系上,西洋船只连年抵达南方,为防其祸,除在宫中做官者外,雍正皇帝将其余的天主教传教士都驱赶到了澳门。为勘定《中俄尼布楚条约》以来尚未确定的中俄边境,中俄两国于雍正五年(1727)签订了《布连斯奇条约》和《恰克图条约》，在勘定边界的同时，还开启了定期的边贸活动。这些举措维护了国家安全和社会稳定。

文字狱

雍正皇帝非常严厉，其程度甚至可以用残酷、刻薄来形容。自康熙末年始，因平定准噶尔部叛乱而在西部地区的建设上立下赫赫功勋的年羹尧变得居功自傲、专横自大，结果遭到弹劾，获九十二项大罪，雍正皇帝命其自裁。当时，其奏折中便被认为有不敬之词。还有随其后获死刑的汪景祺，其所著《西征随笔》中有讥讽康熙皇帝之处，他也因此被处死。雍正四年（1726），时为内阁学士、礼部侍郎的查嗣庭到江西出任考官，并为乡试的科举考试命题，其中"君子不以言举人"的命题被断定为讽刺时事，"维民所止"的命题中的"维"和"止"，被认为意将雍正二字去首，他因此入狱。他病死狱中后，仍被戮尸示众，其子被连坐处死，查家一族或被投入大狱，或被流放。

雍正七年（1729），广西人陆生柟评《资治通鉴》并写下《封建论》等评鉴十七篇，被认为其中不平之言甚多而被处死。陆生柟曾出任过苏州府知事、工部主事等职，但后因受到连坐而被流放，所以被怀疑是出于憎恨之心才如此愤愤不平的。除此之外，全州的谢济世因弹劾身为御史、当时颇为雍正皇帝器重的田文镜蹂躏士人而被发配充军，后又因注释《大学》的著述被认为有诽谤程朱之语而被判死刑，直至后来得到恩赦。雍正十年（1732），浙江的吕留良的书被禁，其本人被开棺戮尸。吕留良号晚村，系一文人，嫌清不仕，晚年因文才被举出仕，但他剃度为僧，号称"何求老人"。

如上所举实例，虽然笔祸的缘由不同，但涉案文人都被怀疑怨恨清朝，或许这才是文字狱的发端所在。

另有江西的王锡侯，其所著《字贯》对《康熙字典》之误订正甚多，却因私怨为仇家举报，被江西巡抚上奏至朝廷。比起该书的内容，雍正皇帝认为该著凡例中直书康熙皇帝之名，系属大逆之举，因而将其处以死刑，还对巡抚、布政使、按察使等江西地方官员中的相关者均做出处罚，认为他们未能发现这一问题，上奏内容捕捉不到重点，实属怠慢之至。此事由告密者和急于请功的官员引发，与康熙二年（1663）的"明史案"和康熙五十年（1771）的"南山案"如出一辙。集权政治定会伴随一种恐怖政治，恐怖事件往往会因告密、诬陷，还有那些意欲以此立功的人而发生。集权政治要求统治者拥有较高的素质，但由于各级官员一般会牵连其中，所以事件也可能会在相对较低的层面上展开。

五　乾隆朝的繁荣

十全老人

雍正十三年（1735）八月，雍正皇帝去世，享年五十七岁。二十四岁的四子弘历继位，即乾隆皇帝。虽然当年便已经开始了乾隆钱的铸造，但按中国习惯，即位第二年视作乾隆元年。乾隆皇帝自幼得到祖父康熙皇帝的喜爱，且一直在宫中长大。即位后的乾隆皇帝采取了在祖父的宽容和父亲的严厉之间折中的统治方式。

时至乾隆即位，清朝入主北京已近百年，宫中既已普遍使用北京话，满汉之间的不同已逐渐流于表面。此时，清朝领土扩大，国库充实，官员也已经得到了很好的训练。乾隆皇帝似乎只需坐享丰饶之日。原本因宫中御用而得到发展的各种工艺美术流传到了民间，许多手工业者生产、创造出了最高水平的产品，无论是城市还是农村，都呈现出活力。不过，这种发展既非新产业兴起的热潮，亦非新技术刺激的结果，它犹如长期发酵产生的热量的积涨，是长期稳定带来的发展和繁荣。而且，清朝想让这种稳定进一步彰显，除夸耀其武功外，已别无他法。

本来，中国人在回想中国史之际，对那些以武力得天下并因此闻名的君主和时代,似乎没什么太好的印象。当然,这是由于人们不禁想到当时百姓生活的困窘,故与之相比,有迹象表明,人们更喜欢那种近乎文弱的时代。尽管如此,乾隆皇帝还是在其晚年十度亲征边疆,夸耀自己的赫赫武功,咏"十全"之诗作,并自号"十全老人"。乾隆皇帝先后两次远征准噶尔、廓尔喀和金川土司,将回部、台湾都纳入了自己的疆土,成为缅甸、安南等周边国家的宗主国,这对于一名老年天子而言,确是可资自负的武功。这不是基于满人施予汉人的那种恩惠,而是因为他自己作为一名中国人,有了一种实现了以往任何一个王朝都未曾实现过的伟大事业的自负心,以及一种不时免税,巡幸全国,并亲眼确认本朝所获成果的满足感。

乾隆皇帝的远征在西北地区成果最为显著,他乘其内讧之机,将历经康熙、雍正两朝仍顽固未平的准噶尔部彻底平定,并在乾隆二十五年(1760)前后,将其完全置于天山北路、天山南路的统治之下。另外,他还进军尼泊尔,击败廓尔喀部族,使清朝对西藏的统治也稳定下来。

与以上地区不同,南面的缅甸、安南等自古就建立了自己的民族国家,不能仅以武力实现对它们的统治。但乾隆三十年(1765)前后,缅甸发生内乱,乾隆皇帝积极介入并于乾隆三十四年(1769)使其成为朝贡国;乾隆五十三年(1788),安南因改朝换代陷于混乱,乾隆皇帝

大清帝国

又积极介入并使其成为朝贡国。进而泰国、老挝也成了清朝的朝贡国,朝鲜、琉球成为清朝的"卫星国"。这种将中原、东北作为内地,将内外蒙古、新疆、台湾、西藏等地区纳入疆域的伟业,在中国历史上是前所未有的。

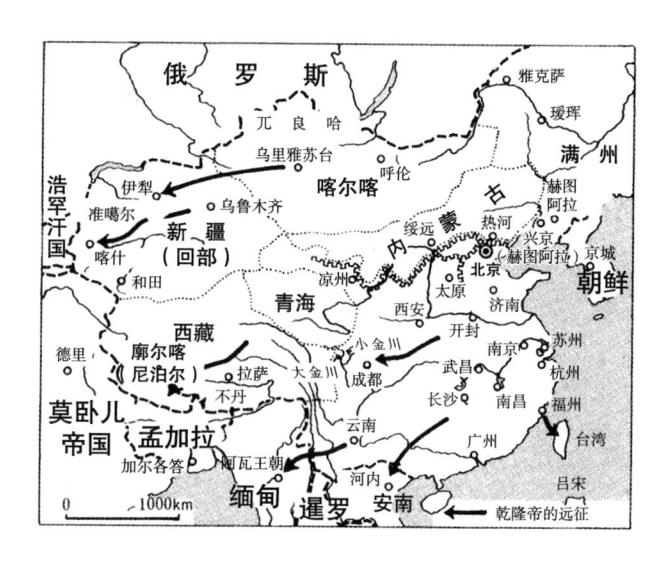

乾隆拓疆图

乾隆时期的社会

乾隆时期与康熙时期并称为"康乾盛世",被认为是中国一个颇具代表性的盛世。恰逢同一时代,日本江户朝迎来元禄的鼎盛时期,法国波旁王朝正值路易十四的全盛时期,东西方都迎来了一个大繁荣的时期,在处于二者中

2 清朝的强盛

间的印度莫卧儿帝国，也出现了奥朗则布治世时期，这一时期是其领土范围最大的时期。这与唐代世界范围内各地偶然同时出现的黄金时期是相匹敌的。

以上国家多有共通的因素：统治者发起的大规模征战，可以支撑这种征战的强大的经济实力，一定程度上的物质积累，以及流通领域的活跃。可以说，随着经济圈的扩大，商品经济不管是在其体系上还是在其机能上，都会获得迅速发展，这是一个时代的社会繁荣之源。这一点无论是对于绝对主义时期，还是封建社会的大发展时代，或者是近代社会的萌芽时期，都是适宜的。不过，在如下两种情况下，关于这一点定会形成甚为不同的观点：一种情况是从承接上一个时代的角度来看，当代是前代的产物；另一种情况作为对前一个时代的延续，当代不仅继承了前代的蓄积，还拥有某种新鲜的活力。

乾隆时期再现了明万历年间的太平盛世。二者的不同之处只在于：万历皇帝令这一繁荣止于一朝一代，而乾隆皇帝则使其余波延续了近一个世纪。乾隆时期的社会繁荣，既不是因为出现了某一新兴产业，也不是因为技术上取得了什么杰出的成果，而是由扩大了的商品经济和健全起来的经济体系支撑起来的，其发展源泉应属白银经济的发展。白银的增产和海外输入等润滑剂般地加速了大宗商品的流转，进而促进了生产的增加，经济随之变得活跃，物资也相应丰富起来。

然而,生产的增加也导致相关部门产生抵触情绪。即便是自诩强盛的乾隆的治世时期,也已开始渐渐显露出一些可以预示未来的光影。虽然人口增加了,新增领土却没有吸纳这些人口的能力,当时的城市手工业也尚不需要大量的劳动力。农村的过剩人口使零散的农耕者增加,从自耕农沦为雇农的人也增加了。

社会的不安未必一定产生于那些存在很大困难的地方。虽然边境地区的苗族和台湾的反清运动屡平不定,但在内地,由于皇帝不时巡幸全国以示其威严,对地方出身的官吏也采取了很多怀柔手段,因而并未发生直接的反抗活动。以六次南巡为代表,乾隆皇帝也进行了大规模的东巡、西巡,此外还回满洲四次,前往五台山、嵩山、孔子庙等地。不过,乾隆皇帝并未因这些劳民伤财的举措而增税,反倒是免去了巡幸所到之地的税收,这显示了乾隆皇帝的自负。然而,即便如此,在乾隆皇帝退位的那年,还是发生了以湖北为中心的白莲教起义。

权臣的蜕变

乾隆皇帝将雍正皇帝设置的军机处保留了下来,并通过军机大臣张廷玉、鄂尔泰等维持了前朝的严谨政治。但他对张廷玉非常信任,这不仅招致满汉反目,还逐渐令自已成为一名肆意专制的君主。为此，以皇帝宠爱为护身符，专横、霸道起来的官员不断出现，官僚纲纪松弛，开始变得腐败。

汉军八旗出身的广东将军李侍尧非常精明、能干，甚为乾隆皇帝喜爱，甚至称李侍尧亲手处理的事件令他终生难忘。李侍尧在成为云贵总督后，被弹劾收受贿赂并遭查处，却在正要被处以斩刑时，因得到乾隆皇帝的特赦而幸免。而且后来，他又开始历任各地总督，且依旧贪污不止。此种恶评甚高的人能作为高官安稳地终其晚年，使腐败的官僚风更加普遍，如此一来，自然滋生出更多这样的人物。

曾在乾隆皇帝身边，受命对李侍尧进行调查的满洲八旗出身的和珅，甚至有过之而无不及。自乾隆三十四年（1769）作为武人出任轻车都尉后，和珅的才能为乾隆皇帝所爱，并一路顺风顺水，平步青云地坐上了军机大臣的宝座，甚至其子都成了乾隆皇帝的乘龙快婿。然而，善于应对一名专制君主的才能，对于一个国家、社会而言，若不在规划国家、社会的某些综合性的建设上发挥作用，便会重复一种反射运动。所以，这种才能一旦为某种私利私欲驱使，便会无休无止，永不满足。

乾隆四十六年（1781），甘肃回民叛乱，乾隆派和珅与将军阿桂一起前往镇压，但因和珅与阿桂意见不合，所以此次镇压行动未见实效。及至阿桂死后，和珅接手军队并使这一军队成为自己的私人军队，将地方上缴的物资据为己有，极尽私欲，其家可谓一夜暴富。因为无人可以弹劾他，和珅十分专横，目中无人，只对乾隆皇帝还有所顾虑。有个名为曹锡宝的人曾上奏弹劾和珅的管家刘全，却招致了自己被免职的结果。

乾隆皇帝在其退位四年后病逝。随后，对和珅的弹劾、举报纷至沓来，学者王念孙等列数了和珅的罪状，嘉庆皇帝以二十条大罪命其自裁，没收了他的全部家产。据说他积攒的财富累积超过白银十亿两，相当于当时清政府十几年的全部收入。作为官员利用其地位谋求私利的实例，和珅可谓创下了纪录。和珅的事例说明：也许无论何种政治都无力防止个人的邪念，但由于服务于专制君主的官僚政治与来自社会的制约隔绝，若失去官僚与官僚之间的制约，个人的邪念便容易膨胀到极致，并不断蔓延。

作为官僚管制一大政策的文字狱，在进入乾隆年间后也出现新的形式：设定了"禁书"的基准，著者自不待言，对收藏或出版禁书等的人也处以极刑。虽然管制更加严格了，但这实际上并未对整肃官场发挥出多大的实效。乾隆皇帝下令对中国古今重要书籍进行分类整理，并组织编撰《四库全书》也是如此，其目的之一是要对它们的内容进行查阅，将那些内容上"不好"的书或是剔除，或是加以修订，还制订了禁书书目。若有人持有明末史书，持书人便会被处死刑；有人将吕晚村的书印出来，也因此被处死刑。但这些并未能遏制官僚的腐败。

东西文化交流

众所周知，自明朝末年利玛窦来到中国传教以来，明清两朝的皇宫便被耶稣会传教士用欧洲文物装饰起来。远来珍奇之物特别适合宫廷的奢华，这在当时是东西方共通的现象。在中国，来自西洋的钟表、望远镜、乐器等在宫廷中备受珍视；在法国，来自中国的家具、陶瓷器皿等在宫廷中非常流行，这都离不开宫廷和贵族们的兴趣爱好。

在中国，皇帝负有颁布历法的责任，所以西洋历法研究的杰出成就提升了传教士的地位；在明清两朝更替的战斗中，大炮的价值得到了认可，于是传教士的技能也更加受到重视。因此，比起欧洲对中国思想和文物的接受，中国对西方文化的吸收程度更深，这是确定无疑的，只是那些西方文化当时并未惠及中国社会自身而已。例如水压泵，明末的时候就已为人所知，但在农田中，人们还是照旧只用支杆式汲水装置、龙骨车、脚踏水车等；再如钟表，即使当时精致的钟表作为赏玩之物被制作出来，但仍然难以成为民间实用的计时工具。之所以如此，与其说是因为知识为某些人所独占，莫如说是当时的社会并没有做

大清帝国

好接受的准备。

乾隆皇帝对其父雍正皇帝在北京郊外建起的离宫圆明园进行了改建，增建了传教士蒋友仁设计的喷泉和由郎世宁等设计的巴洛克风格的西洋建筑，这些建筑也被介绍回欧洲，在当时非常知名。不过，这在当时并不是中国老百姓能看得到的。同样，在康熙、雍正、乾隆三朝为官的传教士郎世宁，虽作为宫廷画家留下了为数众多的画作，但在中国，其西式绘画技法也并未形成一种潮流。

提起西洋风格的建筑，尽管在广东，欧洲各国的商馆已在珠江江畔建成，欧洲各国的商船也已映入很多中国人的眼帘，但概括而言，这样的西洋文化并没有大规模地进入中国，并在中国社会上扎下根来，仅仅表现为：民间手艺人用少数彩色玻璃来制作西洋风格的装饰品，或在各种设计中融入若干西洋元素一般。究其缘由，与其说是中华思想本身自视甚高，将其他的东西都视作"夷狄"，莫如说是中国人不求改变、一以贯之。

在这点上，欧洲人其实也是一样的。有人在左右对称图案的美术传统中导入了一些不规则的美感，有人陶醉在专制君主的伟大中，但这些似乎也都止于异国情调。有人认为，中国思想对法国启蒙思想有一定的影响，但启蒙思想家中的很多人对中国其实是持批判态度的。

现在的葡萄牙王宫中，保留着一面画墙，是用陶画装

2 清朝的强盛

饰的曾辉煌过的亚洲各地的风景。这与当时的中国朝廷将朝贡来的外国文物作为一种装饰用品来看待相同，只不过他们信仰的是天主教，不应该说是朝贡而已。天主教十七世纪开始在东亚地区传教，在日本很快便收获了十五万信徒，但据说同一时期在中国，却仅募集到两千五百名的信众。康熙皇帝虽然正式地承认了天主教，但在耶稣会、道明会、方济各会等传教团体之间，从传教方式上，发生了是顺应中国礼仪，还是拒绝中国礼仪的所谓"礼仪之争"。其结果，罗马教皇下令禁止传教士按中国礼仪行事，进而雍正皇帝也禁止了天主教的传教。

乾隆时期的瓷壶（乌鸦图案）

但是中国的禁教不像日本那样严厉，中国人对于信仰也不那么狂热。但无论是在日本还是在中国，当时的统治

大清帝国

者对与天主教相伴而至的一些东西都保持着高度的警觉，这一点是一致的。之所以那样，是因为对于当时的中国和日本来说，他们能感受到一种可能动摇自身社会体制的危险。不过，由于基督宗教自身在各派教义、传教方式等方面也存在差异，与以其为背景的各国的经济入侵相比，很难说传教取得了可与之匹敌的业绩。

3
清代社会的盛衰变化

一　统治的弱化

嘉庆皇帝对军、官的整肃

乾隆皇帝退位后，随即开始作为太上皇实施训政。当时，虽然朝中已经出现了派系，但直至乾隆去世，和珅被嘉庆皇帝处死，太上皇一派的势力才有所减弱，而这也导致了官僚势力的衰落。为讨伐不时自湖北扩大至四川、陕西的白莲教起义（参见后述）军，嘉庆皇帝进一步强化了八旗军的编制，起用满洲正黄旗的额勒登保、蒙古正黄旗的德楞泰——此二人皆系历经实战的勇将——确立起了他的军事指挥系统。

八旗，原本就是清朝的军事支柱，它由正黄、正红、正白、正蓝、镶黄、镶红、镶白、镶蓝八旗组成，最初只有满洲八旗，后来又组编了蒙古八旗和汉军八旗，随着顺

大清帝国

治皇帝入主北京，二十四旗全部进入中原，被分成了近卫军和地方驻防军两大系统，它的编制和装备也得到进一步完善。当时，八旗军的主要作战实力来自他们的战马和弓箭。乾隆皇帝时期，其在御驾亲征时曾采取过满、汉、蒙八旗混编的形式，这种混编军因屡屡发生指挥上的无序，当时并未发挥出应有的实力，所以嘉庆皇帝对清朝的军队实施了改革。

但在八旗军进入北京前后，先投降李自成、后又归顺清朝的明朝遗臣金之俊曾为多尔衮所重用，据言由于他的献策，多尔衮定下了武人不得从事其他职业的原则。但清朝的八旗军仍然不是职业军人，它与部族组织和行政机构的关系密切，仅仅是依靠平时从事农业生产，其生活日趋困窘。"三藩之乱"后，八旗军的颓势已是一个无法掩盖的事实，嘉庆皇帝之八旗整治，只要没有相应的经济性支持，其效果就难以显现。因此，在平定各地不断发生的起义时，嘉庆皇帝不得不依靠各地地主、富商招募、组织起来的"义勇军"。于是，应该说是属于一种乡土守护军的"乡勇"此时出现了。对此清政府能做的，只有对其采取怀柔政策、施以招抚，或者构筑城塞、以固守备。

总之，在三十六岁盛年之际即位的清朝第七代皇帝嘉庆，当年对号称盛世的乾隆时期的问题看得十分清楚。为此，当时嘉庆皇帝认为，要重整军纪、整治官吏，将昔日

3 清代社会的盛衰变化

的统治重新建立起来，必须加大力度才行。

前文言及的八旗制度经过强化，可以说在嘉庆时期已是最为完善的了，但在整顿吏治方面，当年的嘉庆皇帝却几近无计可施。嘉庆皇帝当年没有像他的父亲那样到南方进行视察，而是乐于前往在热河的离宫，所以他对内政的态度比较消极，越来越倾向于将其委予官僚。说穿了，当年的嘉庆皇帝或许是受到了一种可称作"民族的乡愁"情结的驱使。

社会变化的背景

一般认为，从乾隆到嘉庆的清朝历史是一个从全盛到衰落的过程。从后来的结局来看，这是一种再自然不过的判断，但这种变化是中国社会的本质性改变，还是仅仅缘于一种统治力的弱化呢？呈现出的表象都是一样的，但怎样看待这些为好？另外，它所带来的，是后来日趋激化的外压的前兆，还是清代中国国内社会的乱局？对此同样也有着各种各样的观点。有人说嘉庆时期的中国社会尚没有什么变化出现，据此认为当时在官制、税制等方面，清代几乎没有太大的改变。制度可看作施政的舵盘，但整个历史并非以制度史构成，这也是一个事实。

十九世纪的前二十年，日本处于宽政至文化文政年间，这一时期是江户时代的成熟期；欧洲处于拿破仑战争

大清帝国

及其后欧洲再度整合的时期，当时欧洲势力进入亚洲，尚不带有政治色彩。当然，来到亚洲的欧洲商船逐年增多，鸦片贸易也已经出现。若说中国终因欧洲东渐之势而烈火焚身，那么可以说现在已经发生了燎及毛发般的事态。

支撑清代发展繁荣的白银的流入也在变缓，银价的高涨是一种常态。但若说中国仅仅由于物价高就感到毛发焦煳，则是一种夸大之词。开始令中国的情况变得不自然的原动力，还是中国各地不断出现的不稳定因素，是前朝的我行我素、散漫的政治使整个中国的统治变弱了。若再采取之前的文字狱那样的强压手段，恐怕连整个统治体系都会瓦解。嘉庆皇帝虽然下令制定了许多的条例，想通过法令对其官僚组织施以规范、管理，但并未见效。当时的那种基于皇帝的随性、随意的恐怖政治，若能被"条文化"[①] 的话，则正中官僚群体下怀。

官僚极力通过纠集党徒维护自身利益、扩张势力，这是自古以来就昭然若揭的事实。若专制君主的控制力不复存在，这种党徒势力的活动就会变强。由于中国的官僚只对皇帝负责，所以若官僚取代皇帝恣意妄为的话，老百姓也会付出更大的代价。后来欧洲的帝国主义在世界各地建起了殖民地，让其他民族付出了巨大的牺牲。中国虽未曾

---

① 即以法律条文来规范。——编者注

创建自己的殖民地，却将远超被殖民的代价强加给了本民族。

康熙和乾隆两位皇帝，都曾屡屡实施免税等举措，他们的虚荣心也都因此得到过满足。但嘉庆皇帝则不然，他或许只是深感此种施恩之徒劳，亦或许因为在其即位的第八年曾在圆明园差点被服杂役的平民暗杀，总之嘉庆皇帝似乎是厌恶下层民众的。

官逼民反

在中国历代王朝的历史中，初期都是和平、繁荣的，自中期开始出现社会不稳定因素，至最后起义不断出现，王朝开始更替，一直反复上演的就是这样一出兴衰大剧。所谓起义，是一种斗争与掠夺的连续。疲惫不堪的民众对新的王朝抱有期待，为了使他们从疲敝中恢复过来，并"借鸡生蛋"，新王朝也会给予民众休养生息的机会。进而待一段稳定期过后，官吏们便会考虑怎样才能"让鸡生下更多的蛋"，民众则会想办法将他们"生下的蛋"藏起来——官吏与民众之间的竞争随之出现，而最后则又总是官吏一方赢得"鸡蛋"。这样的结果不仅仅是由于官吏一方握有权力，还由于那时的官吏们总是把握有的权力集中到征税这一环节，且谙熟各种手段，而当时的中国老百姓太过习惯于忍受了。中国的农民，比起作为勉强维持生

大清帝国

活的自耕农自立地生活，在有实力的地主的庇护下更有安全感，而城市的匠人阶层，同样也会选择在强有力的老板、师父等的保护下生存。如此一来，在官僚强化了他们的控制体系后，中国的社会不得已结成了一种纵向的关系。

但是，并非所有的人都能在有实力的大地主的土地上成为一名自耕农，或追随强有力的行业大佬、从事手工业等。还有很多人会努力结成自己的互助组织，并依其力量守卫自己的生活。例如农民，他们会向地主提出减轻地租的要求，联合发起被称作"抗租"的运动，而地主们也会同官吏相勾结对其施以压制。

中国的农民自古以来便会组建一些宗教性的结社，并使其成为一种祈求丰收、相互扶助的团体。但自明代开始，也出现了一种完全不具宗教色彩，仅为单纯抗租而结社的明显动向。农民们平日诵佛驱灾，为祈运求福而聚会，遇到紧急事态时，那种朴素的信仰也会随即成为他们团结、反抗的纽带——这种"会党"在明代是比较普遍的。这样的结社虽然很早以来便已存在，他们或为"流贼"或为煽动者所利用，但自明代以后，已成了一种几乎在全国各地都有且经常蠢蠢欲动的群体了。

对于这种形势，清代时出现了一种批评，即认为这是官吏作恶所致。官僚群体中也有越来越多的人意识到这一

3　清代社会的盛衰变化

问题。官吏以恶毒手段横征暴敛，农民则不堪忍受起来反抗，人们称之为"官逼民反"。逐渐地，官吏自己也开始使用这样的表述了。不过，这并不意味着官吏已经开始自我约束，"官逼"消失了，而是"民反"已成常态，并由此加速了清代社会的衰退。

捐官晋爵

"官逼"现象的一般化原因在于官僚的素质下降。官员的选拔、任用既是各朝代都非常用心的治理环节，也是专制君主的最大特权所在，或取推荐制度，或取科考制度，在长期的历史发展中，每朝每代一直都在借鉴着相关的历史经验。为补充财政，通过被称作"捐输"（捐纳）的捐款方式授予爵位、官名的习惯做法，自汉代开始便经常被采用。虽然在此时，捐输者被授予的多为虚衔，仅是一种官位的名誉、特权等，并不承担实务，但逐渐地，一些下级官吏的官职事实上已经变成买来的了。明代以后，大商人被冠以官名俗称者非常多，如郑芝龙被人们称作"郑一官"，便是由于他被授予了这一爵位。不仅如此，实际上当时也有人承担实务了。

在清代的地方政治中，由朝廷派出的高级官员不会被派到自己的出生地任职，这称作"本省回避"，而地方的官厅则多是将具体的实务性职位委任给称作"胥吏"的

大清帝国

下级官吏来做,这种"胥吏"的官职已经变得像股票般可以在民间进行买卖了。

胥吏可称为"书吏"、"吏人"等,与朝廷派出的"官人"不同,自成体系。在"官"和"吏"之间,存在身份上的断层,前者对中央负责,后者对民众施压。清代时胥吏多是花钱买到官职的,所以没有俸禄,需要靠收自百姓的"佣金"生活,为此他们会不择手段地搜刮财物,对这种佣金和贿赂并不加以区别。虽然这些胥吏并没有直接搜刮民众的实权,但需要在其地盘上活动的官员们,不见得会站在弱者一边。通过捐输得到官位的"官人"则不同,虽然他们也会想方设法地尽快收回投资,可由于迟早都会调任他处,所以一般会以不诱发事端为首要考虑。

捐输弊害之大,为历代王朝所普遍承认。但自明代始,卖官已是一种不可或缺的财政来源。清代亦取此法,连这样的例子都出现了:对于皇帝的提问,有些捐官者不知道回答些什么好,便直接说是由于能够赚钱才买了官职的,故而随即被免掉。而且,在正式向国库缴纳税赋之外,还存在向皇族行贿以获更高官位的现象。这是由于很多官僚希望进一步当上高官,所以据说在清朝末期,北京甚至出现了专门从事居中交易的"美术商"。其具体做法为:他们用美术品为总督、巡抚等官职定格,然后将这些美术品送给皇族,在皇族将美术品返还美术商后,美术商再将钱送到皇族手中。

若是此种腐败已在上下皆心领神会的基础上进行,那整个政治运作也就一定是在彼此心照不宣之下进行的。当这种捐输者们的横征暴敛、行为无道愈发严重时,普通民众对此进行的反抗也必然会更加剧烈。

军队和地方官员的腐败

在清代,在地方发生的大小暴动、起义虽已如火如荼,遍及全国,且如汗毛一般,怎么剃也剃不干净,可无论是用来镇压讨伐暴动者、起义军的军队,还是在地方监管它们的行政官员,却几乎都处于一种怠工的状态。这已成为一种恶性循环:因为暴动、起义不断发生,所以军队和政府不能对其进行彻底的清讨,而由于不能彻底剿平,所以暴动、起义又会不断地发生。专制政治伴同一种恐怖政治施行期间,表面上社会平稳发展,但当其中恐怖政治的压力消失后,在所有层面都会出现阻塞。虽说这既是一种反作用,也是一种原本就在内部存在的东西,但由于专制一点点地侵蚀了人们的自发性意欲,所以统治者的责任感和农民们的自制力变弱了。而且这种堕落很快会蔓延开来。

从统治者方面来说,讨伐军的将领私吞军饷,按兵不

大清帝国

动,官兵因拿不到军饷而抢掠,所以较之于暴动者、起义军,老百姓们更怕官军。那些将军则认为:比之于镇压,让农民的暴动、起义继续下去,自己的工作才能持续。他们之中,甚至有避开起义军不打,而只是一味地在后面追击的人。由于和珅的同族——河南巡抚景安等人只尾随,不迎击,所以人送外号"迎送伯"。而且还有报告称将投降者都杀了,已经全歼乱贼,并以此请功的;有不请增派援军,而只是一味要求增加军费的;等等。当时的清军互不联络,互不补给、增援,其丑态在全国各地随处可见。

这种情况自乾隆末期开始快速蔓延,嘉庆皇帝曾哀叹:"自古惟闻用兵于敌国,不闻用兵于吾民。自相攻击,屠戮生灵。朕日夜哀怜,几至寝食俱废。"[1]

朝廷逐渐不再相信来自全国各地的战报,转而开始优待民众为自卫而组织的乡勇,对因被胁迫才加入起义军的人、投降的人宽大处理,即采取"坚壁清野"之计。所谓"坚壁清野",是一种下令各地加固城防,深挖护城河,将粮食、民众财产等移至城中,将起义军可在村落中弄到的东西全部搬走的应对之计。这种方法虽在初期未见有效,但后因地方乡勇开始采用,所以逐渐收到了一定的成效。也就是说,这意味着专制政治从作为其支柱的军队

---

[1] 《清实录·仁宗实录》卷三九,嘉庆四年二月条目。——编者注

的腐败开始时，已经不得不大幅度地让步于地方民众的自治了。而这其中当然包含着一种警告：对于集权政治而言，这种自治是将来的祸根所在。

二　白莲教起义

白莲教及其出现的要因

清朝自嘉庆时期开始衰弱，这种变化的具体反映便是史称"白莲教起义"的教团组织的起义，它历时甚久，且反抗顽强。所谓"白莲教"，是一个基于佛教阿弥陀佛信仰的民间结社，南宋以来，曾作为邪教被官府禁止过。至元代，农民多信奉此教，认为弥勒佛作为救世主现身的弥勒教信仰掺入其中。明太祖也曾利用这一信仰，创建了他的大明朝。明朝建立后，亲身经历此教，深知其实力的明太祖，随即将其作为邪教加以禁止，但教徒们另立名号继续发展该教。明清交替之际，白莲教受反清复明思想影响，屡屡成为反清运动的温床。乾隆三十九年（1774），山东王伦率清水教发动起义，乾隆五十年（1785），河南樊明德因信奉混元教而遭镇压，这些组织都属于白莲教系统的结社。此外，查阅历史记录，我们会发现还有冠以各种各样名称的大小团体被清廷处以严惩，其理由是蛊惑民众，或闯入官署。

这些结社大多有着共通的、极其原始的动机：或是说大灾马上就要降临了，加入我们可以避免厄运；或是说只有某某才是救世主，得跟着他一起行动；等等。其仅凭此招揽信众，还缺乏一种可自成一体地发展、扩大的因素。加入该教的信众大部分都是贫农，那些即使是弃家流浪也不会后悔的人是白莲教的基础，所以其信众的连带意识未必有多强。将他们联结在一起的纽带是信仰，是一种侥幸的野心。不过，若是被动员加入的人变为多数，那底层百姓当然就拥有了共通的空间，进而也就产生了连带意识。

白莲教徒起义最主要的直接原因是中国各个地方的发展不均衡，人民生活差距很大，纷争不断。四川的山区等地的贫富差距非常大，而且外来移住民很多，公序良俗尚未最终形成，所以纷争既多，百姓生活的不均衡现象也非常严重。

虽然白莲教是以颇具佛教特色的教义为基础发展起来的，但随着它作为一种民间信仰固定下来，其基础也变成了以祈祷、巫术等为主的土俗性的东西，与以其他民间结社的系统、名号相异的团体相比，在内容上已经基本无异了。这意味着白莲教已不是一个宗派不同的教派，而是一个可以马上同其他教派合流、共享同一地盘的团体。若是出现不能合流，相互拒绝对方的情况，那应该是主要缘于地域或生活方面的差异，而不是基于教义上的不同。所以一般认为，元代末期红巾军起义后，宗教意味浓重的结社团体几乎归属同一范畴了。故此，白莲教才能爆发性地一下子聚集起数十万信徒。在明朝末期，也有人豪言称：我教信众不下二百万。

起义的发端

在山东发生的王伦的清水教起义，朝廷用了一个月的时间才将其镇压下去。镇压该起义之时，为防止同类民间结社进而也走向起义，朝廷加强了对它们的镇压，将河南的樊明德等率领的混元教教徒视作危险人物，将其中心人物刘松发配到了甘肃。刘松的弟子刘之协便改混元教为三阳教，称刘松的四子为弥勒佛转世的救世主，还将一个名为王发生的童子改名为"牛八"，说他是明王朝的后代。"牛八"这一名字，是明王朝朱姓"朱"字的拆写。不久后，称将会发生大事的信徒以加入本教可避免水火刀兵之灾为名扩大结社，其在湖北、四川、陕西、甘肃等地的信众大幅度增加。乾隆五十八年（1793），政府对混元教信徒的抓捕行动开始。牛八是小孩，所以被流放到了新疆；其首领刘之协在潜伏于官衙中的信徒的帮助下潜逃，继续传教六年，其组织能力为白莲教的大起义奠定了基础。

为逮捕转入地下活动的刘之协，朝廷严令各地方抓捕，如此一来，很多地方胥吏开始以此为借口搜查民宅。那些胥吏贪得无厌，相较于被搜者是不是白莲教徒，更在乎被搜者是否出钱息事，以致富人破产，贫者无辜而死，时状惨然，特别是湖北官宪之横行尤为严重。嘉庆元年（1796），白莲教在各地揭竿而起。以湖北襄阳的姚之富、齐林之妻王氏等的黄号为首，张添伦等的白号、张汉潮等的蓝号等白莲教起义军向四川、江南、陕西进军。在四川，达州徐添德等的青号，王三槐、冷添禄等的白号，龙绍周等的黄号，罗其清等的白号，冉文俦等的蓝号等与湖北起义军遥相呼应，起义规模迅速扩大。这些起义军士兵在入教之时都提供粮食，之后平均分配战利品，过着共产主义式的生活，同时还不吃肉食，禁止奸淫等。总之，为强化其组织的凝聚力，他们制订了一些极具特色的政策。

按照清朝的法律，如果一般的百姓暴动或起义，城市因此被攻破，其守备官吏当被处斩，但未能对邪教煽动民众之举事前查知者受到的处罚却仅是免职。因此，所谓的民变一发生，地方官吏都称其为邪教祸乱，以减轻自己的罪责。在湖北、湖南，清军也曾击败白莲教起义军，但当时这种自发的起义相互间关联不大，仅个别的起义被清军镇压了下去。嘉庆皇帝曾亲自审问了嘉庆四年（1799）被捕的四川的王三槐，据传当时王三槐只是反复回答着"官逼民反"四个字，让嘉庆皇帝愕然。

3 清代社会的盛衰变化

起义的发展和失败

虽然在湖北、四川的两股大军会合后,起义军的组织化有了进一步的发展,统一的军事行动也变得多了起来,但清廷派出了满族武官额勒登保、德楞泰等指挥讨伐,湖北、陕西的起义军开始逐渐败退。讨伐作战中,清军大体上是让被称为乡勇的义勇军冲在最前线,汉人军队绿营军兵紧随其后,满洲八旗军在最后观望;与此相对,起义军方面也是强行驱使难民冲在前线,信众士兵跟在其后。当时的难民和乡勇同为百姓,所以作战时,双方都必须在其后督战。一位名为梁上国的清军将领曾在他的奏章中就此写道:贼徒之中,怨恨官吏者十之有二,苦于饥寒者十之有三,被强行驱从者十之有四,真正的教匪仅十之有一,怨恨官吏者和苦于饥寒者一开始都不要命一般,其势锐不可当。但反乱数年,其势已渐缓渐弛,在地方荒废,可掠夺之物资变少后,贼徒之势必将弱化。

嘉庆四年(1799),嘉庆皇帝断然肃军,免去讨伐军经略大臣勒保之职,以信赏必罚之举,撤换了一批官员,并委任额勒登保代为经略,重建了指挥系统。其结果是官军的机动性大为增强,各地的自卫策略也得到了强化。对于以军事建国的清朝来说,认可民众拿起武器自存自卫虽是冒险之举,但嘉庆皇帝当时之所以敢于迈出这一步,是

大清帝国

因为面对起义军的游击战,除此之外已经别无他法了。

如此一来,随着坚壁清野对策的推行,起义军的状况愈加艰难,逐渐成了官军所说的流贼,在他们转战各地的过程中,有的乡勇加入了起义军,使起义军内部愈发分散。虽有很多核心人物相继被官军捕获,但新的领导人物也不断出现,在甘肃、四川等地,起义军重新得势,且拥有了若干据点。尽管以嘉庆四年前后为转折点,起义呈现出大势将去的态势,但教团中的很多中坚教徒仍然狂热地坚持反抗,他们有时强行剪掉加入者的辫子,有时在加入者脸上刺上"莲"字以防止其逃跑,同时放弃大规模作战,转入了游击战。

嘉庆五年(1800),清军在四川的新店子、马蹄岗展开了最后的歼灭战,起义军因此受到了重大的打击,再未能重整旗鼓。白莲教既没有一个中央指挥体系,也不是一个政治目标明确、民族意识较强的组织体,虽然它聚集起了数十万的民众,动员力量惊人,但缺乏新王朝的宣言和仪式化的统治形式,自始至终在本质上都是一次农民暴动。之所以如此,我们只能说,是由于专制政治的魔咒依旧残存,束缚着农民的抗争。

嘉庆七年(1802),清政府对镇压白莲教起义的功臣、将领论功行赏,庆祝起义平定。虽然嘉庆八年、九年仍有一些被解散的乡勇与残存的白莲教教众联合,继续在陕西、湖北一带斗争,但都相继被征讨、平定了。嘉庆十年（1805），清政府将平定起义的军队撤回、收编，这场前后历时十年，令五个省的土地近乎荒废的起义结束了。据统计，在镇压、平定白莲教起义上，清政府的花费多达一亿两千万两白银，曾经充盈的国库几乎消耗一空，清朝的财政状况更加困难。

天理教起义

白莲教起义虽然被镇压了，但这并不是说白莲教就消失了，同样的民众结社团体开始改名换姓，变换场所，反复不断地在各地涌现出来。由于它们也是一种组织程度比"邻组"①更高的社会生活的必要单位，所以都将民间信仰作为其组织核心。与此相对，几乎不带有任何宗教色彩，明末以来一直悄无声息的东南沿海的海盗，却自嘉庆五年（1800）前后，开始在其首领蔡牵的率领下再度活跃起来，清朝称其为"艇盗"。艇盗猖獗促使福建水师提督李长庚建造了一种被称作"霆船"的炮舰，并最终以此击溃了蔡牵，但蔡牵本人通过施贿闽浙总督逃过了一劫。当时，即便是在对海盗的海上作战中，清军的腐败也甚为严重，卖武器给海盗者有之，不战而以金钱怀柔海盗

---

① 即"领保组织"，日本昭和时期战时体制的一种，用于保证战争后方和国民生活。——编者注

者有之，嫉妒诬陷有功者等也大有人在。在此种状况下，李长庚送齿归乡，这象征着他即使尸骨难以返乡，也要至死剿灭海盗的决心。直至在嘉庆十二年（1807）的一次交战中被炮击阵亡，他毕生都在追剿蔡牵。嘉庆十四年（1809），蔡牵最终在定海被李长庚的部下歼灭。

虽然诸如白莲教起义、艇盗祸乱这样的例子历代都有，并不足为奇，但在清代之所以能持续十年之久，恐怕是由于当时人们对专制政治的抗争已到了极其强劲的程度。将这一判断象征性地展现出来的，是天理教徒闯入皇宫这一对朝廷而言的突发事件。实际上，这一事件并非偶发之举，而是一次有计划的袭击，虽说本质上这是一次受迷信、占星术蛊惑而生的事端，可它袭击的毕竟是清代统治的中枢所在。

白莲教起义失败后，华北地区出现了一种被称作"八卦教"的信仰。据说在几个支派完成合并后，"八卦教"改称"天理教"。构成天理教核心的是当年河南滑县的一个木匠李文成，他通过学习天文占星术而成为该教首领，又以其组织能力使该教实力得到扩充，进而准备了武器、马匹等，待机举事。另外，还有时为河北大兴县（今北京市大兴区）胥吏的林清，他也在成为当地教团首领后聚集起了数万之众。通过滑县胥吏牛亮臣的居中牵线，李、林二人联合，共同约定于嘉庆十八年（1813）九月十五日起事，届时李文成号"天皇"，得河南，林清号"地皇",取河北,另有李文成一派的冯克善号"人皇",据山东而立。

由于此谋未举事发,滑县知事强克捷在九月五日逮捕李文成、牛亮臣等人,并严刑夹断了李文成的下肢。随后三千余教徒袭击官衙,杀死强克捷一干人等,救出李文成,天理教众随即在河北、河南、山东省界之处蜂拥而起,称李文成为"大明天顺李真主",在滑县设立了军政机构。另一路起义首领林清则命二百教徒潜入京城,自己坐镇北京郊外的黄村,等待李文成约定派来的三千援军。

潜入北京的天理教徒先是伪装成百姓推车送货,后待日没之时分为两队,分别自东华门和西华门闯入清宫。这一行动中,虽然早有宦官内应指引,但在东华门,由于门役关门迅速,所以仅有十几名教徒得以闯入。八十多名自西华门闯入者则自行反关了城门,打起事先准备好的写有"大明天顺"、"顺天保明"的白旗,径直闯入紫禁城内。

当时,嘉庆皇帝正在前往热河离宫的路上,不在宫中。嘉庆次子旻宁(即后来的道光皇帝)取枪抗袭。递来火枪的宦官未填弹丸,这位皇子便将自己衣服上的扣子装入枪内射击,击中目标并使闯入宫中的教徒出现溃乱。不久,这些起义者和充当内应的宦官被随后赶来的禁军逮捕,林清本人也在十七日被官府抓获。虽然林清的冒险主义带来的仅是一次破天荒的入侵紫禁城案,未能收获任何成果，但其中反映出来的，在胥吏、宦官等群体中与起义教众持同一立场者大有人在的现象说明，招致动乱的弊病已经成为一种痼疾。其后，清廷开始全力讨伐李文成，加强了对滑县的围剿。李文成虽自重重包围中逃脱，本欲流窜举事，终遭穷追无路，不得已自杀而亡。

官僚群体中的清官

在专制君主的统治之下，官僚政治百年之间便腐败至如此程度，以致清代社会陷入这般动乱不定的状态。何为盛世？何谓和平？这似乎为我们提供了一个促成我们对人类社会的发展趋向本身施以反省的问题。官僚对君主负责，对民众却不负担超越道义的责任——这种体制，一旦君主的威慑力不复存在，也便变得全然没有任何责任可言了。所谓历时百年的盛世，与其说是在官僚组织内部构建了一种钢铁构架，莫如说是已将其腐蚀殆尽了——实际上我们也难以认为全然如此。因此，若试着在这种动乱不定之中探求一些不同之处，则不得不言及那些清廉故事。

四川的白莲教起义首领王三槐被捕之时，嘉庆皇帝曾亲自审问他：四川官吏全都是你所说的那种无恶不作之徒吗？王三槐当时回答说：清官当有刘青天。所谓刘青天者，即时任四川南充县令刘清。据言其人公正无私，深得民心，当时前后有百余战，起义军均避刘清而去。刘清屡屡孤身前往起义军军营游说，归降者多达两万余人。一次，在起义军的阵营中，刘清看到当年曾为自己部下的罗其清——他当时已经成了起义军的首领，二人抱头痛哭后，罗其清盛情款待刘清并带他参观了军营，起义军也都列队迎送。刘清后来出任山东盐运使，在参与讨伐滑县天理教起义后，又出任云南布政使，接着自己请愿当了武将，成为登州镇总兵。

这样的例子散见于清代的一些记录之中。当然，由于记录者欲彰显这类青天白日般的官吏，并期待后人能以此为鉴，所以在当时，他们对朝廷的忠诚也曾被大书特书。清朝同样推崇朱子学，曾极力防止朱子学的空洞化。但仅凭朱子学，是不足以持续不断地培养出青天白日般的官吏的。大凡一种思想具现于一人之身，仅此思想是不够的。清廉也好，爱也好，这些产生于思想之前的东西，必定是一种可用作培养的土壤，而它那丰盈的养分有没有普遍存在于清朝盛世却是个疑问。

三　白银经济的确立

货币经济的出现与发展

中国拥有世界上起源最早且从未断绝的货币经济，

大清帝国

而且长期以一定的形式固定下来，持续运行。这种形式就是社会经济曾长期以一种被称作"制钱"的法定铜钱为基准运作的经济运转模式，其他众多社会现象——无论是在政治形态上还是在文化特征上——均有与其共通的发展态势。这是一种惊人的复原能力、持续力，但令人怀疑的是：对其发展、变化本身形成阻碍的因素是否仅仅存在于权力的维持过程中和统治的方式上？接下来，我们不妨看一看统治权力最难介入的货币流通的实际状态。

无论是在世界上的哪一个地区，当货币在一定程度上成为流通的基本媒介后，金、银、铜——所谓的"三货"，无论其此消彼长的情况如何，一般都是并存的。虽然它们各自的作用不同，但作为流通的媒介，大体都会以同样的方式被铸造、发行，为人所用。

在中国，虽然在汉代人们就创造出了白金、皮革、赤铜等货币，但最终固定下来的，却是青铜铸造的"五铢钱"。当时，五铢钱既有官铸，亦有私铸。后来，私铸的五铢钱由于失去信用，遭到了淘汰。唐代以后，"开元通宝"确定下来，金、银作为财宝，虽然也被人们不加铸造地直接拿来使用，但并未成为一种通货。自宋代始，纸币开始流通，这在货币发展史上，一直为人们大加强调。辽代虽然发行过最初的银币"承安宝货"，可不久便不再

3 清代社会的盛衰变化

使用了。

货币经济的发展，使大额交易变得频繁起来。在日本的大额交易中，人们将百枚制钱用绳子穿起来作为"缗钱"使用。除此之外，人们将未经铸造的银块作为称量货币，并根据银质和重量进行交易的情况也盛行起来。这或许是因为中国政府自古以来便将货币的流通作为民间自治的问题对待，多依民间惯例而行，而自身则只把货币发行权作为财政之本掌握在自己手中。

如此一来，货币的流通完全顺其自然，即便是铜钱，也存在削量谋利的情况。所以，金、银钱币因伪造、变造而随即停止流通，回归金块、银块的情况甚是常见。这既是货币经济的一种作茧自缚，也是流通货币难以从称量货币这一物物交换的形式中摆脱出来的缘由所在。那么，与早早便将银质货币固定下来的其他国家相比，中国的情况又有哪些不同之处呢？

首先必须指出的是，在中国，块状货币的使用与流通是先行出现的，人们认为银块本身的信用度远超银币的信用度，这一观念已经深深根植于中国人的心中。可以说，让纸币先于世界流通起来的中国社会，对银币的信任反倒并不长久。之所以这样，是因为当时中国人将银作为财宝对待，且使其习惯于将银看作交换手段的时机来得太迟了。

大清帝国

银两的发展

自汉代以来,在各种记录中,我们已经能看到很多关于金银使用的内容,至唐宋时期,此类记录的数量更是不断增多,毫无疑问,中国人当时已经大量使用金银了。不过,这里说的在记录中多见,并不等于金银的使用在当时的社会上已是一种普遍现象。此类贵金属作为统治权力的象征,往往作为一种名誉、权力的标志物为人使用,作为一种财宝为人继承,这在世界上任何地方都是共通的,它们或为王冠,或为假面,或为印章,或是衣服、手边把玩之物,或是被分赠予人等,使用者的末端也扩大到了豪族、富豪、地主等富裕阶层。不过对于普通百姓而言,金银却是一种无缘之物。

不过,在储蓄量增加,特别是工商业兴盛起来后,商人和老百姓也能接触到一些金银了,这在汉代以前就有实例,至宋代以后更为明显,正是以这种出现在民间的金银储藏为背景,纸币才得以流通起来。

此类贵金属,以银为多,黄金相对较少,这在世界各地也都是一样的。在直接使用块状贵金属时,人们大体上都将其制成板状的、细长的"锭"的形状,此外还有圆盘形、圆锥形等各种形状。但从元代开始,砝码形的金银货币变得多了起来,银本身也经元朝得到了不断的积蓄,

3 清代社会的盛衰变化

所以到了明代，出现了用银交租缴税的情况，银货的使用也随即普遍起来，最终银货也到了农民的手中，当时其形为砝码状，被人们通称为"元宝银"。后来，元宝银在铸造方法上又发生了变化，砝码状的中间部分凹了进去，两端被铸成人称"耳"的凸起形，这后来即成了清代的"马蹄银"。

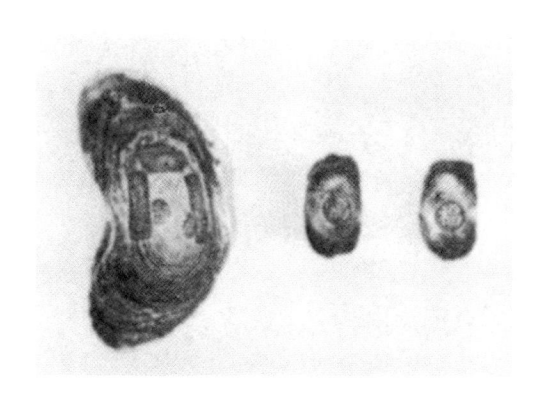

马蹄银（大的为小元宝，小的为锞子）

清代的马蹄银大体被铸造成了大小不同的三类：大的重约五十两，叫作元宝银；中等重量的十两左右，马蹄形的是小元宝，其余圆锥形的叫作中锭；重量较小的为三两左右，被称作"锞子"，其中也有马蹄形的。当时，这三大类都是需要根据其银质和重量进行交易的称量货币。银质以千分比称之，通过在试金石上擦磨进行检查，但是由于不同地方的称量砝码等存在差异，重量需要进行换算，而这种换算极其麻烦，所以在清代中国旅行的外国人甚至异口同声地诉苦说：其麻烦程度几乎叫人背过气去。

为此，在清代，以铸造马蹄银的炉房为代表，出现了许多从事兑换的银庄、钱铺等专业店面，专门以这种繁杂的兑换作为其经营手段。明朝时期，西班牙、墨西哥的银币曾大量流入中国，但在当时并未直接成为中国的通货。这与其说是因为中国对外国钱币的抵制，不如说是因为当时中国存在上述专业兑换店铺。在日本尚未开始铸造钱币的时代，即便是一些有见地的人持有异议，在民间使用宋钱、明钱也是不足为怪的。这一点让人不难想象：普通百姓没有抵制外国钱币的理由。

白银经济的基础

在中国这样广袤的土地上，一方面经济的发展地域差异很大，另一方面我们也无法像记述政治史那般给它标示上一个个刻度。如此一来，经济的发展变化若不是被置于一段相对较长的期间内观察，一般是无法呈现出来的。生产能力可以从租税、漕运等方面加以推定；在中国国内的铸钱方面，现如今也留有相关的记录；明清期间进入中国的外国银币、货物等，也能够根据东印度公司的相关记录加以推测。不过，我们既不能说这些数据全是正确无误的，更不能说通过此类数据，就能将中国经济的发展动向

3 清代社会的盛衰变化

全部揭示出来。所以，本书在此只能概括性地探寻一下当时中国经济发展的基本趋势。

以往的中国历代王朝，多是只将铜钱作为法定货币。之所以如此，如前文所述，是因为统治阶层独占了金银等贵金属，并顺便将其当作一种玩物。随着商品经济的发展，仅靠铜钱是无法应对的，因此在中国曾跳跃性出现了纸币，也因此白银虽被普遍使用却成了一种称量货币。

虽然从明代开始，以银纳税的方式兴起，可农民们仅是将农产品卖了后再买来白银纳税，所以农民日常生活依旧停留在使用铜钱的框架范围之内，这对城市民众而言也是一样的。但至明清交替之际，白银在整个城市、农村，在老百姓的日常生活当中都开始流通起来，而不仅仅是作为一种储蓄手段，在银与钱之间进行兑换的市场也随之出现，所谓的"银贵钱贱"——作为一个诉说生活因物价暴涨而窘困的词语——开始屡屡出现。大体在乾隆时期，中国许多城市越来越倾向于以白银为基准衡量物价，虽然日常用品还是用铜钱交易，但其价格为银价所左右。这一倾向自城市开始，很快波及农村。可以说，自乾隆末期开始多发的农民暴动、起义等，与这一经济的发展变化是不无关系的。而且，在人们讴歌太平的心情之中，似乎也不能说全无城市的优越感。

同中国的情况一样，事实上在同时代世界的其他主要地区，银本位的经济动向已是一种共通的现象，包括日本在内，金银货币在很多国家都被铸造出来了。宛若纪念当年的繁荣一般，这些货币至今还有很多留存下来。可在中国乾隆时期，却仅有西藏地区铸造了一点银币。这并不是说中国不了解银币，而是中国当时没有尝试发行银币。这不是由于清朝的政府、官僚对劣质银币蔓延招致的社会动乱和对百姓生活给予的指导做了权衡，而是因为他们当年未能预测到发行银币会使国库增收。而且，在银钱比价呈现出一种季节性变动，且总是延续银价暴涨的过程中，农村的困窘程度日益加深，清政府也没有什么应对这个新问题的经济政策。

资本的繁荣与没落

这种情况并不是乾隆、嘉庆之时才开始出现的。一般认为，在明代嘉靖、万历年间和南宋时期，都曾存在过这种情况，而且都表现为：商业资本不断积累，商品流通日益频繁，市场极尽繁荣，人们积蓄起来的财产不仅仅用于充实仓廪，购买土地，使自己成为一个大地主，还有人用来购得物资，转而投资产业，种茶养蚕等。另外，还有以其资本求官，或将子弟送入官场，并钟爱风流、学问等的情况，这与日本桃山、江户时期的商人呈现出的情况相同。不过在当时可以被称为"市民"的人们，却未能成

3 清代社会的盛衰变化

为一种推动社会转型的动力和转轴,并掌控当年的政治、文化。

这是因为当时构成国家组织网的官僚们欲通过国家组织这张网施以控制的,并不是那些会从网眼中漏下去的微不足道的东西,而是那种会揭竿而起的集团和欲促成某种趋势的财富的积蓄。古有炼铁、制盐,近有商贸、丝织等行业,它们当时的命运基本是规模一大,便必受诛伐,以致发展停滞。这在近世的西欧,可与率先殖民世界各地,集巨额财富于一身的西班牙、葡萄牙等国将这些财富攫入国家之手,并将其浪费殆尽的情况归为一类。可以说,将官僚组织作为其手足的封建国家,其本身的构造与商业资本的规模化和活跃发展是难以相容的。有人说,早在秦代,秦始皇曾将十万天下富户搬至都城以图繁荣。不过,原因恐怕是秦始皇察觉到了这些富户不愿归附自己,而对他们实施的一种集中管控。

在中国,商业资本处于繁荣,没落,再繁荣,又没落的循环之中,其实力也在其间得到了一定的增强。清代中国的商业资本实力已经远远超过江户时期的日本商人,但来自清政府的压力也是远远强于宋、明时期的。地方志《康熙南海县志》中载有当年广州的街道图,据此可见,标有"织厂"的丝织工厂已散见于广州市街的各处。但到了嘉庆、道光年间,这些工厂已经不见了踪迹。被我们

· 159 ·

称为"广东十三行"的对外贸易商团体此时也相继破产,步入了没落之途。它们的没落并不是基于经营的失误和竞争的失败等,而是缘于重税的拖累。

资本主义的前期

长期以来,人们会不时论及中国是否经历了资本主义社会。这在苏维埃俄国也曾成为人们议论的主题。有人论及清代末期,一些官僚曾兴办过军需产业,通过来自国外的借款,轻工业也曾兴起,所以当时中国曾迅速地进入了资本主义社会。可若是以西欧的近代资本主义为样本看待当时的中国,这些论点便成了一种难以令人信服的说辞,甚至论说者本人也会失去自信,不会再与他论者展开彻底争论了。这种论点之所以出现,恐怕是因为我们经常使用"资本主义"一词来对整个政治、社会、经济的各种现象加以总括,但对其确定性条件等都还没有明确的认识。商业的繁荣,对利润的追求等,即便在古代世界也是一种随处可见的现象,所以近代资本主义一般着眼于整个社会的工业化,这是最常见不过的。其优点是可以增加生产,推动文明发展,使人们的生活变得富裕起来;其缺点是重构社会,暴露出一种社会极不均衡、百姓生活水平差距悬殊的问题。

近来,人们很容易意识到资本主义带来的负面影响,

3 清代社会的盛衰变化

并对资本主义的投机性、弱肉强食性加以强烈批评。但实际上，投机也好，弱肉强食也好，此类社会矛盾在资本主义出现之前便已经存在，只是资本主义没能将其解决罢了，人们的如上意识是将资本主义本身与其前的社会体制重合起来论说的一种表现。这好像是说，封建社会的最终阶段即资本主义这样的观点也是成立的，在工业化出现之前也必须要认可有资本主义存在一般。早前就曾有历史学家说秦始皇对资本主义进行过鼓励。在此，我们必须要说：有些专业人士表述过的一些概念中，一向缺乏常识，或者拒绝接受常识的成分是颇多的。

无论怎么说，宋代以来，那些表现出一种市民般的行为取向的社会阶层并未使市民社会扩大，并据此创造出一种市民政治。即便是在这一阶层最为强大的清代，其社会也绝不是一种资本主义的社会形态。只能说，虽然非常类似资本主义社会的市民生活，特别是其消费形态在清代有所呈现，但其不足在于，它与专制君主之下的官僚制的弊端重合了。

不过，清代商业资本的发展还是增强了商人的自信，他们期待自由，呼吁自由，在发展为"自由"这一文字表达之前，这种动向就已经随处可见了。当时的中国已经不像古时那样，总有很多的隐遁者，无论是在官场、政界，还是在学界，出身于商人阶层的人都多了起来。日

大清帝国

本的江户幕府曾对这种倾向采取过高度警戒的措施，可在中国，还没等清政府遏制，它便开始显示出一种退却的迹象。

四 对外关系的转变

外压之始

嘉庆时期，清代中国迎来了一个转折点，这在前文中已经有所论述。此时，进一步明确的是中国所处的国际环境及其对外关系。其明确表现在，以往人们一直习惯于将中国的衰落仅仅解释为外国的压力，以至于将其固化为一种"帝国主义"、"殖民地化"的模式。

然而，本书在此不仅仅想追究那些来自外国的商船、军队的所作所为，也试图从置身于"惊醒太平梦的蒸汽船"中的人们——当然，还有那些蒸汽船还未发明出来之际的帆船中的蓝眼睛、红头发的外国人——的视角来思考问题。

写下《格列佛游记》的英国作家斯威夫特，最后让格列佛到亚洲来旅行。该作是在1727年恩格尔伯特·肯普费的《日本志》在伦敦出版，1739年杜赫德的《中华帝国全志》在巴黎出版之前，构成其写作基础的关于亚

3 清代社会的盛衰变化

洲的资料尚不充分、准确,很多都是片面的,可其中也记载了江户的大王在爱护动物上做得非常彻底,在长崎施行了"踏绘"等内容。在大约写到此处时,作者痼疾发作,作品也变得难懂起来。不过,格列佛在身处一个叫作拉格奈格的王国时说,"我在大王面前伺候他的时候,必须趴着将地板上的灰尘舐干净,匍匐着挪动身体",对亚洲宫廷之中的此类夸张的仪式和愚蠢的习惯进行了讽刺。也就是说,虽然作者要罗列的是英国贵族的不良习气,可亚洲为作者提供了适宜的资料。与《格列佛游记》相比,同时还有另一些文字性的资料更加直白地描述了愚蠢的亚洲。

这类文字在先于中国接触西方的印度可以看到很多,其中关于中国的也都是同样的内容。1670 年前后出任印度莫卧儿帝国皇帝奥朗则布的御医法国人贝尼尔,曾在印度各地视察,他向路易十四政府报告称:大莫卧儿帝国因宫中斗争和国内动乱、起义等早已衰弱,只要有三万欧洲士兵,便可以轻而易举地征服它。如此一来,能够派出三万人的军队,并经由非洲南部将其送至印度洋的国家的出现只是时间上的问题了。很久以来一直对亚洲的专制君主羡慕不已的欧洲,开始变得唾弃亚洲,认为其奢华不过是纸糊的老虎,这成为其地位反转、视角转换的契机。

大清帝国

海外贸易的发展过程

欧洲的帆船出现在印度洋和中国东海等处,是从明末开始的,它们所走的是此前往来此间的阿拉伯商船所走过的水路。这些帆船运载的商品亦如想象的那样,不光是欧洲制品,还有那些在途中弄到的阿拉伯商品——而且更多、更好。曾卖到日本种子岛的火枪,据说也以阿拉伯制造的居多。

在中国,外国商船都云集于广东的港口,清政府设置了粤海关,只允许在此地与外国进行贸易,并责成明代以来就曾在此从事海南岛、南海等地贸易的商人团具体负责与欧洲商船之间的贸易。明代,通过内陆与西方接触的商路不通了,其后,经由南海的贸易往来变得繁荣起来。当时,中国将自中国南海连接西方的广大区域一概称为"西洋",同时将葡萄牙人、西班牙人等称作"弗朗机",将荷兰人称作"红毛蕃"。紧随其后,英国的东印度公司成为中国最大的贸易对象。

当时中国自豪于自己地大物博,无求于外,即便是各种西洋器械巧夺天工,也不过是被当成玩物把玩罢了。与此相反,欧洲各国商船不断买进的却是中国的丝绸和黄金等。中国的丝绸是罗马时期以来便令欧洲人憧憬的商品,黄金虽然在欧洲的价格日渐上涨,但在中国依旧维持着金

3 清代社会的盛衰变化

银一比四的比价，因此，以银买金，有着巨大的利益空间。

然而当时中国的黄金已经枯竭，而且丝绸的供给也没有增加，所以后来西洋各国便热衷于大量购入中国的茶叶。魏源在《海国图志》中称：外夷自中国输出茶叶，向中国输入鸦片，均始于乾隆年间，欲据此控制中国。就大量购入的一方而言，他们当然希望不仅从特定的商人团手中购买，而且可以自由地选择供应商，而且能自由地从任何港口买入；但对中国方面而言，这种贸易是一种作为恩惠许可下来的事情，不能让外国商人想如何就如何。

中国将与西洋人的交涉全权交给了广州的商人团，政府负责人并不露面。被称为"十三行"的商人团并不只是像中间商一样，一方面购得内地商品，将其卖给外国，另一方面将进口商品全部接收过来，它也负责很多繁杂的手续性工作、外国人的居留工作，甚至还管理着税金的收缴。主人也好，管事的也好，都不出面，只让跑腿的和对方打交道——对此，欧洲各国是非常不满的。虽然商人们都在本国排除掉许多其他商人，并经独占亚洲贸易的东印度公司之手，进行对中国的贸易，但当时最先欲将这种交涉纳入政府间交涉环节的是英国。1792年，马戛尔尼在英国政府的授意下，率团乘英国军舰"狮子"号来到了中国。对此，据说当时东印度公司认为本利全无，兴趣索然，并没有参与。

大清帝国

英使马戛尔尼

英国政府以为乾隆皇帝八十大寿祝寿为名，向中国派出了使团，令其就附加在贸易上的各种限制，仅在广州且仅通过十三行进行贸易，减轻关税等与中国进行交涉，使团正使为马戛尔尼，副使为乔治·斯当东。离开朴次茅斯港的马戛尔尼一行，历时十个月到达了白河河口的大沽，然后转乘中国船逆白河而上赶赴北京。在自大沽赴北京的船上，挂着一面"英夷朝贡"的旗子，当时使团中能读这四个字的，只有斯当东年将十一岁的儿子。

清政府对马戛尔尼一行的接待虽然很周到，但由于是将其作为贺寿使节来迎接的，并没有把他们当作贸易谈判的对手对待。中国注重面子，认为商业利益、商业策略不是国家要管的事，而英国则正是将这些作为国策的第一要义的——这样的中国和英国在当时是无法咬合的齿轮，英国的使节也是清楚这一点的。尽管如此，英国使节进入北京后，还是热衷于达成此行的目的，希望尽量将斯当东作为驻北京公使留在中国。

由于当时乾隆皇帝正在热河离宫避暑，所以马戛尔尼一行又从北京赶到了热河。觐见乾隆之际，中国方面要求英使行中国三跪九叩的大礼，而英使方面则要求按照在本国对国王所行之礼觐见，双方争执良久，最终英使方面的

3 清代社会的盛衰变化

坚持获得成功。觐见前后进行过三次，分别为 1792 年 9 月的 14、15、17 日，然而使节团未收获任何成果。

此次英国使团一行在中国的见闻中，保存下来的有斯当东的详细记录。记录中，斯当东似乎仅对使节们始终坚持的那种毅然决然的姿态略微地感到了一丝欣慰。另外，记录还提及第二年荷兰东印度公司向北京派出使节的情况：彼等罪人般地入京，乞丐般地离开，一行除让中国人之自负之心大为增长外，未收任何成效。

马戛尔尼带回的乾隆皇帝给英国国王的回信拒绝了英国提出的所有要求。据说英国使团也留下了"勿言未予警告，于和平友爱中谋存，勿轻我言"的话，此言转换作当时中国方面的话则为："虽多年施恩惠于英邦，却不知感恩戴德。"此中，虽不难看出当年那个中国政府的自信满满，但在姿态上是倾向于对英妥协，还是倾向于将其大中华思想贯彻下去，当时的清政府也是存在分歧的。在这一路口发号施令的是当年侍奉乾隆帝的和珅。饶有趣味的是，马戛尔尼当时对和珅的人品及口碑等也是有所了解的。

英使阿美士德

在马戛尔尼被清廷周到却也无礼地劝返回国的二十年后，无论是中国还是英国都发生了变化。在欧洲，拿破仑的战争还在进行，欧洲近代国家的建构也已经开始，英国的工业革命取得了进展；与此相对，中国专制统治逐渐衰弱，不仅社会上乱象环生，而且鸦片贸易的增加无论给人的健康还是给经济都带来了严重的问题。1816年，像是有意等着拿破仑战争结束一样，英国政府向中国派出了第二批特别使节，欲与中国再次展开政府间的谈判。特使阿美士德当年2月乘"阿尔切斯特"号军舰从朴次茅斯出发，于八月抵达了天津的大沽，双方再次就觐见的礼节问题僵持不下。从大沽到北京的船上，依旧打着朝贡的旗帜，这与前次并无二致，但英国使团一到通州，清政府便与前次不同，令使团彻夜奔袭，第二日早上赶至圆明园，疲惫不堪地直接上朝觐见。

据英国方面记录，中国对上次马戛尔尼来访时采取周到的接待感到后悔，为了让英国使节不管答应与否都行三跪九叩的大礼，此次没让使节休息，直接将人带到了列坐的百官面前，威压阿美士德，令其叩头。由于阿美士德拒绝这种觐见礼节，英国使节被清廷命令即日离开，阿美士德一行只得空手而归。

英国认为清政府将外国使臣当作自己的臣下一样对待，是哪个国家都不能忍受的，甚为气愤。在这次接见中，嘉庆皇帝没能将乾隆皇帝时的那种宽容展现出来。从中可以窥见，嘉庆时期的中国已经走过了乾隆时期的分歧

3 清代社会的盛衰变化

点，表现出一种坚持大中华主义的取向。这种取向显示的是一种逐渐衰弱的政权强装出来的姿态，若不虚张声势便难以为继。这也预示着中国即将以一种愚昧无知的形象出现在国际舞台上。一个国家若将自己承袭下来的传统不加改变地强加于国际社会，那么无论是在哪里，对它的反抗和批评都会变得强烈起来，在当时，中国就如同这样一个代表，成为被各国敲打的对象。各种各样的事情接二连三地发生，事态的发展给人留下这样一种印象：要改变中国的这种愚昧与无知，只能对其诉诸武力。

在阿美士德使团离开中国十八年后的1834年，虽然英国向中国派出了第三位使节威廉·约翰·律劳卑，但两国交涉的情况不仅未见好转，反而进一步恶化了。对于英国的鸦片贸易，清政府再三发出禁令，中国方面对英国商人的这种罪恶勾当难以继续忍受，这在当时是极其自然的。英国欲通过和平方式打开对华贸易的窗口，将鸦片贸易纳入两国政府间交涉的做法，是一种掩耳盗铃般的态度。然而，这种态度之所以被不加掩饰地记录在历史之中，或许是因为随律劳卑来华的约翰·弗朗西斯·戴维斯的相关著述作为讲述当时中英关系的绝佳资料一直为人所用。

律劳卑未采取直接同清政府进行谈判的做法，而是将广东、广西的两广总督作为他对华交涉的对象。由于当时

大清帝国

英国方面已经取消了东印度公司对中国贸易的垄断地位，所以律劳卑也要求中国方面解除对贸易的限制。在具体交涉上，律劳卑未采取以往那种需通过十三行商人向官方递交请愿书的做法，而是想直接与中国方面进行对等谈判。但他的要求遭到了严词拒绝，中国方面以停止贸易相威胁，律劳卑的访华同样以失败告终，而他本人也随后因染上疟疾而突然病逝。

清、英理念的不同

如上英国使团访华的经历说明，英国采取的是一种自由主义的经济政策。产业革命不断深入，势必要将大量的工业产品销售至海外，这令英国活跃起来，英国人满怀自信地出现在世界各地。同古罗马在地中海沿岸创建起强大的帝国一样，此时的英国也创造了一段辉煌的历史。与罗马帝国将其征服土地上的民众视作奴隶，对其加以掠夺等相比，近代国家在扩张过程中犯下的罪行或许并不那么深重。但它们以"胜者即为正义"的信条行事，对对方的无知等施以责罚，单方面认定对方愚昧、落后，其势力所及之处，虽未令当地民众沦为奴隶，却使其日渐贫困，虽未将当地土地化作废墟，却让其陷入了殖民统治——其罪之深，可能比罗马帝国还要严重！在西方殖民势力出现后的亚洲各地，无论是在伊朗、印度还是在中国，都发生了

3　清代社会的盛衰变化

激烈的排外运动，这意味着在当地，殖民者带来的物质上和精神上的伤害已非常严重。

另外，由于清朝对英国无期无求，所以中国方面当时表现出一种不了解英国，同时也不想了解英国的姿态，这并不难理解。几次交涉中，中国方面并没有无知到看不出英国的真实意图，不，应该说正是看穿了英国的意图，才坚持不改其态度的：对我们来说，你们带来的那些东西都是完全用不着的。由于清朝的专制统治式微，统治者渐失自信，其政策也好应对也好，都愈发生硬，逐渐失去了圆滑自如。还有令清朝感到无奈的是，即便自己偶尔展示出一定的圆滑，在殖民者面前也不再有效了——它们已将圆滑视为了狡猾，将生硬看成了傲慢。

当时，无论在哪里，支持统治者自信的永远是武力。但自乾隆时期始，清朝的军事实力急剧下降，进入嘉庆时期后，虽然满洲武士中还有一些出色之人，但这一阶层已经衰弱，其战斗能力之低世人皆知。这种衰弱无须通过同外国的交战来发现，而是已经在中国的内乱中得到了实际的印证，而且当时在军队中，对使用老式武器的担心也已经开始出现了。

中国清代统治的弱点在于：满人不断汉化，而且很少掌握中国的传统，只是一味地依赖身份的特权。因此，军事实力的下降，使清代统治者更加丧失自信。汉人官僚与

大清帝国

满人官僚互不相容的情况虽随时随处都可以看到,但从他们口中,却不曾听到轻视、侮辱清王朝的言辞。这是因为当时的汉人官僚深受中国传统影响,与国家相比,他们长期以来更习惯于看重朝廷,而且似乎来自英国的压力愈强,他们便愈加向朝廷一方倾斜。

五 广东十三行

广东贸易

与江户时期的长崎相同,清代的广州是西风渐入中国的窗口。西方各国习惯于将这里称作"KANTON",这里是当时围绕中国展开的国际交往的中心,时值清代社会转型之际,于此处理国外贸易的商人团体随即变得格外引人注目。

广州位于离珠江河口不远的上游沿岸,很早以前便成了中国对外海上交通的一个重要据点,与福建的泉州等一样几乎一直保持着繁荣。虽然清代之初,由于海贼侵扰和台湾郑氏的起义等,清政府曾禁止了该地的沿海贸易,这被称作"海禁",但"三藩之乱"得到平定后,与从前一样,以同海南岛进行的交易为中心,往来广州的欧洲商船又多了起来。在咏唱当时广州风土物产的诗人屈大均的

3　清代社会的盛衰变化

《广州竹枝词》中，便有"洋船争出是官商，十字门开向二洋。五丝八丝广缎好，银钱堆满十三行"的描述。

很多欧洲商船来到中国后还希望自广州北上，在浙江沿岸入港。对此，清政府则希望将其尽量限制在远在南方的广州。乾隆二十二年（1757），中国同外国的贸易被正式限定在广州一港，这是清政府早已计划好的。中国大陆同台湾、菲律宾等地的贸易一出现衰退，福建地区的贸易商便早早地转移到了广州，其中的很多人都想在广州充分展现他们经营"牙行"（中间贸易商）的经验。据传明万历朝，福建漳州的海商潘秀就已经是个非常有经验的"牙人"了，这个潘家后来出了广州最大的贸易商潘启官，他在国外被称为"Puankhequa"，广为人知，其后人历时三代都在广东贸易中担当了领导者的角色。广州的对外贸易在康熙年间为从官府处获得特许经营权的商人所垄断，被称作"官商"的就是这种垄断商人。但由于牙行团体团结一致，影响了官商的业务，所以官商时现时衰。最终，很早开始便被称作"十三行"的牙行团体掌控了广州对外贸易的实权。

虽被称作"十三行"，却并不是正好就十三家牙行。在数十家中间贸易商中，强者或拥有仓库，或扩张店铺，其建筑沿珠江沿岸连排而建，由于其数或为十三，所以自很早开始，人们便习惯于称这些商业建筑为"十三行"

了，而同样也称那些商人们为"十三行"。虽然十三行处于 1685 年设置的粤海关的监督之下，负责集散货物、征收关税等国外贸易业务，在当时，海关为便于管理，将特许权尽可能发放给少数几个商人，其他的牙行也对这些特许商人垄断、搅乱市场的做法，进行了最大限度的防范。

公行

康熙五十九年（1720），海关监督在牙行数十行中选出十六行，令其组建一个一体化的行商组织，并决定：一等行五行承担贸易的全额责任，二等行五行承担贸易的半额责任，三等行六行承担贸易的四分之一责任，新入行者需纳银一千两并列入三等行之列。此行商组织将清政府的意向清楚地展现了出来，运行不久便由于多数牙行的反对而解散了。雍正四年（1726），时任广东巡抚兼粤海关监督杨文乾又选定有实力的牙行六行，让其独占对外贸易。由于此举旨在确保关税收入，雍正皇帝也认可了杨文乾的这一做法。此六行被称作"保商"，对海关监督负责，其他牙行需要在"保商"的保证之下参与对外贸易。前前后后的这些经过反映的是当时的中国官府和商人们之间的竞争关系，由于有实力的牙行都会买个官位，所以一般都会被人们以"官"或"秀"相称。这在外国商船的记录中也有体现：不将行名记作真正的行名，而是将其记录为

3 清代社会的盛衰变化

"qua"和"shaw"。

及至乾隆二十五年（1760），清政府又将广州的牙行划分为"外洋行"、"本港行"、"福潮行"三类，令其分别负责与欧洲商船、泰国商船、国内商船的交易。其中，外洋行九家，不仅对关税、贸易等负有连带责任，甚至还被委托负责外交谈判。研究鸦片战争前中国对外关系的重要文献《粤海关志》将"外洋行"称作"公行"，认为"公行"就此成立。但据英国东印度公司的相关记录，他们是将1720年末组建起来的牙行十六行视为"公行"的。

"Co hong"这个词，是东印度公司方面即外国使用的名称，"Co"是"Cooperation"的"Co"，"hong"是"hong-merchant"（行商）的"hong"，"Co hong"指的是广州的牙行。中国一般将其称作"公行"，"十三行"的叫法也作为通称使用。公行这一名称，顾名思义，是官方的"公"和行商的"行"的结合，在对外使用时，这两方面是要加以区分的。英国东印度公司一直要求中国方面取消公行，这是因为它在公的方面不承担任何责任，也不试图去承担任何责任。

在东印度公司方面有关公行的记录中，对每年都有哪家、进行了何种程度的贸易等，都有相关的记载，当时实际参与贸易的公行大约有五六家到十家，它们都以承担连带责任的方式处理海关的业务。由于关税收缴的延迟、资本的不足等，因巨额负债而破产的公行在当时并不少见，所以自乾隆四十年（1775）始，对外交易被课以附加税，这被称作"行用银"。积存的"行用银"被用作解决负债和缴纳关税的基金。这样一来，在当时的中国，官员们便会以获利最好的商人为饵食，以各种名目对他们强取豪夺，所以在这样的情况下，当年的商人难以养成一种自立的精神，致使其渐趋衰落。当时，商人为了能与官员们直接对话，都会买官；为了不得罪、安抚官员，都会捐钱给官府；为了说服并获得官员的认同，都会历陈欧洲经济实力的超群。粤海关监督成为中国官员羡慕的对象，他们在任职几年间，只热衷于收敛钱财。

十三行之潘家、伍家

进入十九世纪后开始成为公行一员的"经官"（Kingqua），是时年被称作"天宝行"的梁家，其后代梁嘉彬著有《广东十三行考》一书。该著研究的主要是公行的政治作用。进入十九世纪后，知名的商人据说有怡和行伍家（Howqua，浩官）、广利行卢家（Mowqua，茂官）、同文行潘家（Puankhequa，潘启官）、东兴行谢家（Goqua，鳌官）、天宝行梁家（Kingqua，经官）、兴泰行严家（Sungshin）、中和行潘家（Mingqua，明官）、顺泰行马家（Soaqua）、仁和行潘家（Puanhaekwan，潘海官）、同顺行吴家（Samqua，三官）、孚泰行易家（Chingshin）、东昌行罗家（Lamqua）、安昌行容家（Takqua）等。其中，潘家和伍家既是老字号，同时也是人才辈出的行商典范。

潘家早年自福建来到广州从事贸易，历经乾隆、嘉庆两代，一直都是最为活跃的行商。乾隆二十五年（1760）筹建公行的中心人物就是潘家的潘振成，其后潘家一直长久占据着公行首班的位置，负责同外国商船的交涉。进入十九世纪后，潘仕成极尽豪奢，其豪宅海山仙馆甚至在欧洲都广为人知。在公行因鸦片战争而遭解散后，潘家作为盐商，曾继续兴盛了一段时间，最终因重税亏累而走向了衰落。据《清朝野史大观》记载，潘家的海山仙馆后来被没收，清政府通过类似发行彩票的方式将其卖掉以充税金，当时曾发行相当于墨西哥银圆三元的彩票三万之多。有人将"海山仙馆"这四个字重新拆分组合，组出了"每人出三官食"六个字。抽彩时，每人出三个银圆买一张彩票，后来有评价称，这些钱最终都被官府私吞了。由潘仕成本人出资发行的《海山仙馆丛书》，至今仍被广加利用。

伍家最初曾是潘家的管家。乾隆四十七年（1782），据说伍家受海关监督之命成为一名行商，即初期的怡和行。伍家与潘家同为福建出身,其同族伍敦元(即伍秉鉴——译者注)依靠怡和行移至广州发展,在替行主与两广总督的谈判中获得成功,随即担起了怡和行的重任,并为怡和行积蓄了大量财富。道光年间,作为世界上最大的富商,其名在欧美也广为人知。据一个名叫亨特的美国人称,伍敦元拥有的财富有两千六百万美元之多。道光六年(1826)隐退后,作为最初的行商之一,伍敦元依然把持着实权。

其子伍崇曜出版的《粤雅堂丛书》,也是至今仍被广为利用的著述。广州十三行中许多行商都是时盛时衰,变化极大。在这种盛衰极速交替的环境中,潘家和伍家之所以能保持长盛不衰,不仅是其经商之才使然,还缘于他们同官府的密切关系,由此维系了其商业信用。

巨额商业资本

在日本的江户时期,也有很多极尽豪奢的大商人,他们的故事至今流传。另外,在十七世纪的印度,西部港口城市斯拉特的富商 Virge Vorah 几乎一手包揽了印度的国内外贸易,以其巨额财富与英国商人匹敌,其故事在印度广为流传。在欧洲也一样,十六、十七世纪知名的意大利佛罗伦萨的美第奇家族和德国奥格斯堡的汉斯·富格尔家族等都为欧洲金融业奠定了基础。在中国,虽然早前也有

3 清代社会的盛衰变化

通过制铁、制盐等积聚起巨额家财的人，但是在这些产业转为国家经营之后，他们转向了其他行业。在中国，与从事制茶、制陶等行业相比，居中买卖这类产品的人更容易获利并积蓄起大量财富。消费的增加会使商品的流通变得活跃起来，掌控流通环节者所积累的资本，还会一股脑地流向消费。浪费的余波成为一种风流，奢侈的浪潮产生一种堂皇，诸如此类的奢华无论是在哪里都同时出现。

因此，古来可以永存的商业资本寥寥无几。在有限的生产之下，利益最终会进入投机领域并致使资本逐渐耗尽，这样的例子并不少见。其中虽然也有采取批发的经营方式，并据此刺激生产，甚至规范生产的商人，但与消费驱使生产的现今不同，在生产勉强被消费生拉硬拽的时代，资本并未发挥出投入生产环节，转换成设备和材料等，进而又使生产得到增加的再生作用。之所以会这样，恐怕是因为当时的商业资本持有者认为，即使加倍给马喂食草料，马的速度也不会翻倍。虽然所谓的"工业化"现象在当时已经出现了，但同样规模的设备增加后，只要无限制地投入劳动力也就足够了，所以人们又将重点放到了仓储、搬运等流通部门上。

在中国，像这样积蓄起来的资本中，广东十三行便是资金最为雄厚的一个，同时也最为典型。其存续时间，以一个组织整体来说，大约有一个半世纪，以行商一家来

大清帝国

说,仅有两代五十年左右,后来随着交易商品的改变,也就衰落了。

在输出商品以茶叶和陶瓷为中心,输入商品以杂货和银圆为中心的时候,十三行及其巨额商业资本处于全盛时期,但当鸦片进口出现并遭到禁止后,鸦片贸易隐匿起来,鸦片无法作为正规商品交易,所以逐渐出现贸易不振、资金不足的问题。资金越不足,贸易越不振,这种恶性循环的结果便是十三行及其资本的最终衰落。一些从事多种经营的行商,将重点转移到了以食盐生产为背景的贸易领域,而多数专门从事贸易的,则只会去寻找一些投机性的商品了。所以,由于鸦片战争,十三行在被废除之前,便已难以发挥其作用了。

4

鸦片战争

一 中国的近代

作为常识的近代

听到"近代"这个词,一般日本人的脑海中首先会浮现出日本社会进入明治时期以后的样貌,这通常都会与人们的如下记忆相关:国家和社会都充满富裕、进步的光芒,人们的生活也丰富多彩起来。在欧美,这一印象更是强烈,即所谓的近代,不仅如同胜利的同义词一样为人讴歌,其中还带着一种可资期待的回响——它预示着一个广阔的未来。

假如我们将如上印迹中的近代视作对西欧型近代的描述,随着产业革命因煤炭与自来水、电与气、石油与各种金属的应用而快速发展,这种近代的印迹便与胜者的意识互为表里了——在他们那里,所谓文明即富足,所谓自由

大清帝国

即竞争。可以认为，进一步上溯，他们会毫不犹豫地说出他们的自信——是文艺复兴以来对人性的再发现结下了这样的硕果。

如此一来，整个西方都为这样一种思想所覆盖：一方面在当时，近代成了他们的近代，一个进步的时代；另一方面在以前，那些古来先进的时代已经逐渐失去了它的优秀之处，成了停滞的时代。当然，也有"以前曾是黄金时代，现在却是铅的时代；过去曾是正法之世，而现在则是末法的世界"之类的认识，并非所有人都对现代、近代加以肯定。这是一种源于日常生活的朴素认识，即便它说的是"过去很好"，那也不过是一种可与"现在已经变得更为方便了"相伴的，每天都在嘴边反复出现的表达罢了。另外，还有种不好的认识甚是常见：每当社会发生了某种变革，便将变革前视作弊端百出的时代。日本出现过这样的情况，针对江户幕府的创建与明治维新等事件，就有人对室町时期的"下克上"和江户时期的封建制度极尽贬斥。欧洲的近代国家也是如此，他们曾满不在乎地将中世纪称作"黑暗时代"。

最终，在我们思考历史之前，这样一种共通的认识便固定了下来：某某时代、某某国家虽然以前很好，却逐渐积弊重重，后来又重返盛世了，其中的契机是某种社会变革。于是，人们性急了起来，变得急于去探寻这一变革究竟是什么，其变革方向又是如何等——由于探讨诸如此般的理念性的问题无须付出太大的辛劳，所以各种各样的主张也就随之出现了。

但我们的常识是关于欧洲和日本这类国家的近代的，而且也是以欧洲近代国家创造出来的现成概念为出发点的认识，若就世界上的许多其他地区，比如就拥有悠久历史的西亚、东亚、南亚社会而言，似乎是在其毫不关心的状况下，如上的共通认识就形成了。至少若想一想中国的近代，那日本的近代认识中或许有一些必须重新加以思考的地方。

作为常识的中国的近代

在印度历史还是由英国学者编撰的时期，印度的近代史是从莫卧儿帝国的初创开始的，这在当时无人置疑。之所以认为印度自十六世纪始在新的统治形态下步入了近代，是因为当时的英国印度近代史学者为了方便对时代进行划分，而与莫卧儿帝国已是一个近代国家，或印度当时已经进入了近代社会没有任何关系。另外，时逢英国构建印度帝国前后，为了赋予该政权是名正言顺地从莫卧儿王朝继承下来的这一大义名分，也需要粉饰莫卧儿帝国。

若以相同的手法看中国，中国在进入清代后也该被视作已进入近代了。然而，这样的说法当时却未曾普及开

大清帝国

来。言及近代之际，若是说清朝过于僵化，太固执于封建制度的话，那莫卧儿王朝的统治应该是更加封建一些的，而且即便是将日本江户时期视作近世，将明治以后视作近代的划分手法也难以让人接受。就中国而言，何时为近世，它与其前的时代相比变化如何，哪朝是近代，它又是自何时开始的，都逐渐变成了难以回答的问题。

不仅仅因为时间上距现在近就将某一时点开始视作近代，而是选取近代精神、近代社会、近代文明等要素，并对其特征加以确认的话，那反过来人们便会对符合其特征的各种条件进行思考。如此一来，什么才是近代，也就成了人们经常议论的话题。对此，设定一个可满足各方面要素的条件是相当困难的。某个要素适合了，其他要素却又不合适了——此种情况经常出现。最终，作为对近代的认识，人们势必会变得舍本逐末，陷入削足适履的境地。于是，各种观点、表述纷纷呈现，人们对近代的认识也愈加复杂：不仅出现了近代应该如此这般的趋势论，在表述上也或言主义，或曰方向，变得捉摸不定起来。

但正本溯源，由于对近代的认识同样是一种常识的积累，所以人们一直普遍认为：中国的近代是因欧化而始的，或说"中国是被强行拖入近代的"，或言"清朝统治者不情愿地开放了门户"，人们逐渐都以这样的理由，追寻中国自鸦片战争开始，到洋务运动、戊戌变法的自上而下的近代化轨迹。

也有人认为：不，不是这样的，中国当时并没有像日本一样欧化，虽说人们不得已穿上了西装，却与之前并无大异，而且由他们自己动手开创的近代才称得上是真正的近代。因此，这些人欲追寻从太平天国、义和团到五四运动的另一条近代化之路。这在当时究竟开创出了一条什么样的道路，如今未必就有定论，它清晰地呈现给我们的不过是中国执拗抵抗的姿态而已。如果说当年进行这种抵抗的人是身怀理想，不求索取地参与其中的，则可以视其为一种进步；如果说他们是盲目且一时冲动地败下阵来的，则可视其为一种颓废。对于中国的近代而言，这两方面认识恐怕都是较为普遍的。

欧美型近代认识并未收获成果

日本进化论者丘浅次郎先生虽然在其名为《由猿群到共和国》的著作中，在形式上将共和国家视作人类进化的最后阶段，但未就其内容发表见解。哪种社会会先行实现，判断其先后的基准又是什么，等等，这些都是争论不尽的话题，并不是靠对将来的信仰以及为使其先行实现而做出的努力就可以得出答案的。将什么视作近代的问题也是一样，由于同某一社会的具体情况密切相关，所以若是先行站在期待将来会如何的立场上来看的话，是很难找

大清帝国

到一种大致相同的见解的。所谓近代，就是资本主义社会；所谓资本主义，就是一种社会整体几乎都受产业资本操控的体制。——我们若能从这种欧美型的近代中脱身出来，事情也许会变得不难回答。也就是说，所谓欧美型的近代并非世界史的全部。

然而，就以西亚、南亚、东亚地区的文明古国为代表的，包括非洲、拉丁美洲在内的许多国家而言，是民族国家意识的形成和民族独立成为它们步入近代的契机，还是那种超越国家的连带意识将它们带进了近代？其答案还在摸索之中。那么酿就此种事态的所谓"解放"，又是将什么东西从什么之中解放了出来？自滚烫的油锅中逃出，又落入了火中，也算一种解放吗？对此，人们也还在研究。

总之，无论是好还是坏，把欧洲近代国家作为一个标准来认识近代的咒符事实上已经解开了。与此同时，设定出一个近代的做法本身，可以说也已经失去了它的意义。若是持有一种"未来同样也会成为历史"的强烈主张，我们必须要做的是更加认真地整理过去。将历史视作科学，进而轻易地将其化作一种信念，这种认知与古时的宗教团体并无二致。现今，在亚洲史、非洲史等领域，能够详尽阐明"所谓近代，就是本该如此"的资料，实际上并不齐全。

尽管如此，可称其为近代因素的合理主义、平等主义、能动主义等，在当时的中国也是存在的。在其出现后，虽然人们也会期待这些近代因素活跃起来、积蓄力量，进而顺应时代发展潮流，可这些因素最终都化作了泡影。在中国历史上，虽然这些思想自古以来并不少见，却没有一种能够成为核心力量。在启蒙思想未发挥出启蒙作用的中国的土壤之中，近代的种子当时尚未发芽便随风而去了，仅留下了一阵清香。回溯历史，这种风在古代中国也有过，历朝历代，如季风般吹遍中国大地，然而它既未成为可酝酿新时代的酵母，也未化作冰封新时代的北风。那么首先需要探讨的问题是，在中国，类似土壤改造的大事究竟始自何时呢？

向近代靠拢

提到中国的土地改革、社会变革，人们无不想到中国的农民起义，特别是那种明确将减租作为目标的农民暴动，它被认为是一种源自最底层农民的社会变革动力。当然，这并不是说中国农民有改朝换代的理想，农民运动被地主、官府立刻镇压下去的事十分普遍。南宋、明代中期以后，以及清代乾隆皇帝晚年起，农民起义频发。这些时期也都是中国历史上商品流通兴盛，即市民生活的繁荣备受歌颂的时期。农产品的商品化迅速推进，城市和农村的差距扩大，无论是经济上，还是精神上，农民都非常贫乏。虽然地方上出现了农民暴动、社会动荡的现象，可城市的消费生活却在这些时期纷纷呈现出繁盛之貌，且以市场为中心，各种娱乐、爱好的种类和内容都多彩纷呈。

论述江户时代元禄时期町人文化的人一般都认为，元禄时期无论怎么说都有着一种近世的特征。这种特征虽不曾直接改变当时的社会组织，却使得人们批判统治权力，认识到要经济自立，还增强了人们对自由的渴求。这些表象是一种风气，也是一种倾向，当时都未能自行爆发出来。或者也可以说，为不使其爆发出来，幕府的警戒网曾无时无刻不对其进行着规制与镇压。另外，依附于町人消费生活的诸多具有近世特征的倾向也很快衰退，但在遭到淘汰的同时，它们也被带入了下个时代，因此其遗产在历史传统中占据着重要的位置。

中国亦是如此，"宋代＝近世"的观点早已在日本普遍存在。为了论证这一观点，人们曾从思想、艺术、法制、经济等方面出发，提出过许多证据，并据此宣称：同西欧相比，中国早在几个世纪前便进入了近世。可以说，西欧的文艺复兴多是在东方撒拉逊人的影响之下出现的，而与撒拉逊人分庭抗礼的中国，在文明史上是一种进步文化的代表者。

不过，如同构成文明的很多要素相互结合，进而引发化学反应一样，给社会带来变革的情况在当时的中国并未发生。进入明代，虽然出现了更为深入的思想和美术，却依然未出现那种变革。而且在清代也是一样，虽然变革的倾向一度显露，却又悄无声息地隐遁了起来。这与日本的镰仓时代、安土桃山时代和江户时代的元禄时期等对照来看，更是意味深长。实际上，无论是中国还是日本，推动变革的因素和应该施以变革的因素，实际上一直都共存且处于不断发展之中。

旧制度的崩溃

莫卧儿帝国、清朝和江户幕府三者虽特色各异，但在同时代的亚洲有着相似的位置，分别是印度、中国和日本的旧制度的维护者的代表。莫卧儿帝国在可取而代之的势力尚未形成之前自行崩溃，最终落得任由英国殖民者蚕食的结果；清朝和江户幕府则是在其组织架构依然坚固之际，面对着欧美列强的外部挑战。因此，看似中日两国的旧制度是因外力而出现动摇，并被外国一举击溃的。对此，本书认为，两国是在不断对其封建制度进行修补的过程中一点点走向崩溃的。之所以这样说，是因为随着内部失衡引起的起义和混乱局面的出现，统治机构越是强化，就越显僵化，进而老化。与支撑江户幕府的武士阶层的贫困化相比，满人的无能早已显现；与江户幕府的各级官僚相比，清朝官吏的官风松散败坏，甚至到了难以整肃的程度。

大清帝国

英国人称印度是经英国之手步入近代化的,甚至连印度的独立运动都是英国人指导的。若将英国人的这种说法直接置换到其他地区的话,那就是:中国是因鸦片战争而开始近代化的,日本是因美国强行要求其打开国门而步入近代的;因为太平洋战争,东南亚各国才实现了独立,世界众多被殖民的地区才获得了解放。如此认识近代,即便可行,却难以让我们接受。文明或许是进步了,却难称其为近代化;独立国家或许是出现了,却难称其获得了完全的解放——或许这才是事实。

更明确地说,就像印度旧制度的主体虽已崩溃,但近代化任务并未完成一样,中国和日本的文明程度虽有提升,也获得了一些解放,但只能说亚洲的黎明还为时尚早。当时的近代化仅是一种虚像,犹如身着欧洲的外衣一般。或许也必须指出:就连当时的欧洲社会,也仍然处于一种前近代的阶段。

这样来看,在中国史上,不管是将鸦片战争视为近代的开始,还是将太平天国运动作为近代的发端,都该是一种出于方便而进行历史划分的做法,有必要重新思考这些历史事件的历史作用和中国近代化的历史轨迹。应将哪些加入民族的传统,又应将哪些从中剔除出去?在不断向近代倾斜的过程中,我们必须善于去发现那些不可与某些很容易便步入近代的地区相比较的,且经过很多训练和学习才能达到的方面。

与认为中国只有古代和现代，或认为当时的中国是一个古代与中世的混合体等的历史分析相比，似乎只有这样做，才能为中国史确定一个更加正确的视角和方向。

二 鸦片贸易

鸦片与中国

鸦片是一种将罂粟果实划开，再将其分泌出来的乳状汁液烘干制成的膏状药物，在希腊以后的记录中，可以见到它的相关记载，人们对其镇痛麻醉效果早已有所了解。从西亚到小亚细亚以及埃及的广大地区，是其主要产地。鸦片在人们将其作为药使用，而且倍加珍视其药效时期并没有什么问题，可自从它被用作毒品来服用开始，便在健康上、经济上产生了一些问题。据传服用鸦片的习惯最初在印度流行，后通过葡萄牙船员传播到世界各地，特别是将其混合在卷烟中吸服，或直接将其压入雁首状的烟管中焙火吸服的吸食方法出现后，鸦片开始迅速流行起来。

鸦片之名，有人说出自希腊语，是希腊语中表示"汁"、"液"意思的"opion"，葡萄牙船员称其为"arfiun"、"oafiyam"，印度人称其为"opio"、"affion"等。

在中国，明代李时珍在《本草纲目》中以"阿芙蓉"，

大清帝国

即阿拉伯语的"afyūn"的音译记载这一药物,后来通称其为"阿片"、"鸦片"。清代有名为萧令裕者,其著《粤东市舶论》中便有"前代无此物,明时始入中国。龚云林《医监》用阿片泥和糯米为丸,治百病,名一粒金丹。李时珍《本草纲目》云:俗人房中术用之。雍正中,年希尧刊集验良方,鸦片屡见。初不言其吸食也。镶竹为管,或磁或银,挑烟于盒,如粒如丸,就灯而吸,倚枕侧眠。盖自乾隆末年始,嘉庆初食者渐多,特奉明禁"的记载。[①] 雍正七年(1729),福建巡抚刘世明对吸食鸦片施以处罚,雍正九年(1731),清政府全国性地禁止鸦片,对倒卖鸦片者、经营烟馆者、怠慢于取缔鸦片的官吏等,都制定了相应的处罚规定。由于鸦片对治疗疟疾有效,所以吸食鸦片的现象在台湾也出现了,后于康熙末年经台湾传入福建。

中国出现的吸食鸦片现象,虽屡遭禁止,却流行甚速,不仅是百姓,连官僚也吸食鸦片,其状甚至令输入鸦片的当事人都惊讶不已。有人认为这是由于中国社会单调乏味,缺乏刺激。输入中国的鸦片均产自印度,最初全部由葡萄牙商船运入。但在1773年,在印度任职的英国东印度公司的黑斯廷斯将鸦片和盐列为专卖产品,垄断了鸦

---

① 日文引文语意不完整,根据(清)萧令裕《粤东市舶论》(载中国第一历史档案馆、澳门基金会、暨南大学古籍研究所合编《明清时期澳门问题档案文献汇编(六)文献卷》,1999,第687~694页)补充。——编者注

片贸易，鸦片随即经英国东印度公司之手输入中国。因此，鸦片贸易后来发展成了中英两国之间的国际问题。

吸食鸦片图

鸦片和英国

英国东印度公司的对华贸易始于1689年。英国商船虽然之前也来过中国，但因葡萄牙的干扰与阻碍，当时未能与中国开展贸易。1715年，英国也在广州建起了商馆，其触手开始经由印度伸向了中国。当时的贸易虽然还带着那种一梦攫千金般疯狂搜刮宝石、香料和黄金等的掠夺贸易的余风，但逐渐发展成稳定的组织化的贸易。英国商船在中国以收购生丝、陶瓷和茶叶为主，尤其是茶叶。

英国政府最初曾对茶叶课以重税，但荷兰和法国的茶叶走私因此剧增，所以英国在十八世纪末实施了减税。加

大清帝国

之当时在法国发生了大革命,英国在中国贸易上掌握了主导权。但在当时,自英国出口的毛纺织品在中国的销路极其不畅,自印度运往中国的矿产品、象牙、木材、棉布等,也都难以同中国的茶叶相提并论。

随着茶叶贸易的扩大,英国运往中国的是因在墨西哥开发银矿而大量铸造出来的西班牙银币,即后被称为"墨银"的墨西哥银圆。虽然如洪水般涌入中国的墨西哥银圆必然会使白银经济趋于固定的中国变质,但英国已难以忍受这样的单向贸易。墨西哥独立后,英国面临着一方面用于对华贸易的墨西哥银圆日益枯竭,另一方面对茶叶的需求却在不断增长的困境。而且,东印度公司越来越难以维持其垄断东洋贸易的特权,英国国内要求通商自由的呼声也越来越高。

为解决如上问题并打开局面,英国只有佯装不知情地将印度产的鸦片出口到中国。但英国并没有采取经由东印度公司之手将这种毒品公然卖到中国的做法,而且在当时,与东印度公司进行贸易的公行也不能直接处理这种交易。

根据英国东印度公司的相关记载,当时卖往中国的鸦片,虽然或经由美国自由贸易商,或通过英国其他私人贸易商(社外商人)之手转销进入中国,但在印度,鸦片是属于东印度公司专卖的。私人贸易商在广州以外的地区进行鸦片走私交易,与希望中国开放沿海城市的东印度公司的要求殊途同归。由于将通过鸦片走私贸易获得的现银直接用于购买茶叶,所以在进入十九世纪后,东印度公司已经不再需要向中国市场补充白银了。1813 年,东印度公司在印度的垄断贸易被废止。1834 年废除对华贸易垄断的计划出台后,东印度公司更是将鸦片视为最后的获益渠道,其鸦片走私活动也就越发猖獗了。

贸易数额

一般认为,因茶叶贸易的繁盛而流入中国的银币,数额高达数亿美元,但准确数字难以获得。事实上,在墨西哥铸造的西班牙银圆当年多数经由大西洋、印度洋流入中国,其中还有此前流通的欧洲银币、印度的卢比银圆。在日本有明和年间的《唐阿兰陀持渡金银钱图鉴》和天明年间的朽木龙桥侯的《西洋钱谱》等史料,据此不难想象流入亚洲地区的外国银币种类之多。不过在中国,直至十九世纪末为止,还没有人编撰这样的图鉴。

截至 1840 年前后,从中国流出的白银高达五千万美元甚至更多,给中国带来了严重的经济问题。若将此数视为整个流通量的三成,再加上被储存起来的数额,当时中国的白银流通总量估计有三亿到五亿。这一数额便是其后使中国确立起银本位经济的白银总量。

另外,鸦片的进口量又有多少呢?与其统计总数,列

大清帝国

《唐阿兰陀持渡金银钱图鉴》[出自长崎的记录，描绘了花边银钱（西班牙银圆）的形状]

《西洋钱谱》展示的西班牙银圆

出 1830 年前后开始飞速增长的鸦片进口的相关数据的做法比较普遍。此类数据可见于各种各样的记录之中，但由于是走私到中国的，不同的装船港口的计算标准也各不相同，印度东北部的孟加拉鸦片从加尔各答出港，印度中西部的马尔瓦鸦片从孟买出港。卸货记录也是一样，或是广州，或是澳门，另外还有以走私土耳其鸦片为主的美国商船，相关记录中的数字都不相同。在相关记录中最为通用的是 H. B. Morse 从 *North China Herald* 和 E. C. Bridgman, Phipps, John Shepherd 等的记录中统计出来的数据，详情如下表所示。

鸦片贸易统计表

年份	输入中国的鸦片（箱）	销售额（美元）	年份	输入中国的鸦片（箱）	销售额（美元）
1799～1800	4113		1819～1820	4186	5795000
1800～1801	4570		1820～1821	4244	8400800
1801～1802	3947		1821～1822	5959	8822000
1802～1803	3292		1822～1823	7773	7989000
1803～1804	2840		1823～1824	9035	8644603
1804～1805	3159		1824～1825	12434	7927500
1805～1806	3938		1825～1826	9373	7608200
1806～1807	4306		1826～1827	12231	9662800
1807～1808	4358		1827～1828	11154	10425100
1808～1809	4208		1828～1829	13868	13749000
1809～1810	4593		1829～1830	16257	12673500
1810～1811	4968		1830～1831	19956	13744000

大清帝国

续表

年份	输入中国的鸦片（箱）	销售额（美元）	年份	输入中国的鸦片（箱）	销售额（美元）
1811~1812	5091		1831~1832	16550	13150000
1812~1813	5066		1832~1833	21985	14222300
1813~1814	4769		1833~1834	20486	12878200
1814~1815	3673		1834~1835	21885	
1815~1816	4310		1835~1836	30202	
1816~1817	5106	4084000	1836~1837	34776	
1817~1818	4140	4178500	1837~1838	34373	19814800
1818~1819	4359	4745000	1838~1839	40200	

这些数据说到底都是估值，解读这些数据时，还需要一些增补材料来解释其原因：其一是我们反复提到的，因为在英国自由贸易论盛行，对东洋贸易的垄断即将告终的英国东印度公司急于攫取鸦片利益；其二是因为印度殖民地自身在发展，与以往作为市场不同，印度成为英国通过税收方式掠夺的农产品产地，其产品为英国打开了新市场；其三是因为流入中国的鸦片的价格逐渐下跌，英国想以增量来弥补减少的收入。如上理由虽然可以对出口中国的鸦片数量飞速增长做出解释，但当时英国通过走私毒品的方式疯狂地换购茶叶的做法，还是很不正常的。

近代国际贸易的特征

日本同率先造访的葡萄牙、西班牙之间未开国交，长期保持锁国状态，最后对美国、法国、英国开放，并与其建立了外交往来。有人说这对日本来说是非常幸运的，因为日本当年不为浪费成性的南欧所惑，而是选择了向更为务实的北欧学习。

对于无法再现的过去，我们不能随随便便地草率评价。在与日本一样锁国，却不像日本那般封闭的中国，由于初期殖民者西班牙、葡萄牙衰弱，中国面临的是以英国为首的快速发展的产业资本的进攻，所以前引观点可能毫无参考价值。但是，即便中日身处相同的时代，我们也不能说若将二者的位置调换，双方便都能做出同样的事，因为二者各有特点，我们不能草率地对某一方做出或好或坏的评价。既然历史是人与人之间的对话的一种积聚，那我们就必须要承认这一事实。

早在十字军东征之际，在欧洲曾有人将刚刚进行过谈判的土耳其人与以前也曾打过交道的阿拉伯人相比，并据此将十字军战争必将爆发的一个原因归到了土耳其人身上，认为系土耳其人太过愚顽所致。从同中国在鸦片贸易上的矛盾，到后来直接对中国诉诸武力，英国人也以中国过于顽固为说辞。这样说来，难道印度人像阿拉伯人一样，当时很招英国人喜欢吗？如今，巴西政府禁止基督教传教士进入亚马孙河上游地区的未开化部落布教，或许是认为像这种只认可自己那一套的人，无论在什么时候播下的都是摩擦的种子。

诸如此类的一味要求别人按自己的要求行事的情况因时而异，也存在少数人将其主张强加于其他多数人的情况。强加于人的思想虽然并不一定会成为另一个民族的传统，或另一些国家的特征，但一般而言，在宣传力较强的宗教的熏陶下发展起来的民族、国家受到影响的可能性更大。特别是加上强者、胜利者有意识的教化，这几乎成了无须讨论的问题。

大体来说，所谓的那些近代国家都有一种欲将这种倾向强加于其他国家的偏好，它们之所以后来被称为"帝国主义"国家，是因为在其基本特征中便有着这样的理论强加性。但各国将自己的那套理论强行推销出去的方法也各有不同。事实上，由于要弥合它们之间的差异，当年印度就曾在英、法之间徘徊，幕府末期的日本也多次有过这种感触。若将此类事实置换到西方进入亚洲前后这一时段来看的话，认为落后的即被强加者，先进的即说理者的认识则未必准确。或许不如说是：直接参与谈判的领导人物的人格对事态的发展起着很大的作用，在保持其领导地位不变的基础上，诚实有诚实的本色，傲慢有傲慢的归结，他们都是在弥合东西方相遇的接口。

在双方的意向一致，合作的齿轮转动起来之际，即便是出现了齿轮不合或倒车的局面，某种平衡也会得到维持，但这种咬合若出现严重错位，也可能导致双方的交涉难以为继。中国人和英国人，恐怕就是世界上忍耐力最强的两个民族，在双方都强忍不发之中，鸦片贸易迅速发展着，可以说，能对这种贸易进行决算的报告至今都还未出炉。

三 鸦片的大规模输入

未获实效的禁烟令

由于人们将鸦片作为毒品服用，所以自雍正年间开始，清政府开始屡颁禁令。严行禁烟后，鸦片的黑市交易和因此而生的行贿受贿日益严重，在本应厉行禁烟的官吏中有吸食鸦片习惯的人也多了起来，政府的禁烟令没能遏制鸦片的流行。而且，国内也出现了种植罂粟的现象，中国成了当时世界上最大的鸦片消费地，对其弊害，虽议论、对策百出，但均未获实效。进入十九世纪后，鸦片消费量更是飞速增长，白银大量外流，致使国内经济乱象百出，清政府面临着必须出硬拳整治鸦片的局面。对此，日本某历史学家曾评述称：清政府没有为民众健康而采取强硬态度，却因为经济问题而突然强硬禁烟，这是一件憾事。

大清帝国

清朝在进入道光年间后，几乎连年反复禁烟，同时也采取了严禁白银出境等措施。道光十八年（1838），鸿胪寺卿黄爵滋就严禁鸦片上奏道光皇帝，并以此一统朝议，促使朝廷做出了对鸦片贸易采取超强硬手段的决定。道光皇帝任命在湖北、湖南的禁烟中颇有作为的湖广总督林则徐为钦差大臣，将他派到了广州。

到任后的林则徐随即发布了严禁吸食鸦片和买卖鸦片的禁令；对驻广州的外国商人下达了交出库存鸦片，提交今后不再进口鸦片的承诺书的命令；同时封锁了外国商馆，禁止外国人自由出入。虽然外国商人提交了承诺书，交出了1037箱鸦片，但知道其库存鸦片数量远不止这些的林则徐采取了撤出商馆中的中国雇员、禁止将粮食运进商馆等措施，继续施压，迫使外国商人交出所有库存鸦片，甚至将听闻此事后火速自澳门赶来的英国驻华商务总监督查理·义律（C. Elliot）也关了起来。

林则徐没收了英国商人的库存鸦片20291箱，并在虎门海岸挖了个大池子，引入海水，将鸦片投入池中，再放入石灰使其沸腾，最后将其冲入海中，这一销烟之举前后历时三周。收缴鸦片期间，曾有如下流言广为传播：或说政府欲以这些鸦片为基础施行鸦片专卖，或说政府会买下这些鸦片以谋取巨额利益。而林则徐则通过在众目注视下将这批万恶之根的鸦片彻底销毁的方式，打消了民众的种种臆测。

表面上看，这一秋风扫落叶般的雷厉风行之举并不是中国人的偏好，于妥协之间寻求打开局面之途才是中国人的传统行为方式。但由于清朝的统治是以武力为前提的，所以军人式的行为取向在清代中国逐渐变强，林则徐的厉行销烟之举获得了拍手称赞。

英国的对华贸易政策

道光十四年（1834），东印度公司对华贸易的垄断特权被废除，取而代之的是英国开始向中国派驻商务监督。英国驻华商务总监督当时的任务是确立可与两广总督进行对等交涉的特权——英国政府想通过这一做法，集中力量进入中国市场。"连鸦片都能卖得那么好，所以……"英国的产业资本家们盘算着诱人的中国市场，英国的外交大臣帕默斯顿则充当了他们的旗手。虽然当时英国人的期待是以鸦片为敲门砖，以走私贸易为触手在中国沿海一带打开一个突破口，但他们对于触及走私毒品这样一种非人道手段并没有内疚、不安的感觉。在当时的欧洲，在政治性的文本记录中，我们是找不到走私鸦片方面的记载的。但在文学作品等其他文本中，针对关注度不断提升的东方问题，可以看到"东洋猴子"之类的称谓，而且绝不止一两处。仔细想来，猴子吸食鸦片本身就是滑稽至极且超越本分的事。

特别是当年英国在印度已经积累了许多经验，有直属东印度公司的军队，通过武力解决问题以使其有利于自己的做法已成了英国的一种惯用手法。即便清政府禁止走私，英国人也能通过如下方式走私鸦片：将其根据地从沿岸海域移到外海，以珠江口的伶仃岛为中心，将货物换装到一种被称作"蛋船"的驳船上，重新用稻草包装，用名为"快蟹"或"扒龙"的速度极快的武装船艇将其运到内地。由于"快蟹"上的武装远强于清政府的监管船只，所以当时英国走私商人甚至叫嚣："清朝的官吏既收不到贿赂，也取缔不了我们。"

给这种自信泼了冷水的林则徐的禁烟举措，被英国人视为一种无法无天的暴行和挑战。林则徐将英国人从广州全部赶到了澳门，恰巧此时英国士兵和中国商人之间发生了冲突，一名中国商人被杀，为了让对方交出犯人，林则徐停掉了对澳门的食物供给，又命令英国人离开澳门，英国人无奈只得全都退到香港附近的海上，寄宿在船上。

1840年4月，在英国议会上，威廉·尤尔特·格莱斯顿发表了一个有名的演说，他在其中称："中国禁止英国商人的鸦片走私贸易。当英国不停止这种非法的贸易时，中国有权将我们的商人驱逐出沿海地区。但外交大臣对这种贸易进行了援助、奖励。对于居住在中国的领土却拒绝遵守中国法律的人，中国不提供粮食，是当然之举。据此发动一场非正义的战争，会成为我国永久的耻辱。英国的国旗因外交大臣帕默斯顿而受到了玷污。"

虽然这一国会议事录现在被当作英国的免罪符，但在当时，若格莱斯顿本人主政，对于伦敦、格拉斯哥、曼彻斯特、利兹、利物浦、布莱克本、布里斯托尔等的商工会议所怂恿政府对中国采取强硬政策的行为，他又能如何劝慰呢？一般来说，比之于国内人士，派驻机构的人会更加强硬一些。但英国在战时将全权大使义律换成了璞鼎查（H. Pottinger），这说明英国国内更倾向于对华采取强硬政策。

林则徐——福建独行侠

成为鸦片战争主角的林则徐出身于福建，是古来便多出独行侠式人物的福建的典型代表。据说林则徐降生之时，正好赶上雷雨天气，福建巡抚徐嗣曾一行为避雨借宿其家，其父林宾日因此给其命名为"则徐"，希望他能像徐巡抚一样成就大事。林父在科举中仅考中秀才，作为清贫的私塾先生终其一生。林则徐则是十四岁考中秀才，二十岁成为举人，二十七岁进士及第，作为一名地方官吏到浙江任职。如同林则徐晚年常用的印章上所刻的"历官十四省统兵四十万"一样，他曾供职于浙江、江苏、陕西、江宁、湖北、河南,在水利河防、赈灾救济等方面做出了很多务实的政绩。

林则徐使用过的印章

虽然林则徐承担的都是些麻烦难做且回报很少的工作,但他不仰承中央政府之鼻息,不谄媚上级,在所供职的各地获得了"林公来了,我们得救了"这样的美名。

林则徐不曾自谋成为高官。他四十六岁的时候在北京待了三个月,其间看到了轰动中央的鸦片问题的发展态势,同时与年龄小于自己的黄爵滋、龚自珍、魏源等锐气青年成为朋友。一般认为,由于考中举人的弟弟因鸦片中毒而死,所以林则徐对鸦片的憎恶之感非常强烈。与黄爵滋上奏禁烟遥相呼应，当时作为湖广总督的林则徐在他管辖的湖北、湖南厉行禁烟，严禁买卖、吸食鸦片，完全断绝了行贿受贿、敷衍了事之风。如前文所述，由于其禁烟政绩，林则徐受道光皇帝钦点，为根除鸦片走私贸易，被作为钦差大臣派到了广州，是年林则徐五十三岁。

在禁烟问题上，北京的朝廷一如既往地存在软硬两派——以许乃济为代表的弛禁派和以朱嶟为代表的严禁派，或者也可以说是分别从地方、中央的立场出发，各陈己见的两派，而道光皇帝则采纳了后者的意见。对此，林则徐必须要以严厉之举回应朝廷。

从北京出发之后，林则徐会见了琦善，琦善后来在林则徐遭贬后取代了他的位置。琦善系满人，时任直隶总督，在对外问题上属于妥协派，所以两人可能商议了善后处理，并约定厉行禁烟仅限于广州，不涉及北方等。

不料，后来英国军队因担心广州贸易遭遇灭顶之灾，没有直接进攻，而是借称要将外交大臣帕默斯顿的亲笔信送至北京而率队北上，一路威慑中国沿海各地，直奔天津白河河口而来。清廷震惊，派琦善至大沽与英军交涉，结果达成了将谈判移至广州进行，处罚林则徐以避英军锋芒的协议。采纳了林则徐的强硬政策的道光皇帝大怒，认为是林则徐的应对不当导致了英军的北上，但鉴于林则徐在广州的声望，虽免其职，却并未让他即刻离开广州。取林

大清帝国

则徐而代之的琦善到达广州后，道光皇帝担心二人政策的反差过大，可能招致当地民众的反目，所以将林则徐贬到浙江负责河防，后又剥夺了林则徐的官职，将他流放到了新疆。

在林则徐的日记中，对于背叛自己的道光皇帝和琦善等没有一句类似指责的话。但是，他将向琦善献媚的一个叫鲍鹏的男人视作汉奸，把强烈的愤怒发泄在了他的身上。此人系广东人，擅长英语，受英国人器重，利用鸦片贸易大发横财，严行禁烟之时逃到北京投靠了琦善。每当琦善和他商量赔款和广州以外的开港事宜等，他都会将其全部泄露给英国。林则徐后来虽然不再插手同英国的贸易，但依旧作为实务家东奔西走，其间他还为下一代做准备，总结世界形势，编纂了《四洲志》，并且认识到俄国对中国的威胁，编纂了《俄罗斯国纪要》。林则徐六十四岁时隐退，但仅仅七个月后就重新被起用，为讨伐太平天国以带病之躯出发履职，在前往广州的途中病逝于潮州。

战局的发展

1839 年年末，英国政府下决心对中国开战，并按 1840 年 6 月封锁广东港的计划准备舰队配备，任命海军少将乔治·义律——对华商务总监督查理·义律的堂兄——为对华远征军司令。义律率领包括十六艘军舰、五艘攻击艇、一艘登陆船、二十七艘运输船和约四千名士兵在内的军队，按计划于1840年6月到达中国南海并封锁了珠江河口。北上的舰队虽然于7月在厦门与中国进行了谈判，但由于没达到目的，英军进一步北上，占领了舟山群岛的定海，并封锁了宁波和长江口。随后，英军率领军舰六艘和攻击艇、运输船各一艘又于8月到达了白河河口。在此，义律面对琦善，提出了更加强硬的要求，双方未能达成一致，约定移至广州进一步谈判。9月，北上的英军南下返回广州。

南下途中，11月，司令义律在定海同钦差大臣伊里布签署了停战协定，并于当月末返回澳门。由于义律不久后因病辞职，所以后续交涉由查理·义律一人负责，他在12月正式开始了与琦善的谈判。

查理·义律当时提出了以鸦片赔偿和割让香港为中心的十四项要求，拒不让步，而琦善则避而不谈开港。于是，义律在1841年1月对虎门炮台进行炮击，最终以武力迫使琦善与之签订了《穿鼻草约》，其中包括割让香港、赔款六百万银圆、两国政府有直接交涉权、再次开放贸易等条款。该条约的内容报传至北京后，道光皇帝大怒，召回琦善并剥夺了他所有的官职，下决心抗英。随后道光皇帝任命皇族奕山为靖逆将军，积极备战。2月，义律开始进攻虎门，并连续击败了前来增援的清军，于5月占领了周边的军事要塞，兵临广州城下。

大清帝国

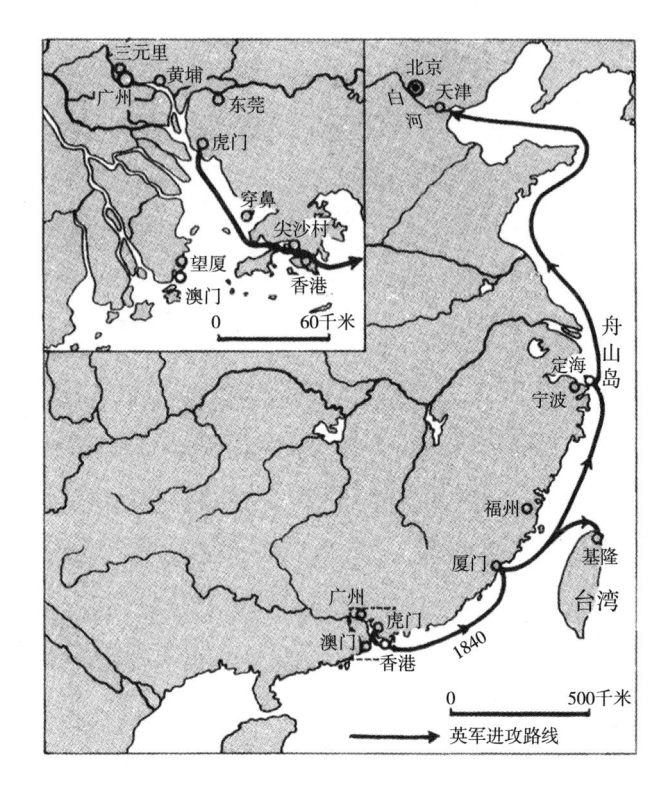

鸦片战争图

虽然奕山以清军撤出广州城、支付六百万银圆赔款等条件求和,并与英军进行了交涉,但英国政府此时已变得更为强硬,以义律的谈判方针过于软弱为由,派璞鼎查取代了义律。目睹清军的无能与恶行,直接遭受英军暴行之害的广州周边民众愤怒万分,其愤怒程度比对英国政府的愤怒还要强烈数倍不止。5月底,在广州以北的三元里,当地民众在英军一支部队自所占领的炮台撤退之际对其发起了攻击。愤怒的民众打出了"平英团"的旗号，不断从四面八方聚集至此，其人数达数万之众，甚至前来救援的义律都受到了他们的围攻。

虽然"三元里抗英斗争"因为受到英军抗议的广州知府余葆纯下令解散而告终，但此后，当地百姓为保卫乡土而自发组织起来的自卫性民众组织，以反英斗争为目标，不时抗击英国士兵的侵犯。

璞鼎查于8月抵达澳门后，下令停止进攻广州，确保占领香港，并再次驱舰北上，于8月中攻陷厦门，10月攻陷定海，进而占领了镇海、宁波。在宁海过了新年后，璞鼎查在1842年同自印度赶来的后续部队会合，于5月攻下了乍浦。在乍浦之战中，守备在此的满洲八旗几近全军覆灭，战斗异常惨烈。记述这次战斗的诗集《乍浦集咏》，在幕府末期的日本也广为咏颂。

1842年6月，英军占领了上海，进而溯长江而上，为切断自江南向华北地区供给粮食的通道，又于7月攻下了镇江，再次全歼了守备在这里的八旗军。进入8月后，英军又开始了对南京的进攻。这支甚为自信的英国军队是在印度接受战斗训练的，其作战方法是仅针对士兵的，但在当时，他们的攻击并未对非战斗人员和士兵混在一起的情况分别对待。

大清帝国

清政府见战况发展至此,最终放弃了夺回香港和继续限制贸易的想法,以一直主持对英协调工作的耆英为钦差大臣,命伊里布和两江总督牛鉴等在南京与英军缔结了和约。时任首席军机大臣的穆彰阿是提倡议和的代表人物,当年是他推荐了琦善,这次也是他起用了耆英,他如同宋代的秦桧般被世人唾骂。当时同为军机大臣的王鼎则是一名主战论者,曾推荐过林则徐的他在留下一纸控诉穆彰阿的遗嘱后,服毒自杀。

四 《南京条约》

外族的侵略与中国

像中国这样在历史上屡次经历外族侵略的地区,尽管长期以来总是在如何回避侵略,怎样与侵略者协调解决问题方面费尽心思,可也有毅然讨伐、将其击退的事例。协调会与许多谋划、策略相伴,其中免不了伴随着一些卑躬与迎合。由于主张讨伐的情况条理清晰、简单明了,所以主战论者往往很直爽,常令人回想起他们。若是在游牧民族的社会,甚至连侵略、掠夺都会被作为一种英雄行为而为人称颂。也许可以说,拥有广阔地域的中国的农业社会,是一个更认可协调与妥协,且能够尊重这一价值取向的社会。

就中国的历代天子而言，比起频繁对外征讨的汉武帝这样的人物，像唐太宗那样倾心于文治的人物之所以历史评价一直很高，其原因恐怕就在于此。与征伐即为一种"获取"的游牧民族不同，仅将征战视作一种"浪费"的农耕民族的经历说明，正是他们让游牧民族来到了自己的土地上。尽管如此，对于抗争、讨伐等壮举，当时的中国人也如看客般给予了一定的鼓励。

中国人经常自豪地称：中国几乎未曾主动地侵略过其他民族。这未必是一种准确的说法。不过在历史上，自豪于地大物博的中国有着自给自足的经济圈，与求之于他者相比，为他者所求的经历确实相对较多。另外，惯于给予他者的基本形式在中国也早就确立起来，它不是一种双方对等、互通有无的形态，而是一种与施以恩惠的思想密切相关的给予方式。特别是宋代以后，随着经济的发展和生产的增加，与诉诸军事相比，中国统治者开始习惯于使用通过给予物资解决问题的方法，自明末开始接触到欧洲文明制造出来的产品后，中国统治者仍然仅将其作为一种用后便可以丢掉的奇巧物品、把玩之物看待。中国统治者曾愤然指出，对中国给予的恩惠，欧洲各国不知感恩戴德；而欧洲各国则同样气愤地称，中国因循守旧，对文明的优点根本不予承认。

大清帝国

欧洲各国的统治者当年恐怕已经认识到：即使不将鸦片贸易作为契机，总有一天也会让中国见识一下西方利器，不以此让中国吃点苦头，是解决不了问题的。在印度建立殖民帝国之际，英国便毫无顾忌地说过：在印度能靠印度人自己的手创造出和平之前，我们不会放弃对印度的统治。试想，如果英国当时使用的是棉毛纺织品，而不是用鸦片这种任谁看来都是非法的东西来对付中国的话，也许就难以在中国进行殖民统治。可这是谁也无法断言的。通过鸦片征服了中国——英国的这一卑劣行径让它无法在中国贯彻自己的"近代"，这类似于耶律楚材所扮演的角色，他当年阻止了蒙古曾要将中国变成草原牧马饲羊的想法。可以说，由于英国发起的战争中途叫停了鸦片贸易，所以更加显而易见地留下了侵略的印记。

《南京条约》

1842年8月29日，在停泊于南京扬子江上的英国军舰康华里（Cornwallis）号上，清政府代表耆英与英国政府代表璞鼎查签署了中英媾和条约《南京条约》。至该条约签署之日，双方的谈判仅为三天，清政府在谈判中唯唯诺诺，不得不完全接受了英国方面提出的停战条件。

条约的主要内容有七条：一是割让香港，二是五口通商，三是设置领事馆，四是赔款，五是废除公行制度，六是协定关税,七是确认了中英双方的对等关系。当时香港岛已处于英军的占领之下,英国还曾考虑过侵占舟山群岛,但由于香港距广州较近,便决定先将香港岛据为己有,后在1860年迫使中国割让了该岛对岸的九龙,进而又在1898年自中国攫取了新界(九龙半岛)九十九年的租借权,最终将这一地区作为它在东亚的侵略据点。根据《南京条约》,一直以来仅限于广州一地的对外贸易扩大到了广州以外的厦门、福州、宁波、上海,英国分别在这些地方建起了领事馆。

谈判中,英国虽曾迫使清政府须在三年内向英国支付包括战争赔款1200万银圆、没收鸦片的赔款600万银圆、商行负债300万银圆,共计2100万银圆的赔款,但由于鸦片是被禁止输入的商品,加之英国也有种负罪感,所以后来鸦片赔款这部分是以对置身广州险境的英国人做出的赔偿这一名义进行的。关于鸦片,《南京条约》本身完全没有涉及,签约后不久,英国还曾多次迫使中国放开鸦片贸易,但直至1858年被迫签订《天津条约》,清政府一直拒绝鸦片贸易自由化。这期间,鸦片走私贸易更加猖獗,其输入数额高达战前数倍。

不管《南京条约》中主张的是什么,条约签订后英国政府的所作所为都充分证实了他们想通过该条约实现的那些目标。虽然若就条约本身而言,除赔偿条款外,其他

大清帝国

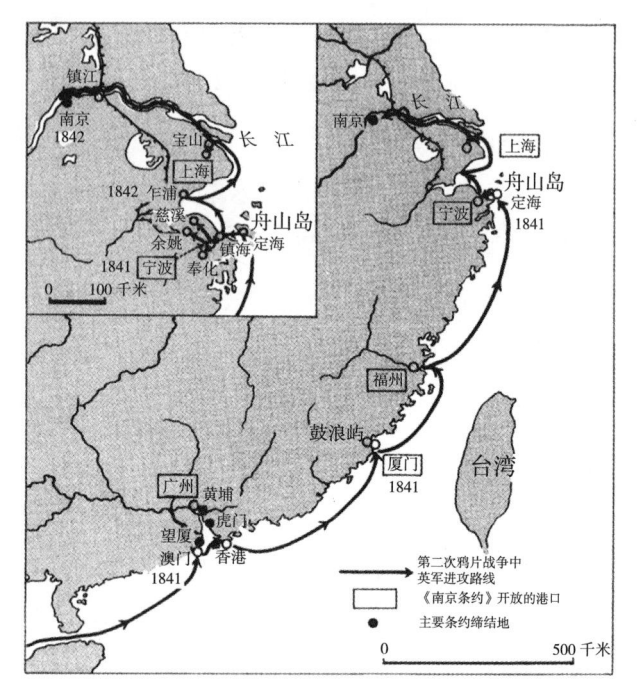

《南京条约》开放的港口

条款并非多么不合法、不合理，但当时英国的目的是要据此向中国大量输出棉毛纺织品，占领中国市场。但签约后，其棉毛纺织品呈现出的却是一种若不与鸦片打包输出便卖不出去的状况，英国对此甚为不满。而且，由于英国对茶叶和生丝的需求甚多，还是必须要从中国大量购买这些商品，所以在对中国的态度上，英国变得更加强硬起来。

继中英《南京条约》签订后，1843年7月22日，英国与清政府缔结了《五口通商章程》，获得了"领事裁判权"；10月8日，又在虎门迫使清政府签署了《南京条约》的补充条款，又提出了"最惠国待遇"的要求。如此一来，不仅是林则徐所担心的"若让一步，则后患无穷"成为现实，而且在包括领事裁判权、片面最惠国待遇条款等一系列不平等条约被强加于身后，中国便开始了长达一百多年的屈辱历史。自此，中国备受毫无来由的轻视，中国人也一直被评价为没有国家观念，缺乏施行共和政治的能力，没有国家忠诚感，欠缺合理主义意识。

不平等条约与中国的立场

在中国的对外贸易上，当时贸易额仅次于英国的是美利坚合众国，且在鸦片走私贸易上，美国商人也多有参与。美国总统约翰·泰勒担心英国在中国的特权通过《南京条约》得到强化，非常重视比美国与南美各国的贸易增长更快的对华贸易，并向国会提交了意见书，要求国会做好同中国缔结通商条约的准备。随即，美国命凯莱布·顾盛（C. Cushing）为全权大使，并将他派到了中国。顾盛于1844年2月抵达澳门。在准备自此前往北京遭拒后，他同清朝的钦差大臣耆英在澳门郊外的望厦村进行了谈判，并于7月3日与清政府签署了中美《望厦条约》。

《望厦条约》由三十四条构成，其内容基本仿照中英

大清帝国

《南京条约》、《五口通商章程》，以及《南京条约》的补充条款《虎门条约》。虽然条约中一方面特别加入了美国对从事鸦片交易的美国市民不予保护，禁止随便打着美国旗号触犯中国法律等内容，但另一方面对领事裁判权做出了更加详细的规定，甚至涉及在中国的治外法权。

看到中英、中美之间先后缔结条约，1844 年 8 月，法国也以拉萼尼（T. de Lagrené）为全权大使，派其乘军舰前往澳门。10 月 24 日，在停泊在广州黄埔的法国军舰阿吉默特号上，拉萼尼与钦差大臣耆英签署了包括三十六条的中法《黄埔条约》。该条约基本以中美《望厦条约》为蓝本，进一步明确了治外法权，还写入了免除居住在中国的外国人的纳税义务、罗马旧教（天主教）传教自由等内容。

继美、法之后，比利时、瑞典、挪威也要求清政府对其适用前述条约，葡萄牙还提出了希望清朝正式承认其管治澳门的主张。总而言之，《南京条约》签订后，中国在形式上不容分说地被拉上了世界舞台，而且充当起了一个任人欺辱的角色。

然而，这些不平等条约当时对中国所造成的打击并非我们想象的那样大。一方面是清政府尽其所能地表现出了一副若无其事的样子，另一方面是中国的普通民众，除那些遭受直接侵害的人外，他们对这些不平等条约的签署未能表现出丝毫的关心，宛若此前什么都未曾发生过一样。不过，三元里"平英团"抗英斗争后，民众的排外情绪形成，广州及其周边地区的民众抗英事件频发。1842年，广州出现了民众放火烧毁外国商馆的事件，针对外国人的袭击也时有发生。对此，清政府虽然佯装不知，但这些排斥外国人的事件与民众针对地主、官吏的斗争叠加，在当地培育出了一种极为朴素的民族主义情感，这后来成了起义的动因。

外压的增大及其主要原因

清政府过度评估了自己在鸦片战争中受到的打击、损失，这一反应如同战前其在政策、姿态等方面仍未积极应对的现象，即一方面对列强提出的要求唯唯诺诺，一味顺从，另一方面仍然对麻烦问题一再拖延，对困难一味回避，在国际交涉上不采取任何积极举措。虽然这在西方列强看来，依然是一种基于传统的大中华思想的桀骜与自负，但也可说是缘于一种中国式的合理主义——若是对方不讲道理，我们只能由他去了！

贝壳越受到敲打，闭合得越严；北风刮得越大，人身上的衣服裹得越紧。正如这些俗语所说的那样，当时中国表现出来的顽固或许是一种当然之举，中国人并非都是列强眼中那种完全不通世事的迂腐至极的对手。更为重要的

大清帝国

是，以英国产业资本家为代表，对于西方列强来说，通过鸦片战争打开的中国市场远没有满足他们的期待。"在中国一个省消费掉的袜子，甚至超出整个英国的生产总量。"——他们的这种期待只不过是自己打的如意算盘罢了。

虽然鸦片战争后英国疯狂向中国推销其工业产品，甚至连钢琴都拿到中国来卖，但实际上，最为英国商人期待的棉纺织品出口量却并不见增长，曾相信有着无限需求的中国市场神话不久便在现实面前褪去了它的光环。由于中国市场的供求关系是一种以手工业为基础，在城市与农村之间短距离且相对固定地展开的有限的交换关系，所以从通商港口输入的外国商品扩散的过程是极其缓慢的。

欧洲各国的市场是在国家层面上整体运转的，于是它们想当然地以为中国同样如此，这是当时西方国家的一个错误。而且，中国手工业可与国外机械工业抗争的另一层因素恐怕还在于中国人的传统习惯和观念——在中国，从生产到消费，有着其约定俗成的习惯，人们缺乏一种追求物美价廉的商品的观念。所以西方列强逐渐认识到：要想打开局面，应该进一步拓展门户，迫使清政府增加通商口岸，承认其在中国内河通行的权利，将交易场所延伸到内地，直接与中国的内地市场接触，而这又需要在废除内地关税、切实履行关税协定等方面向清政府提出强烈要求。

4 鸦片战争

英国以战争为突破口寻求改善同中国的关系，而中国却旧态依然。只要中国的这种状态不变，来自外国的压力便不会减弱。由于西方要求的全是中国最不愿意去做的事情，所以在当时，中国承受的压力越来越大。鸦片战争后，虽然清王朝的统治阶层一直被列强评价为一群不谙世界形势的傲慢、无知之辈，可事实上，很难说他们之中就没有一个能提出真知灼见的人。只是在当时，那种"没办法，随它去吧"的想法已成了一种共识。

清政府的对外抗争

鸦片战争结束后，列强炮舰齐聚中国通商口岸，在其掩护下，那些想重整旗鼓的外国商人、目无法纪的水手、传教士和军人出身的投机者等大举进入这些城市，关税虽已协定，但通过行贿逃税的人肆无忌惮，鸦片也在半公开地交易着。

清政府对此的应对方法是将外国人局限在口岸城市，为防止事态波及北京，让外国公使入驻北京自不用谈，朝廷甚至不允许他们进京，同外国公使的交涉全都委托给了两广总督。及至当地排外运动多发，两广总督的态度也逐渐冷淡，外国政府便难以与北京沟通，这与外国商人当年与公行交往时事情毫无进展的情况如出一辙。但是，正在此时，兴起于广西的太平天国起义军攻下了南京，威胁到了开港以来正在取代广州成为贸易中心的上海。如此一来，北京、上海、广州三地各自的对外关系和思想准备便明显呈现出了差异。

作为清王朝的心脏，北京的态度最为强硬，居住在这里的都是未曾遭遇战事，不曾亲自执枪抗击侵略者的人们，他们之中弥漫着一种绝不让外国人踏入帝都一步的积极情绪，清政府宛若听着摇篮曲一般甚是安心。而在正遭受太平天国威胁，并为新的贸易所驱使的上海，想使事态平稳发展的和平论者居多，面对外国的船坚炮利，很难想象他们会去破坏正在因贸易实利而呈上升之势的上海。最后是广州，这里的人们已受到了战争的洗礼，虽将北京的强硬态度视作一种儿戏，却开始在强烈的排外思想和义勇军的游击斗争——当年林则徐谋划的撒手锏——中找到了一份自信。

综合三者来看，北京的主战论在当时成为中国对外政策的主基调，西方列强也开始认识到，除非在北京促成城下之盟，否则中国的现状无论如何都是不会自行改变的。

五　第二次鸦片战争

英国对中国市场的执着

进入十九世纪五十年代后，鸦片战争后的事态变化明晰起来，为修改条约，英国政府已经有了不惜再次诉诸战争的想法。虽然在 1852 年，曾有一个名为米歇尔（W. H. Mitchell）的英国人（香港总督的秘书）向香港总督提交报告并警告称：中国不会简单地发展成为英国产业的一个市场。可英国政府并未放弃其对中国市场的渴求与执着。

当时太平天国运动已经开始并迅速发展，英国曾对其是否会成为中国的一个新的王朝而踌躇。加之克里米亚战争爆发，英国一度将注意力从中国移开。1854 年，不想重复鸦片战争这一为人诟病的不义之举的英国政府曾联合法国与美国，尝试与清政府就修改条约进行谈判。当然，这没有取得任何成果。不过此时，英国开始放弃单独对中国采取行动的做法，逐渐确立了与法国、美国等其他列强共同对清行动的新方针。

外交交涉不见任何成效，英国开始寻找开战的理由。英国驻广州领事巴夏礼（H. S. Parkes）回国之际，在伦敦深深地体察到这一点后又重返任地广州。巴夏礼后来曾出任英国驻日本公使，并因在日本强行推行治外法权而广为人知。

1856 年 10 月 8 日，清朝官兵登上停泊在广州珠江上的香港的中国式帆船亚罗号，将船上十四名中国船员中的十二名以海盗嫌疑逮捕，并趁英国船长不在时撤下英国国旗，引发了所谓的"亚罗号事件"。巴夏礼以此为借口，向时任两广总督叶名琛提出了严正抗议。"亚罗号事件"是英国政府等候已久的机会，香港总督宝灵（J. Bowring）同时也对巴夏礼给予了积极的支持，而叶名琛则态度强硬，拒绝让步。

就"亚罗号事件"展开的谈判破裂后，驻屯广州的英国海军迅速占领了广州周边的炮台，并对广州城开炮射击。虽然英国政府支持巴夏礼，决定以此为借口对中国开战，但议会之中的反对声音非常强烈。在英国下议院，理查·科布登（R. Cobden）议员就曾以事件发生当日，亚罗号的船籍已过了有效期这一事实指责帕麦斯顿政府，并据此提出了对政府的不信任案。不信任案在国会获得通过后，首相帕麦斯顿随即解散下议院，举行了大选，并在大选后的新一届国会中推动通过了向中国宣战的提案。

英法联军的第一次入侵与《天津条约》

由于英国政府力促联合法国的拿破仑三世对中国开战，所以在1856年2月，法国政府也以法国传教士在广西被中国人杀害——所谓的"马神甫事件"为由，做出了对中国开战的决定。另外，英国也曾呼吁美国、俄国等共同行动。美、俄两国当时虽未加入，但约定在要求清政府修改条约上共同行动。

4 鸦片战争

虽然英国以额尔金（Elgin）、法国以葛罗（Gros）为全权代表，向中国派出了远征军，但由于印度发生了反抗英国殖民者的印度土兵起义，英军在德里参与镇压起义，所以直至1857年12月英法两国军队才兵临广州城下，开始准备进攻。

"亚罗号事件"已过去一年有余，虽然此间在广州排外运动高涨，外国商馆被烧，民众同仇敌忾，但实质意义上的防御并未构筑起来，人们也没想过弃广州以规避战争之策等。

1858年1月，英法联军攻入广州城内，逮捕两广总督叶名琛，将其作为战俘押送到了加尔各答，并开始了对广州历时三年的军事占领。随后，按照约定，英、法、美、俄四国向清政府提出了修改条约的要求，清政府无奈，只得答应原则上同意与俄国在黑龙江，与其他三国在广州进行谈判。然而，由于英法等国对谈判程序不满而率军北上，兵临大沽，清政府派出直隶总督谭廷襄进行协调，却仍遭拒绝，英法联军进而攻占了大沽炮台。与现今相同，政府派出的谈判代表的官职大小，当年也被视作检验政府对问题重视程度的一个指标。

四国全权代表是与他们的军队一起抵达天津的。1858年6月，清政府改派东阁大学士桂良为全权代表，先与俄国，随后与美、英、法分别签订了《天津条约》。中俄、中美、中英、中法的《天津条约》虽内容各有不同，但中英《天津条约》包含最惠国待遇，被视为典型，其中外交代表进驻北京、内地旅行自由、长江航行自由、增加通商口岸、承认基督教内地传教、扩大领事裁判权等是最主要的条款。

英法联军撤退后，清政府对其签署的这些条约有了反悔之意，特别是想取消外国使节进驻北京和开放内地的条款，遂命桂良等以关税全免作为交换条件与列强进行谈判。桂良一行从国家财政的立场出发，没有遵从全面放弃关税的指示，所以仅从额尔金那里得到了外交官常驻北京的权利暂不实行的谅解。如此一来，清政府便难以拒绝其外交官随时进入北京，甚至列强想在北京完成《天津条约》换约仪式的要求了。

1859年6月，为完成换约，英国公使普鲁斯（F. Bruce）、法国公使布尔布隆（M. de Bourboulon）率舰队来到天津大沽，但遭镇守大沽炮台的僧格林沁的军队的炮击而返回了上海。同行的美国公使国华若翰（J. E. Ward）虽自北塘上岸进入了北京，但因拒绝在拜谒皇帝时叩头，最终是在北塘完成换约的，也未能实现在北京换约。

英法联军的第二次入侵与主和派的统治

第一次鸦片战争短兵相接，事态的发展突然、急促。

4 鸦片战争

第二次鸦片战争四国联合，有谋有划，而且在与清朝这一对手的交涉中，列强也不达目的便不罢休。对于这点，恐怕我们都深有感触。特别是英国，始终不改其强硬态度，一直执着于同清政府进行着一场必须要突破藩篱的交涉。

1860年，英法两国再度组建一支远征军来到中国，8月，额尔金、葛罗率两万军队在北塘登陆，攻陷大沽炮台，到达天津。清政府先是派桂良和直隶总督恒福与之谈判，但是额尔金等不予理会，后又派怡亲王载垣前往通州与之交涉，却也因觐见皇帝的问题无果而终。

9月，英法联军逼近北京，正在北京郊外离宫圆明园的咸丰皇帝携皇族和重臣逃到热河避难。此间，发生了包括时任翻译的巴夏礼在内的二十六名英国人和印度锡克教士兵、十三名法国人被僧格林沁所率清军俘虏，遭受二十天虐待，其中半数死亡的事件。

此时皇弟恭亲王奕訢在桂良和军机大臣文祥的辅佐下主持政局并同英法联军进行了谈判。由于谈判无果，英法联军在圆明园大肆烧杀抢掠，为进入北京城造势。此时，俄国已经于4月在北京完成了中俄《天津条约》的换约仪式，其公使伊格纳切夫（Ignatieff）在北京充当了调停者的角色。10月24日、25日，额尔金和葛罗先后进入北京，并分别与清政府交换了《天津条约》的批准书，同时迫使清政府又签订了《北京条约》，据此获得了增加赔款、割让九龙、天津开港等权益。由于在第二次鸦片战争中全面战败，清政府不得不认可各国公使常驻北京。1861年1月，清政府新设总理各国事务衙门，以此前曾负责、参与对外交涉的恭亲王奕訢、桂良、文祥等人为首，清朝正式开始了与西方列强的交往。

《天津条约》使清代中国朝屈辱的国际关系迈出了第一步。继1861年德国等又在天津与清政府签署了《天津条约》后，1862年葡萄牙，1863年丹麦、荷兰，1864年西班牙也与清政府缔结了同样的条约。

1861年8月，咸丰皇帝在热河病逝，其身边的主战派怡亲王载垣、郑亲王端华及其弟弟肃顺等人谋划拥立幼帝穆宗登基，卷土重来，并孤立东西两宫皇太后，设法独掌政权。后来西太后联合恭亲王奕訢，于11月除掉载垣等人，掌控了清朝的大权。就这样，清代中国的政局掌握在了主和派的手中。

列强对清政府的支持

第一次鸦片战争的爆发是在道光二十年（1840），第二次鸦片战争的结束是在咸丰十年（1860），两次战争前后历时二十年，加之太平天国运动在内部动摇了清朝的统治，可以说这二十年间，清代中国内忧外患不断，来自任何一方的压力增长都可能使清朝崩溃。然而当时英法两国的立场发生了转变,均认为支持恭亲王控制下的政府对自己更为有利。在发动第二次鸦片战争期间,对于什么样的中国政府最值得期待的问题,英法两国从很多具体事例中积累了经验,并开始觉察到:与一只有刺的蜜蜂相比,选择与一只无刺的蝴蝶打交道对自己更加有利。人们一般认为,为使与清政府签订的条约得到履行,特别是为得到那些高额赔款,西方列强当时只能让清朝继续统治中国。笔者认为确实可以得出以下结论:通过支持清政府来强化自己对中国各个地区的控制,同时使自己在各通商口岸的权利得到切实履行的做法最为便捷。这应该就是当时西方列强继续支持清朝统治的原因。

当年印度的莫卧儿皇帝完全失去统治能力,极力利用这一君主的是印度雇佣军人和一部分贵族,英国完全无视莫卧儿,通过与各个藩王直接谈判、交战,一点点地完成了对印度的支配。虽然在英国国内也曾经存在把英国在印度的统治作为莫卧儿帝国的辉煌和延续加以看待并极力彰显莫卧儿帝国的趋势,但在印度,英国统治者却是通过尽量漠视、抹杀莫卧儿皇帝的方式来防止他成为印度民族主义的象征。

在中国,当时太平天国正致力于推翻清王朝的统治,建立自己的汉民族政权。面对外国的侵略,这一新兴政权未必会采取妥协的立场,要想连哄带吓地令其屈服,还得需要很长时间。不仅英国看穿了这一点，美、法等国当时也在中国架起了一座天平——在清政府和太平天国政权之间进行权衡。1862年前后，英国开始明确立场，正式参与对太平天国的武力镇压，做出了支持清朝的选择。不过支持归支持，英国当时丝毫没有彰显清朝威仪的意思。

得到西方列强支持的清朝此后进入了一段所谓"同治中兴"的小康状态，英国以印度、法国以印度支那为根据地，无论在军事上还是在经济上都颐指气使，宛如中国的保护者。而中国这一古老大国中的"高级蝶群"一会变成蛹，一会又变成毛毛虫，时不时地给西方列强添堵，着实令其感到棘手。通商口岸则是外国商船云集，来自各国的居民和实业家等迅速增加，外国商人、传教士等也通过通商口岸深入到了中国的内地，亚洲神秘大国——中国的全貌逐渐呈现在了世界各国人民的眼前。

海关税务司和关税由外国人掌控

以往，外国商人在中国最为头疼的是关税。广州公行盛行之际，清政府派出的海关监督曾被外国人称作"Hoppo"，即户部的音译，它不仅在正规关税之外以各种各样的名目另征许多附加税，而且强行索要高额贿赂。这种附加税有时甚至达到关税的二十几倍之多。《南京条约》的签订清除了这样的贸易壁垒，规定无论输入还是输出，原则上关税以从价税五分为限，其他税目依协定缴付。虽然除广州的粤海关监督一如以往外，清政府还在福州、厦门设置了福州将军，在宁波设置了宁绍道台，在上海设置了苏松道台，诸列强通过各自派驻领事与其交涉，相互协定税目，但在当时，让清朝的官吏理解协定为何物是比较困难的。

咸丰三年（1853），与太平军对上海发动攻击相呼应，小刀会揭竿举事，上海被其占领，苏松道台逃往外国人居住区避难，上海海关关停。第二年，英、法、美三国领事与苏松道台达成协议，约定由三国各出一名委员负责管理关税。该做法后来通过1858年的《天津条约》得以固定，并在其他通商口岸被普遍采用。

当时，负责关税管理的外国委员（Commissioner）称"税务司"，其总监督一职（Inspector General of Customs）即总税务司必须由英国人充任并驻北京工作，归属总理各国事务衙门并接受其委任，统管各海关的外国人税务司。虽然税务司与之前的海关监督、道台等平起平坐，但由于海关实务全经他们之手处理，之前的中国人海关官吏实际上都成了一种名义上的存在，所以《天津条约》之后，清代中国国家财政的大额财源便全由外国人管理了。

第一任总税务司英国人李泰国（H. N. Lay）于1859年上任。四年后的1863年，英国人赫德（R. Hart）接任

大清帝国

总税务司,在该职位上工作了近半个世纪。赫德不仅管理清朝的财政,还作为清政府的政治顾问活跃在中国的政治舞台上,是当年最了解中国的英国人之一。中国的关税大权掌控在外国人手上,这对于清政府而言是一种国耻的象征。1906年,清政府谋划缩小其权限,未与赫德商量,便将总税务司从外务部——总理各国事务衙门的后身——划归税务处管理。可以说在当年,税务司是一个最具典型性的官职,其中保留着两次鸦片战争的浓重痕迹。

5
太平天国

一 近代思想与活动

异端思想

无论在哪个时代,统治者都会意识到与自己理念不同的势力所带来的危机,从而对相异的信仰和思想进行镇压,以致伤及普通民众,抹杀先锋知识分子的例子在历史上不胜枚举。这一旦变成宗教问题,往往会出现为了扩大势力而发动的宗教战争,另外也会出现思想上被扼杀在萌芽阶段的受害者。统治者一方的思想被认为是正统思想,而与统治者站在不同立场的人均被认为是异端,与邪恶同类。此类例子中,在宗教上,比起这种宗教信仰是如何形成的,作为一个集团采取什么样的行动更引人注目;在思想上,比起这种思想的内涵,似乎思想的形成过程更成问题。

大清帝国

所谓思想,并不是仅仅依靠信仰和普通观念就能形成的,而是由诸多要素在个人或集团之中融合而成,并以著述的形式表达出来的,因此,这些要素及其融合的过程尤其引人关注。但是,思想被打上异端的烙印,始于相同的基础,始于与权力相勾结的派系对其他派系的排斥。在这种情况下,被视作异端的思想其实几乎都与正统思想建立在相同的基础上。

江户幕府将朱子学作为正统学派,虽然古学和阳明学被认为是异端学派,但是信奉阳明学的大盐平八郎发起的叛乱并非因为阳明学是异端邪说。安藤昌益和佐藤信渊等人的思想从一开始就不以此为基础,所以甚至连异端都算不上。如果这样的思想拥有巨大的影响力,并且被正统者认为与其不相容的话,就会被划为异端思想并遭到扼杀,但是阳明学等尚未发展到这种程度就淹没于历史之中了。虽然安藤昌益提倡的"直耕直织安食安衣"和中国的"耕者有其田"一样,都认为普通劳动者至上,但是其弟子也说过"读这本书的人很快就会惊动神灵,让传播者胆寒,让人又嘲笑又憎恶,又怎能不欲将此种思想视作罪恶呢?"

说这种话、写这种文章之所以被视作罪恶,是因为其站在与所有的异端思想者共通的立场上,或多或少都有着变革已经确立好的秩序的期待,或多或少都有着反对现有体制的主张。而且,我们不能忽略:在那个时代,思想也是一种复合体,其中存在与体制相关联的部分。权威主义既强,又存在反权力的权力主义,被视作异端的并不百分之百就是异端。

在中国历史上,从明朝末年开始,这样的异端思想家便层出不穷,正统之人指责阳明学的末流飞扬跋扈、恣意妄为。例如李卓吾(原名李贽)推崇《水浒传》和《三国演义》,认为其为万人必读的读物,并写了《藏书》这样的历史书,将时代依据历史趋势来划分,认为男女平等和商人盈利是理所应当的事情。虽然李卓吾一方面被认为是古今未有之怪人,但另一方面又深受崇拜,甚至匹敌圣人。李卓吾的一部名为《焚书》的著作,深受吉田松阴的喜爱,但李卓吾的思想是在中国具有代表性的异端思想,其书籍在整个明清时代都被视作禁书。

异端行动

李卓吾生于福建泉州,在伊斯兰教的氛围中成长,当过官,但因痴迷于阳明学且沉醉于禅宗思想,辞官之后便住在寺院,一心从事写书和演讲活动。以诸多名士为首,民众之间信奉李卓吾者成群,在南京见到他的外国传教士利玛窦还特意将此事汇报给了罗马。李卓吾始终从事写作和演讲活动,从未参与过政治,却因"扰乱风纪,侮辱

大清帝国

李卓吾《焚书》

圣人"的罪名而被弹劾,受到了严重的迫害,以致他只能和他的支持者一起避开强权四处流浪。

削发为僧,抛却世俗,虽然以世外之人的身份可以发表自由的言论但是也等同于自己主动抛弃了提出这些主张的社会性契机。利玛窦在宫廷里根本没有说动大臣的意图和方法。中国的异端思想,虽然是启蒙的思想,但没有起到启蒙的作用。不,也可以说这些思想一直发挥的作用是,使人相信该主张还存在另外一面。

对于远在汉代,才女卓文君在丈夫死后,爱上司马相如的文才而与其私奔的故事,李卓吾认为卓文君得到了真正的良缘;对于在五代的混乱年代担任过四朝宰相的冯道,李卓吾称赞其为能扼制无用的战乱,在乱世中保护民生的政治家。这些言论在中国具有启发性意义但由于李卓吾把这个写出来、说出来了,以致最终被逼到自杀的境地,从这点来看,人们的思想经历了暂时的启蒙后又退回原点了。异端思想即使发挥了启蒙的作用,但并没有蓬勃发展,这是因为被已经冻结了的社会思想所禁锢。从伦理渗透到人生观的儒家思想,对异端思想的直接攻击进行了有力的还击,但在民间,下面的笑话逐渐流传开来:

> 孔子斥责白天睡大觉的弟子宰予,宰予却反驳道:我明明去见周公了,为什么还要骂我?当孔子说白天不是见周公的时候时,宰予又反驳道:难道周公是半夜里到处溜达的人吗?

起义的本质

这种异端思想、行动,并不是瞬间形成的,而是社会发展孕育的产物。在明朝,地方小都市也成了经济活动的舞台,工商业发达,与农村相比,渔村更加自由和有冒险性,与农业相比,工商业更加自由和有计划性,可以说这

大清帝国

也给予了思想一定的自由。

但是,与此同时,更加剧烈的反对既有体制的运动也产生了。随着手工业在农村的普及,农民的生活开始发生改变,同地主之间的矛盾逐渐增多,进而抗租运动也更加频繁。历代中国历史上频发的农民起义几乎出于宗教性连带、煽动和功利等,但是基于农民解放这种强烈自觉的起义也时有发生。在盲目的暴动中,人们也会逐渐有所领悟。

到了明代,农民认为向地主缴纳的租税应当由地主本人亲自来收,为了实现这一点,反抗地主的"邓茂七之乱"爆发①。虽然这起暴动作为非宗教团体的动乱而被关注,但实际上,越来越多的农民起义利用类似的理论并不断渗透开来,"耕者有其田"的意识不断加强,这就是该起义的本质所在。

虽然这是理所当然的事情,却并不具备一直发展为极其合理的事物的性质。这不仅是因为起义者没有跨越不合

---

① 邓茂七(?-1449),原名邓云,明代中叶农民军首领,江西建昌(今南城)人,原为佃农,后迁居福建。因为杀死地主逃到福建宁化,后移居沙县,改名茂七。1447年邓茂七被编排为甲长,于是趁机率领佃农拒绝送租。次年2月,当地知县下令逮捕邓茂七,邓茂七聚众叛乱。邓茂七在沙县陈山寨宣布建立政权,并自称铲平王。后连破二十余县,"控制八闽",震动三省。1449年2月,罗汝先诱邓茂七攻延平,明军以重兵围攻茂七,茂七中箭而死。——译者注

5 太平天国

法不道德之类的既有规范，还因为随着农民起义的发展，其领导者坐上权力的宝座后会立即变成镇压者的角色，来维持法律和道德。这样的反复，使得农民起义也陷入反复的循环，而且还造成了自觉意识发展的反复。

有评论称当时在中国拥有自由的只有皇帝，皇帝的权力宝座是富有和霸道的象征，但并不是神的宝座，是任何人都可以坐的。这种集所有事物于一人之身的形式，与长时间的习惯一起被认为是最安稳且最轻松的。比起想办法做点什么，让别人想办法为自己做事情来得更加容易，所以皇帝利用武力来实施恐怖政治，利用警力来监督政治，虽然这些仅仅与高层的意志决定有关，但农民起义最终也会与这样的体制进行对决。对于这样的农民起义，统治者会毫不留情地坚决镇压，这是统治者防微杜渐的一贯方针。

合理主义的进步

这样来看，中国历史就像是在一个没有出口的房间里徘徊一样，作为一个民族国家或民族社会，长期积累下来的经验到底会带来哪些东西呢？跟辉煌的文化遗产不同，那应该是一种动荡贫困时期也不会消失，繁荣时期也不会受损的，像生活智慧一样的东西。其为民族自信奠定基础，与社会生活相紧密相连。比如中国商人比起合同更重视信用，而且这种信用甚至拥有让合作方也重视信用的力量。但是这种精神不仅被少数人领会,而且普及到公众,进而成为一般人所遵守的规则并非一朝一夕之事。

这样的行事准则之一即中国固有的合理性,同儒家思想不同,合理的思想和方针与权威和习惯相对立,成为十分有力的工具。例如,农村的自治管理逐渐无法按照地主和有权势的人的想法而进行。这种问题当然出在关键人物身上,自古以来有识之士与常人各占一半,但是与农民起义的频发互为表里,部分垄断难以为继也是事实。推动了这种趋势的是协议的普及还是无法无视的地方舆论?虽然既存在地域差异,又存在时间差异,但是所谓舆论的力量渐渐变大了。但是这样的舆论没有高涨到拥有强大的压倒性力量,支持这种舆论的合理性也没有建立在持续的理论说服力上。

中国合理性的基本要求是通情达理。这一道理以前是指权威,后来逐渐变得人性化,因此它有强有弱。由于该道理不是以数字和理论服人,而是尊重人类的生活,所以人际方面较强,而理念方面较弱,很容易为人信服,却缺乏宣传力。

由于该道理不是通过触动情感、利用情绪的方式,而是通过立足于拥护生存权并告诫强者的特点流传开来的,所以难以变成主义或信条。认为如果不揭竿而起、开创新时代,历史就无法发展的观点是近代欧洲的特点。因此,中国的合理性被认为不具有推动力。但是在中国社会底层已经普遍化的中国式合理性，必定是观察生存于社会底层的民众的线索。

衰退的道路

欧洲文艺复兴曾被认为是"人类的大发现"，一部分中国人也"睁开双眼，发现了人类"，但是文艺复兴描绘了人类的美好和伟大，中国的合理性却表现出人类的丑恶和渺小。在发觉人性的同时，也很容易忽略人性的本质。也可以说，由于不歌颂尊严而以卑微为前提，所以很容易抹杀人性，但不如说是有一种可称之为失败主义的暗流，一旦失势，便会立即失败。习惯了承受一切压力，却不习惯能动地计划，有接纳诸多事物的容量，却缺乏强大的发散能力，这样的中国社会犹如重心变得越来越不稳的大船，每逢动荡，其搭载的东西都险些掉落。

翻开中国历史，本以为呈现在眼前的是一幅华美画卷，谁知看到的却是无止境的衰退与荒废，这是制动失效的构造和易引发崩盘的结构所致。而且中国社会多年积累的成果荒废的速度要比创造的快，事态始终沿着这条路径发展。说好听点，中国社会的复原能力很强，但从各方面的结果看来，中国社会实则退回到了原来的状态。或许正如以下评价的那样，在中国每个人都像沙粒一样坚硬，但社会就像一座沙丘，一旦有强风来袭，便随风快速移动。

大清帝国

因为没有抑制机制,沙粒到处飞散;因为连带规模小,沙粒同时落下。在这样的社会里思考近代时,不论是处于萌芽期的思想还是行为,都必须探讨其在哪里以什么样的方式建立抑制机制。

反过来讲,衰败的历史"蒙蔽了双眼"也好,"抛去了道义"也罢,往往任何评价都不允许被做出。大多数的历史学家并没有掩饰这样的心情。不论是唐末五代十国时期,还是清末民国时期,衰败的历史都遭受了这样的待遇。但是,既有人恰好生在这样的时代,又有人在这样的时代拼尽全力生存下去。就某一事态来说亦是如此,蓬勃期会引起人们的兴趣,而衰退期只是被简单认定为无聊、堕落。但什么是堕落,什么是衰退,与什么让社会兴隆,什么让其流行的问题一样重要,或者更重要。

二 拜上帝会

暴动的核心:会党和教党[①]

清代也和历代王朝的统治时期一样,无数大小规模的

---

① 中文中并无"教党"一词,但因后文中作者对这一概念已有阐述,且中文中很难找到一个完全合适的对应概念,故译文保留此用法。——编者注

5 太平天国

农民运动接二连三，当农业社会成为这样巨大的统一体之时，可以说农民运动是为谋求一种均衡而发生的。一般来说，根据其特点，在记录上将暴动核心区分为会党和教党。

所谓"会党"是指具有强烈政治色彩的秘密结社。康熙年间，出现了天地会、添弟会、三点会、顺刀会、双刀会等侠义类组织，它们含有反政府性因素，后来发展为匕首会、三合会等，在清末有发动反清运动的哥老会、华兴会、兴中会等。

所谓"教党"是指具有宗教色彩的秘密结社。以元朝的白莲教为源头，清水教、天理教、大乘教、无为教、白阳教、八卦教等诸多名称不时出现，其以民间信仰为基础，成立相互扶助的组织，有时也发起疯狂的暴动。

关于两者起源的传说不相同，其传统也不一样，但成立集团后的行动并没有多大差异。鸦片战争后，基督教十分盛行，其信者被称作教徒，教徒一旦同本地百姓发生冲突，就被划归为同其他宗教团体之间的冲突事件，这只不过是官员在记录上加以区别以作为逃避责任的借口罢了。不论是会党还是教党，虽然名字不同，但内容和特性是相同的，其成立集团发起行动的模式相同，这点基本上不管在哪里都可以看到。在中国，与其探讨集团的核心是否具有宗教性，或者集团的扩张是否具有地域性，不如探讨官

大清帝国

僚阶层同农民阶层之间的亲疏远近,后者可被视作决定性条件。随着清朝官僚体系的不断膨胀,诸如官员残暴无理、官逼民反的事情已成常态。疯狂剥削富农,残暴镇压贫农的事例即使有所减少,也随时潜藏着一种社会动荡的因素。

此外,鸦片战争后的中国官僚还必须意识到让自己抬不起头的外国势力的存在。他们甚至回忆起了在满洲人面前抬不起头的压力,双重压力下,除了将其转嫁到百姓身上外已别无他法。比起因支付赔款而加重的赋税,我们更不能忽视的是因外国商品的冲击而愈发困难的经济给百姓带来的压力。也就是说,一旦发生起义,就会是比曾经的白莲教起义规模更大的起义,而这种起义正在酝酿当中。

中国的基督教

明末清初,天主教各派传教士来到中国,带来了欧洲的文明,传教士进入宫廷,以王公贵族为对象开展布教,并以此为基础尝试向全中国推广。因此,与之相伴的文明也几乎都是适用于宫廷的,渗透到中国社会的出乎意料地少。例如,虽然人们对其有所了解,但连抽水用的气筒这种最实用的工具都没有被普及。因此,在中国,不仅没有产生日本岛原的农民那样的狂热信徒,甚至连以前接受伊斯兰教徒时的反应都没有。

5 太平天国

不过，即使基督教布教痕迹不明显，也不能说完全没有混入民间信仰或潜入道教。但与传道的热情相比，其反响之小，使中国也和印度一样看似在顽强抵抗。传教士为亚洲人的顽固而哀叹，而不论是中国还是印度，就算相信传教士的善意，也无法忍受其强加于人的行为。

但鸦片战争之后，新教徒介入传教开始让事态改变。1820年左右，英国传教士米怜（William Milne）通过在马六甲的传教，在当地华人圈内收获了不少教徒。新教徒以普通民众为对象传教，在华侨这样移居海外的人中，追随这一新信仰的人也有很多。

米怜的信徒中，马六甲教会的排版工人梁阿发写了《初学便用劝世良言》（又称《劝世良言》）这一基督教入门书。这本面向中国人的书，当然会在广州的街头散发宣传。但同天主教一样，1826年，最先在中国传播新教的英国传教士马礼逊（Robert Morrison）回忆道，他从来广州传道到1834年去世的八年间只皈化了不到十个信徒。

明朝末年，虽然利玛窦穿着儒家的衣服，承认中国化的天主教，但这样的方针并没有被罗马教会所认可。像中国和印度这样的国家，已经建立了自己的世界，不管是语言、宗教还是美术，其他民族的东西如果不被重铸为自己的东西的话，就无法在全国通用。中国的佛教也好，回教也好，都是这样。此外，既然基督宗教拒绝了这种重铸，那么可以说,看着传教士背后的军队和盛气凌人的商人,再看看落魄的自己,中国民众可能已经本能地意识到这种格格不入了。

洪秀全的基督教幻想

1836年,洪秀全来到广州参加科举预备考试,得到了梁阿发的《初学便用劝世良言》。据说他是在广州的龙藏街从一个路旁的传教士手中拿的。但是,这次经历并没有让他皈依基督教。

洪秀全生于1814年,是一个广东省花县官禄㘵村农民洪镜扬的三子。两个哥哥分别叫仁发和仁达,洪秀全本名叫仁坤。花县一带都是客家人的村庄,他们是来自广东、广西的移民的子孙,与原住民(本地)的村庄相比,这里多为贫农。洪家也是这样,虽然族谱可能是伪造的,但根据族谱,他们是南宋名士洪皓的子孙,洪皓的孙子辈来到福建后分散到南方,洪秀全是从嘉应州移居花县的第四代。他虽然贫穷,但喜欢学习并立志科举中举,在担任村里私塾老师的时候,参加过三次考试,三次都失败了。失望至极的洪秀全卧床四十天,在生病期间产生了幻觉。

他被很多人和鸟兽引领着,洗净自己的身体,登上天庭,在辉煌的宫殿里见到了金发黑衣的老人。老人说世上的人类都是自己的孩子,感叹自己虽然养育了他们,但他

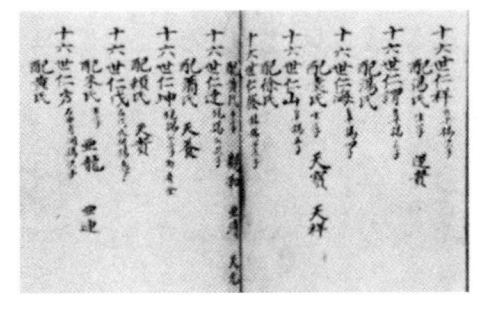

洪秀全家谱《万派朝宗》（右图为封面，左图第十六世的洪仁坤即洪秀全）

们谁都不会想起自己，反而崇尚恶魔。老人给了洪秀全一把剑和印绶，让他用剑讨伐恶魔，用印绶来保护自己。他不断挥舞着剑与下界的恶魔战斗，据说回到宫殿后还会有天女来接待。

住在香港的传教士韩山文（T. Hamberg）所著的《洪秀全的幻想》（1854）中对此有所介绍，这个幻想早已成为有名的中国基督教发祥的机缘。洪秀全看到自己的幻境之后，又翻阅了以前得到的《初学便用劝世良言》，发现其中的故事与自己的幻境出奇地一致。他认为幻境中出现的老人就是书中的耶和华，从旁激励他的就是耶稣，他确信自己就是耶和华的儿子、耶稣的弟弟，恶魔就是以阎罗王为首的诸多偶像，他抛弃偶像皈依耶和华门下，并常怀感激之心，认为土地、食物和衣服都是耶和华的，所以要均等分配给大家，大家没有贫富差距，活着的时候生活在地上的天国，死后前往天上的天国。

这样的信仰之后渐渐被基督教润色了，但原型完全是中国的东西，除了认为平等思想专属于基督教的人以外，大家都会想到平等分配本来就是人类原始社会的智慧。以阎罗王为首的偶像的威慑作用也与朴素的恐怖相关联。可以说，被科举拒之门外的洪秀全，成了中国既存诸权威的弃子，他转而向耶和华寻求新的权威。之后，虽然洪秀全想在广州接受美国传教士罗孝全（I. J. Roberts）的洗礼，但据说因他还没有完全信仰这种宗教，最终被拒绝了。

洪秀全、冯云山的拜上帝教

洪秀全在莲花塘当教师的时候将孔子像撤去，并开始向周围的人宣传他的信仰。村里人都认为他病情复发遂将他赶出了私塾，但是他的亲戚李敬芳、洪仁玕以及跟他一样也科举落榜的冯云山却与他意气相投，一起拜上帝，成立了将耶和华奉为唯一神灵的教会。基督教的教义和礼仪都是后来逐渐添加的，显然，当初他们改变心意，并不是出于对既已体系化的基督教的憧憬，而是出于对平等的回归和对旧权威的反抗。但是，这也没有引起大多数人的共鸣。首先，他们在家乡花县附近经商的同时进行传教，但反响很小。因此，洪秀全和冯云山来到广西东南部，向当地贫穷的客家人传教。

5 太平天国

冯云山在偏僻的山里传教，收到了很大的反响，而洪秀全暂且回到家乡，同洪仁玕一起拜访了广州的罗孝全，又编著了几部著作。但是，广西的冯云山与其客家信徒们被卷入了同当地原住民之间的争斗，屡次引发政治问题。

洪秀全也在这个时候急忙从罗伯特那里回到了广西，拜上帝教的教众每受一次镇压，其所具有的反官府色彩就更强一分。据韩山文（Theobore Hamburg）所说，广西贵县的一户姓温的富豪将客家人的女儿纳为自己的小妾，当时温利用重金迫使客家女儿解除了原婚约，于是本地人和客家人发生了冲突，由于客家人以拜上帝教的信徒为依托，因此教徒全部被卷入了这场争斗之中。

在当地的部落中，因利益的对立和生活的差别，部落之间的争斗并不少见。在华南，带上武器作战的"械斗"越发激烈，一旦发生饥荒和疫病，冲突就会频发。不仅如此，还有土匪、流寇横行，社会一片动荡。一般来说，这些集团行动都可以说是以总称为"天地会"的会党为中心，或者是会党逐渐加入行动的，但在广西的客家地区，拜上帝教代替会党参与其中，势力逐渐扩大。

金田起义

道光三十年（1850）年七月，洪秀全命令拜上帝教教众在广西桂平县金田村集合。地方政府开始严格监视拜

大清帝国

上帝教，他们越是想方设法试图解散拜上帝教，教众们越是反抗。当拥有武装的农民和山里的民众发展到数千人的时候，洪秀全和冯云山决定开始公然地反抗政府，他们想要掌握持续发生的农民起义的主导权。

第二年的一月十一日，重要人物都在金田村的富豪韦昌辉家集结，宣布发动起义。据说起义日期定在洪秀全的生日那天，所以洪秀全被拥立为起义的盟主，而冯云山、杨秀清、萧朝贵、韦昌辉、石达开、秦日纲等成为起义的核心人物。

拜上帝教的教众一揭竿起义，附近的天地会党徒也一个接一个地呼应。外号"大头羊"的张钊，外号"大鲤鱼"的田芳，外号"倦嘴狗"的侯志与罗大纲等头目也带着自己的手下相继加入。加入洪秀全麾下的八个会党头目缴纳了米、牛、猪等贡品，而拜上帝教将十六名传教士分派到各地。然而，据传，十六名传教士中有一人因没有将自己获得的报酬上交拜上帝教而用作私用，就被斩首了，于是头目们开始觉得拜上帝教的教规过于严格，自己无法遵守，所以除了罗大刚外，其余七人都脱离拜上帝教投靠了清军。此时，还有一种说法是洪秀全自己未曾加入会党，他认为会党高喊复兴明王朝的口号现如今是毫无意义的，更何况会党崇拜恶魔，立下三十六个誓言，其起义目的已经变得低等且毫无价值，所以他并不重视这些人。

拜上帝教进行这种肃清活动的事情甚至经由香港传到了欧洲。虽说这样的兴奋状态是运动初期的一种共通表现，但对拜上帝教来说，这或许是出于直属于耶和华，离天国最近的这种自觉。不久后拜上帝教自信取得了许多民众的信任，为了回应这种信任，它又强调了自己的纯洁。当然，在紧张局势下，这种肃清运动还会持续一段时间，但是它最终会以何种形式固定下来，或者如何走向腐朽，才是体现该农民运动的特点之处。因此，研究历史之人需要敏锐的洞察力和清晰的判断力。

三　太平天国的发展

太平军的攻势

起义一旦发展成反政府的军事行动，就不会在中途停止。广东和广西周边是问题多发区，即使是清朝配置在当地的部队也不能轻视太平军，陷入了一胜一负的苦战之中。

起义之初，太平军势如破竹，攻陷并占领了永安、州城，之后便制定军政和军纪，封杨秀清为东王、萧朝贵为西王、冯云山为南王、韦昌辉为北王、石达开为翼王，更加巩固了已经被封为天王的洪秀全的势力，从而开始官制

大清帝国

和历法等的拟定，为建立新王朝做准备。据当时的美国传教士卫三畏（S. W. Williams）说明，该王朝的正式名称为"平"，根据清朝的"大清"的定名规则称"太平"，以"太平天国"作为国号。

太平军占领永安半年后，就被清军包围且粮道被切断，因此太平军放弃了永安城。太平军起兵的消息一传出，军中许多头领的家属都在广东省被抓并受到迫害，但是，太平军占领永安之际，观察形势、趁机谋乱的广东官吏也大有人在。

清朝刚刚继位的咸丰皇帝起用了林则徐去剿灭太平军，但因其在潮州病死，改为赐予蒙古正蓝旗的赛尚阿尚方宝剑，命其平乱。大概是一座城市的沦陷让咸丰皇帝意识到了事情的严重性。赛尚阿在永安逮捕了天德王洪大全，将其送往北京，并以此邀功。

太平军放弃永安城后，虽然转攻广西首府桂林，但围攻了一个月也未能将其攻陷，便转为向北进军，攻破了全州，进而沿湘江进入湖南省，攻陷道州、郴州、永兴等地，呈现秋风扫落叶之势。这样的行为几乎和流寇相同，也就是说他们通过到处转换阵地不断扩大自己的势力。在"攻打道州，会党响应"，"攻打郴州，会党也响应"，"从郴州向长沙进军，会党做向导军"的情况下，部队进攻之处，都有秘密结社铺路，并负责粮草和部队的补给。

5 太平天国

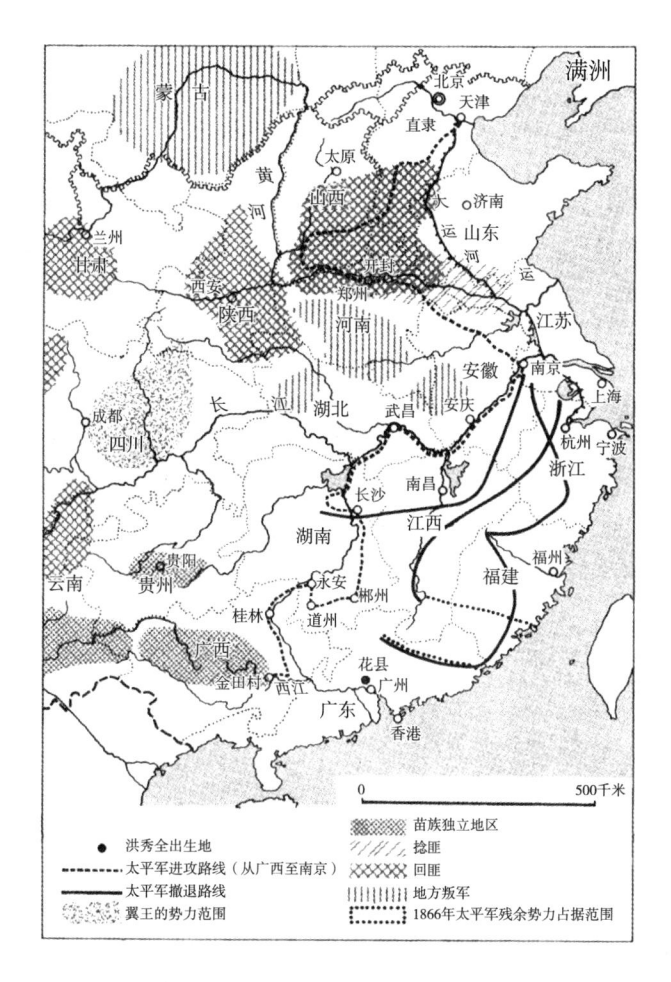

呤唎所绘太平天国图

在此期间，南王冯云山战死，率领先遣队偷袭长沙的西王萧朝贵也战死。于是，不断失去战友的头领们的殉教热情越来越强烈，萧朝贵身上的纯洁品质也清晰地浮现在

大清帝国

了大家的脑海之中。

太平军行军途中有严格的戒律，即使是夫妻也不能行房事，萧朝贵的父母被发现有一夜同床共枕过，因萧朝贵是洪秀全的妹夫，东王杨秀清主张宽大处理，但是萧朝贵主张立即斩杀双亲。该戒律之严，是不断膨胀的自信约束自我的自律性，还是以儆效尤的恐怖政策的表现？不管是哪一种，都是狂热所致，所以恐怕两方面的原因都有吧。

太平军虽然毅然发起了对长沙的总攻，但最终没能攻陷长沙，进而渡过湘江向西进发，占领益阳后缴获了数千艘民船，而后他们渡过洞庭湖占领了岳州，到了长江袭击汉阳，夺取汉口，在咸丰二年（1852）末冲破武昌城门，夺取了武汉三镇。这时太平军已然发展成五十万人的大军。

随着军团的不断扩张，太平天国开始逐渐整备组织，废除私有制，财物全部上交圣库，设立进贡所接受贡品，整理户籍制度，建设女馆以使部队男女分开居住，建设老疾馆以收容病人和老人。加入军队的大多为小农、矿山的劳动者，或者靠体力运输谋生的劳动者等贫苦人民，都是携家带口从军的人。不仅仅是太平天国，对于世界各地的无产主义的军事运动来说，与行动相伴的原始的平等主义都是不可或缺的条件。

另外，太平天国的领导人物自称天授玉玺，让民众高

5 太平天国

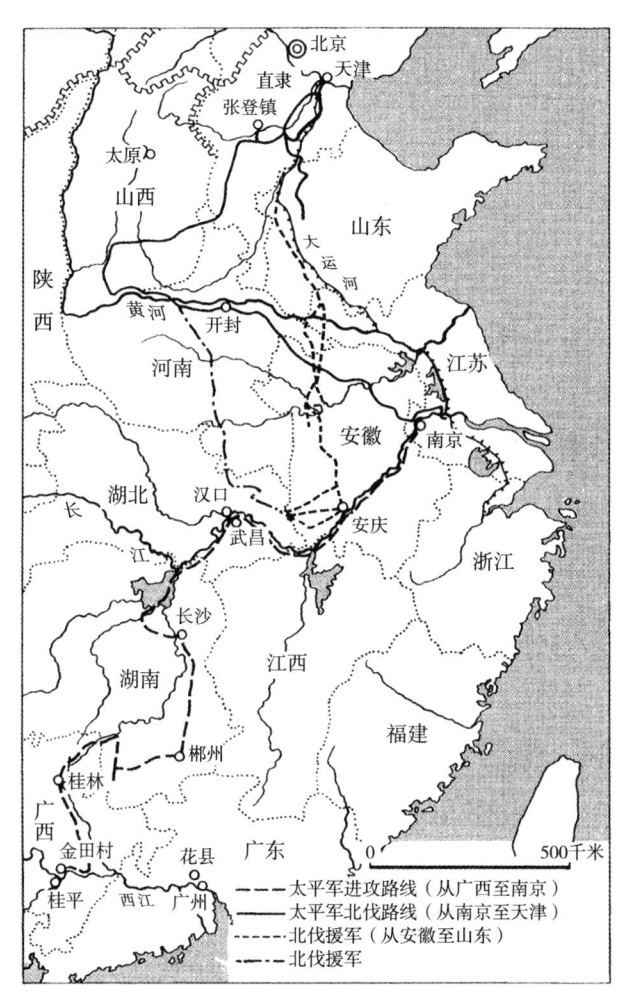

朝廷所绘太平天国图

地图图例:
- ━ ━ ━ 太平军进攻路线（从广西至南京）
- ━━━ 太平军北伐路线（从南京至天津）
- ╌╌╌ 北伐援军（从安徽至山东）
- ━·━ 北伐援军

呼万岁以彰显天王权威，通过选妃选出佳丽六十人作为天王的侍妾，还没有确立政权就已经染上了旧王朝的恶习。

大清帝国

太平军的首脑中，天王洪秀全、南王冯云山是穷书生，东王杨秀清、西王萧朝贵是客家的烧炭工出身，北王韦昌辉、翼王石达开是富裕的地主，这些人吸引了一些有知识的人和地方上有权势的人，他们对太平天国是有想象并有期待的，但作为新王朝的核心，他们缺乏符合这一想象的具体构思。他们以为只要有强大的权威，就能成就变革的王国。

定都南京

在占领武汉三镇之前，太平军在主动进攻的同时也受到清军的追击，被称为所谓的流寇。放弃武汉后，他们驾驶万余艘军船下长江，准备攻占南京之时，后面追击的清军也没了踪影。从此前从未攻下桂林和长沙这样的大城市来看，他们当初没有考虑广州这样的南方据点也是理所当然的，而且在武汉，他们针对下一步以何处为据点展开讨论也是理所当然的。据说幕僚钱江曾劝说天王不应该守武昌而应该直接进攻占领南京。但还有一种说法是太平军一开始就瞄准了南京。同时，据说胡孝先劝说太平军占领西安，天王、东王准备从南京进发取洛阳作为据点。但是他们已经坐拥可以打下全中国的军队，那么作为平定全国的据点，还是南京最为合适。

太平军从武昌出发，分两路水军下长江，两周之后攻陷安庆，一周后拿下芜湖，又过一周便兵临南京城下。据说太平军有男军一百八十万、女军三十万，女兵们的表现也都十分出色，而清军好像是泄了气一样无精打采，但是南京的攻防战仍然十分惨烈，历经十几天的苦斗。太平军企图挖地道炸毁城墙，清军则挖战壕防御，驻防南京的三万八旗子弟誓死守城，但南京还是在咸丰三年二月十一日（1853年3月20日）沦陷了。

这一消息在第二年也传到了日本，据说南京城血流成河，但这一消息传到欧美却成了清军基本没有抵抗。天王进入南京的两江总督府，将其作为天王府，改南京为天京，将其作为新王朝的大本营。太平军在南京开展了"搜妖"行动，抓捕残余清军；布告百姓，令其拜见上帝；设立男馆、女馆，称新编入太平军的男子为新兄弟、女子为新姐妹，让广西过来的老兄弟、老姐妹监督他们，成立教会让大家唱赞美歌。这样的政策与血腥的交战同时进行。

金田起义以来的两年半，"奉天诛妖"、"谕救世人"、"奉天讨胡"等言辞激烈的檄文大量出现，在想要一鼓作气打倒清王朝的过程中，他们袭击并掠夺政府和官员、地主和富商，所到之处破坏偶像，有很多道家的神像、儒家的孔子像、佛教的佛像被破坏了。当时，有中国最美宝塔之誉的南京琉璃宝塔也难逃一劫。

大清帝国

虽然太平天国确定了首都,但还没有完全拥有自己的领土。太平军立即从南京开始向下游进发,占领了镇江、扬州,又进军上游,再次占领安庆,北伐军向北出兵攻占安徽的滁州、凤阳,并开始向江西的星子、南昌南下。太平军以南京为中心,为在长江沿岸及其南北的平原地区扩张领土而展开了军事行动。

倾心加入太平军的名人呤唎(A. Lindley),1866年在伦敦出版了他的著作《太平天国革命亲历记》,书中插图里划定的领土是设想中的华南的广大区域,但事实上,确定的领土仅仅是南京附近的州县和连接的路线而已。虽然领土是由点和线所构成的,但是清朝派钦差大臣向荣和琦善分别在南京东部的沙子岗和扬州城外的雷塘集建立江南大营和江北大营,作为清朝的据点,始终保持着要在太平军的怀中深深插入匕首的姿势。

太平天国的施政

中国历代起义中,太平天国的规模之大以及其颁布政策的特殊性的确值得人们去关注。太平军比建立明王朝的朱元璋的军团还要强大,其爆炸式的扩张也是无与伦比的。在今天,如果我们对这些抱着为什么会这样的强烈好奇心的话,就会仅仅去追寻太平天国的特殊性;相反地,如果我们故作冷静地认为这在哪个时代都一样,并不足为奇的话，就会发现其全都是中国以往的陈腐之物。

关于太平天国的政策，不同学者的解释更是呈现出了巨大差异。有的学者认为：太平天国的政策只不过是罗列了中国自古以来的理想，主张汉代整理而成的《周礼》中的大同世界，而且我们也无从知晓其对这些政策推进到了何种程度。古代中国一直想要实行均田法，虽然取得的效果并不明显，但是干劲十足。正因如此，所以说太平天国的政策也是非常适合专制统治的。下面我们就来看看太平天国实施的是什么样的政策。

攻占了南京的那年，太平天国颁布了天朝田亩制度，将新王朝的理想具体化，禁止耕地私有制，将国有耕地均分给人民，收获的剩余部分上交国库，不允许积累剩余农产。将耕地分为九等，一亩地一年两次收成达到一千二百斤的土地作为上上等土地，向下每减少一百斤收成，土地等级降一等，四百斤收成以下的田地为下下等土地。所以分配土地时，上上田一亩相当于：上中田一亩一分，上下田一亩二分，中上田一亩三分五，中中田一亩五分，中下田一亩七分五，下上田二亩，下中田二亩四，下下田三亩。没有男女差别，十六岁以上的人每人可以得到上上田一亩地等量的份额，十五岁以下的人每人分得一半。

比如一家有六口人，就是三个人分到好田，三个人分到烂田，还力求劳动的均等。在实施上，大约二十五家为

大清帝国

一组并设立一名责任人,让其负责管理钱、谷的收支;还分别设立国库和礼拜堂,庆祝活动也平等进行;法律、教育、服役等也都以组为单位,并以组作为军事组织的基础。同时每家五只母鸡、两头母猪,财产也均等分配,木匠、泥瓦匠的工作也和农耕一样划分,在农闲时期进行军事训练。

对于一个成年人来说,一亩半的中等耕地大约有九百平方米,不能说很充足,而且还远远低于当时江南自耕农的平均水平。但是在人口众多的南京附近,这是能够实现的数字,而且这样的水平已经让很多佃农和雇农感到满足了。为均分而没收的土地,不仅有来自官僚、富商和地主的土地,还包括祠堂、寺庙、会馆的所有地。但是似乎新政府并未认识到实施这些基本政策到底需要多大的毅力。戒律是十分严格的,交战中的紧张感往往化作鞭子,能够鞭策人们坚持自己的主张,但是头领们热衷于建立权威的等级,就好像其主张通过权威就能强制实行一样。

北伐及其失败

定都南京的太平天国在着手扩张周边领土的同时,为了进攻北京,册封李开芳为定胡侯,林凤祥为靖胡侯,吉文元为平胡侯,令其向扬州进发,从江苏到安徽,向西北进军河南、攻打开封,渡过黄河向山西东北部进军,1853

5 太平天国

年 10 月,太平军已兵临天津城下。这样的阵势可与从广西出发拿下南京的阵势相匹敌,但不同的是,过去那种军队的迅速扩大、与之相呼应的会党的行动等明显减少了。这是因为华北的百姓不如华南人那么狂热,还是因为会党的特点不同,或是因为以广西的老兵为核心的北伐军欠缺了与华北人的沟通呢?虽然北伐军破坏偶像、深信拜上帝教的热情更加高涨,但是粮草的补给很困难。

太平军逼近京城,令清朝十分震惊,虽然清政府起用了猛将僧格林沁进行防御,可还是疏散了三万户北京的市民。在冬天攻打天津的太平军饥寒交迫,为援救他们,太平天国从天京派遣黄生戈等人率队同安徽的捻匪会合,一起北上,却在山东的临清州被清军包围而陷入孤立状态。北伐军虽然退到阜城,但吉文元在这里战死,李开芳和林凤祥本想再退一些同援军会合,但林凤祥被僧格林沁包围,李开芳也在高唐被清军包围,他们死守了十个月左右,1855 年所有援军都相继被消灭,北伐军的北京强袭计划就这样化作了泡影。

北伐军的大败,对太平天国来说是一个重大的打击,他们损失了大半纯粹的太平军战士,所持有的反旧体制的信念渐渐褪色。即使不是这样,他们也早在定都南京那年就决定要恢复曾经最憎恨的科举制度。也就是说,从 1854 年开始,在太平天国历法的每年十月举行天试,更

· 261 ·

有每年三月三日进行的文官秀才选拔考试和三月十三日进行的武官秀才选拔考试，五月五日和十五日进行的举人选拔考试，九月九日和十九日进行的进士选拔考试。考试题目出自政府依次发行的二十几种著作，这些工作都由太平天国第一文人何震川来推进。既然以科举来选拔官吏，那就必须整备与之相符的官职体系，诸如将官职分为十六等，制定礼仪等，旧官僚体制又被原封不动地重现了。

虽说太平天国打着基督教的旗帜，但是因为统治的模式只有王朝一种，所以将自古以来的东西复活也是当然的，而在其运行当中如何保证公平，怎样贯彻平等，可以说关乎该运动的历史意义。

当时，可能是因为来到天京的英国使节和法国使节都对太平天国有着某种期待，他们不得不承认新王朝是公正的而且不对外国势力谄媚。即使这样，太平天国所信奉的上帝到底会成为博爱的神，还是作为权力象征成为让人恐惧的神呢？太平天国还将面对一次次的考验。

四　对太平天国的评价

同时代的观察

十九世纪后半叶，世界各地新旧势力冲突激烈：日本的倒幕运动、印度的民族大起义、美国的南北战争、东欧的克里米亚战争、西欧的意大利统一和德国统一进程的推进。得到了中国内乱信息的地区，也根据各自的利害关系进行观察。

特别是锁国的日本深受鸦片战争信息的冲击，对之后自然会发生的内乱非常关注。吉田松阴写了《清国咸丰乱记》，其中虽提到近来的风闻都只是妄语，但当时的日本正好是俗书妄语风行之时。从太平天国攻陷南京的嘉永六年开始，滞留长崎的中国商人们带入了《海外异说》、《清国骚乱话》等题材的风闻，《和兰陀风说书》也传了进来，这些使大家相信南京的陷落和新王朝的成功是真实的。

《鞑靼胜败记》（江户时期流行的取材于太平天国运动的小说）

然而，将风闻改编成虚构的故事，作为读本而出版发行的小说相继出现，不仅在江户、京阪地区，甚至在整个

大清帝国

《盾鼻随闻录》（日本出版的关于太平天国的史料，参考清朝方面的记录）

日本都有流传。当然书店也是紧跟潮流的，这些书籍的内容大致相同，都是讲述清朝没落、讴歌新王朝的，但是不能将其一概看作日本人的隔岸观火看热闹。因为在日本有一种期待着什么发生的强烈迹象。

到了次年的安政元年（1854），事情发生了变化。《满清纪事》、《粤匪大略》等来自清朝方面的报告传了进来，在胜负尚难预料之时，就已经开始流传起太平天国被平定，清朝必定胜利，新王朝必定走向没落等风闻。随之，各种读本的续篇在太平天国还没灭亡之时，就已经开始描写新王朝灭亡、期待他们东山再起等内容。

如果将这种现象看作百姓见异思迁、迎合权力的行为，或是信息来源不同造成的自然反应，那就不是研究历史的应有态度了。日本人担心同样的事情会发生到自己头上，因此自然有些神经质。在幕府的警察力量还未衰落之

5 太平天国

时，为外国的新王朝拍手叫好也还是很危险的。有趣的是，日本当初传闻这是一场反清复明的运动，完全没有提及该运动关乎基督教主义。这就是一个"可能是这样吧"的主观推测决定了史实的好例子，日本的态度与欧美将其作为基督教国家来宣传的事例形成了很好的对照。

但进入文久年间，千岁丸号西渡到上海，日本人了解了实情后回国，有了高杉晋作的《游清五录》、纳富介次郎的《上海杂记》、日比野辉宽的《赘肬录》等，他们在上海的感触和理解，使人们很自然地将太平天国视作贼党，这也决定了之后日本人对太平天国的评价。例如《上海杂记》中写道："长毛贼起初说要复明，现在却只信奉天主教，迷惑愚民，处死违逆者，一味胡作非为。这也是因为贼中将领或战死，或投降。"

因此，即使向人们介绍太平军的信义和公正的态度，太平军也还是会被当作贼人来对待。

起初为在亚洲建立最初的基督教王国而拍手叫好的欧美人，也并非全都认可太平天国的基督教。来日本中途的佩里提督记录了1853年5月在上海的见闻，叙述了中国不稳定的政治情况："主张恢复旧王朝的革命军，占领了半壁江山，以南京为据点，但主人公否定现在的中国宗教，鼓吹美国的摩门教信仰。"

很多人对于太平天国的基督教本质抱有疑问，这之后成为一般化的观点,但也有人像当初在香港的韩山文和之后跟随太平军的吟唎那样,不怀疑他们是基督教徒并对其加以赞美和宣传的。观望形势的欧美各国,一边宣扬清朝是愚昧的,太平天国是公正的,等等,一边判断太平天国只是暂时的,将来还是要依靠清王朝,在他们决定援助清王朝后,才开始对太平天国有了固定性的评价。

历史评价

在日本,最先把太平天国作为历史加以记述的是明治十二年(1879)发行的曾根俊虎的《清国近世乱志》,虽然作者目睹了起义遗留下的血淋淋的伤痕,但他以平静且极其客观的笔触进行了记述。他以清朝记录为基础,参照外国人从军记,整理起义的来龙去脉,不称太平军为"贼",而是写作"敌人"等,这是外国武官观战记风格的叙述。但是在书中太平天国这一名称并未出现过,内容也未触及新政府的政策等,只是追溯了战乱推移的过程。

在之后的明治时期,太平天国运动的意义和价值仍未被承认。大正元年(1912),田中萃一郎首次指出了"太平天国的革命意义",呼应了以下观点,即当时清朝正在瓦解,中国处于发生革命的时期。田中博士在伦敦调查了讨伐太平军的戈登(Charles George Gordon)的文件,也看了太平天国的出版物,才得出了以上见解。

5 太平天国

虽然之后并没有让日本人对太平天国产生更大兴趣、更多关心的新契机出现，但是进入昭和以后很多见解被陆续提出。与一般将重点放在太平天国的民族主义和阶级斗争上相对，鸟山喜一在昭和九年（1934）的《太平天国之乱的本质》一书中，试着将其定位为宗教运动。这一观点与昭和二年（1927）矢野仁一将义和团看作宗教运动的观点相呼应。

即使有以上这样的观点，但大多数人还是认为太平天国运动是农民战争，有其革命意义，更与中国的解放运动相连。以此为前提，后来才能解决一个又一个的问题，这样的评价便逐渐固定了下来。一方面是因为国民政府、人民政府都想采取将太平天国作为革命的第一步来彰显的政策，另一方面，或许人们发现被称作无赖之徒或暴民的未必全都是非法集团和龌龊民众这点也起到了一定的作用。

欧美当时以政治性目的为出发点，提出了很多报告书，特别是英国通过赞美援助清朝的戈登将军来装点维多利亚女王的太平盛世，因而出现了蔑视参加太平军的吟唎，认为其著作《太平天国革命亲历记》是伪书的风潮。但是，1908年伦敦的《泰晤士报》报社编纂了《历史学家的世界史》，其第二十四卷把从黄帝到明代的中国史作为第一节，清朝为第二节，太平天国为第三节，洪秀全为第四节，太平军的进攻为第五节，上海的国际贸易为第六节，之后的是现代历史。虽说很粗糙，但将太平天国以前作为中国前史还是第一次，如果要探讨当初可以取代清朝的朝代的话，非太平天国莫属。

1934年，美国的维克多·A.雅洪托夫（Victor A. Yakhontoff）出版了《中国的苏维埃》，认为中国的苏维埃历史从太平天国开始，其最大的意义是农民的革命运动，其次是受欧洲影响的道德和宗教的新运动，第三大意义是反对清朝的政治运动。虽然这样的评价明显体现了作者的观点，但要判断太平天国本身期待按照什么顺序来实现自己的目标还是很困难的。可以想象，太平天国的很多首领都认为推翻清朝是第一位的，宣扬新宗教为第二，农民解放为第三。但是太平天国所包含的各个阶层中还有其他的期待，其顺序也是各有不同的。

这种评价在中国是最明显的。明治三十七年（1904）前后，留学日本的宋教仁打算建造洪秀全的铜像，招募同志，孙文年轻时曾以洪秀全自居，洪秀全成为革命的象征，太平天国被视作新时代的先驱。但是，不久后他们分析了太平天国所包含的各个阶层，就开始认为首领洪秀全和杨秀清是贫农意志的代表，洪仁玕有资本主义的倾向等。

在中国的历史观中，有跨越时代将历史上的人物原封不动地带入现代的习惯，这样的个人评价近来似乎特别盛行。而且对于历史上的诸多问题，只关注其初创时的新鲜，而不会将焦点放在其衰退的哀歌上，这点也同样很明显。但是实际上，个人的志向和性格在事情经过中是怎样贯穿始终的，或者事态是如何发展成熟的，进而为什么会衰亡，这些方面的问题更多。

遗留的种种问题

中岛端曾在大正初期将太平天国与清朝义勇军的湘军之战评价为广东人和湖南人的战争。由此可以看出，中国人的乡党意识之强烈。昭和二十年（1945）左右，佐野学于战争时期在狱中写了《清朝社会史》，他将太平天国看作革命而大加推举，但是当时有很多人不愿意称之为太平天国，而称之为长毛贼，甚至有人公开说那并不是真正的历史。这并不是出于"政治是世俗之事，而非人生雅事"的风雅之心，而是出于不愿涉足政治的怯懦和历史观的固定等。但是，对此表现出兴趣，调查、整理相关史料并最终得出见解的人也很多。如果提取其概略来看的话，我们自然而然就能明白他们到底思考的是什么。

如果承认以太平天国的爆炸性扩张和其特殊性为前提，当然首先会关注福建、广东、广西相继爆发的民乱及其时代背景，但是并没有特别的新发现。有观点认为：太平军中有女子军，不缠足，用天生的脚来从事劳动，但这也是客家的习性，并不能称为女性解放；既然有女子军，并且被编入了组织，那么科举首开了女子考试，是这种活动的延续，而并非学习男女平等的观念；等等。

另外，当初从广西开始行军之时，少数民族的苗族和僮族（后改称壮族）也有参加，有人认为这成为强韧的牵引力；此外，也有人认为很多知识分子以不即不离的形式利用这股力量，并不断追寻能印证这一点的踪迹。但是，爆炸性扩张和集团的特殊性就像海市蜃楼般，如果我们过于强调这一点，就会发现太平天国表现出来的全都是与以前的起义同类型的活动、同类型的性格。所谓研究或许原本就是如此。

因此，有人认为在中国唯一的基督教主义的思想内容及其对行动的影响是强烈的动因。如果我们逐一调查他们发行的二十九种出版物，探究其与原著的差距、翻译过程中的中国化和领导集团内部的个人差别等，就能发现人们通常认为的正是基督教影响了太平天国运动的这一幻影便会消逝。虽然我们相信以洪秀全为首的几位狂热信徒的存在和礼仪性礼拜的严格执行等，但这对政策的决定和执行究竟有多大的影响力度，似乎并没有可衡量的尺子。这是因为中国自古以来的地方政治都依靠地方官的个人力量，既有循吏也有酷吏，既有美俗也有腐朽，所以基督教信仰在多大程度上加强了太平天国的连带感并不为人所知。

初期排他性的激烈破坏结束后,太平天国又回归了儒教。虽然他们尝试过根据拜上帝教的教义修订四书五经,但并未实现。即使排斥孔孟,也不能废弃人伦;即使憎恶官僚,也不能扔掉官僚制度;即使反抗权威,除了建立新权威外也没有其他的统治之道。因此,可以说无论怎么分析制度和组织,都很难发现决定性的材料。

但是,有些事物开始在潜移默化中悄悄发生改变,例如文体和称号等之中开始随处可见庶民用语和表达。这种现象并不仅限于太平天国,而是从清代中期开始,随着书籍也成为读书人以外人群的必需品,尺牍(书信)和商业文一般化而产生的一种倾向,该倾向见于太平天国资料这一点,作为王朝母体降到更低的阶层或者分散到更广阶层的证据,引人注目。

鸦片战争以后,中国置身于国际问题中,太平天国和外国间的关系也经常被提及。初期太平天国也如同清朝一样自大,不论英国、美国还是法国都认为其成功率很高,因而保持了中立。但是各国最终还是以关税为理由,不是选择太平天国而是选择旧制度的清朝,太平天国犹如变成了一个孤儿。或许在这种孤立化和没落过程中的太平天国才能进一步发现太平天国的特色,这可能是最应该被探讨的问题。

五　太平天国的灭亡

天京内讧

将南京作为天京，建国三年来似乎终于走上建设轨道的太平天国，由于一场血腥的内讧，曾经紧绷的纲纪犹如断弦一般逐渐废弛。拥护天王的东、南、西、北四王中，南王冯云山和西王萧朝贵已经战死，东王杨秀清作为事实上的掌权者，将天王洪秀全偶像化，自己接见各路外国使节，做出各种裁决。

杨秀清是广西桂平县出身，曾以烧炭为生，也做过一些农耕，但似乎因其才华而在烧炭同僚间颇有影响力。北王韦昌辉同是桂平县的金田富豪，据说太平天国的举兵就是在此人邸宅中进行的，他也读过些书。东王将北王看作弱小的弟弟，轻蔑地认为后者脸白如女人，不能成大事。

通俗读物《太平天国野史》和《太平天国轶闻》中有很多与二人有关的女性故事，嫉妒怨恨的结果是1856年9月北王受邀赴东王的宴会，并亲自刺杀了东王，烧毁东王府，杀戮其党派数千人，进行了武装政变。据说很多人预料到了这一事件，有些人因惧怕受到牵连而离开了天京，但天王无计可施。

5　太平天国

天王之妻赖氏的弟弟赖汉英追随北王，助其歼灭无视天王的东王一派。当时在武昌的翼王石达开紧急赶回天京，惊讶于政变的惨烈程度而责备北王，北王反而包围翼王府，杀害了石达开的母亲、妻子及一党数十人。但是天王仍然没能进行阻止。只身逃亡的翼王召集军队讨伐北王，北王与心腹渡过长江逃亡，但被北王部下的一支军队所捕，后被押送至天京而遭杀害。

内讧之中，太平天国之所以彰显东王、抹杀北王，虽然也存在内讧事实被归咎于北王的原因，但主要还是因为出身不同会使志同道合的志士之间的成长步调不一致，即会显露出不堪于革命的部分。正如当时所说的"共患难易，共富贵难"那样，太平天国的矛盾早已暴露无遗。难怪太平天国后期的指导者忠王李秀成在其所著的《李秀成供状》中讲道，如果这个时候清朝说不绞杀广西人太平军了，那太平天国就会立刻瓦解。

北伐军失败，天京发生手足相残的惨事，此时稳定太平天国的大任便落在了翼王石达开的肩上，即使这样天王还是不信任翼王，一味依赖自己的长兄安王洪仁发和次兄副王洪仁达，因此翼王辞别天京，开始了流亡四川的新旅程。天京弥漫着"解散算了"的消极情绪，但是太平天国之所以没有解散，据李秀成说是因为清政府采取的是绝不放过广西起义时就加入的老兄弟的方针。

大清帝国

太平天国起义的失败

天王之所以不信任翼王，与其说是因为讨厌翼王的高人气，不如说是因为天王所坚信的拜上帝教与翼王的信条渐行渐远。天王拘泥于家族集团被视作他无能的证据，但是这与他狂恋拜上帝教互为表里，导致后期太平天国的苦斗不断引发了对拜上帝教的殉教。

传说翼王离开天京时，曾邀请太平军的主将英王陈玉成和忠王李秀成同行，英王虽然接受了邀约，但经忠王劝告后，最终留下来了。相对于翼王的完全回归到原来的天地会的想法，太平军元老级别的将军们似乎已经成长，感觉到了其他的使命感。这源于对新王朝的期待和短时间内在这个王朝下所经历过的充实感，而不再是天王的个人魅力。

支撑着失去了东王、北王，也没有了翼王的太平天国的是英王陈玉成和忠王李秀成。陈玉成是广西藤县人，生于雇农家，十四岁参加金田起义，眼下有两个瘤，是名绰号"四眼狗"的骁将。李秀成同样是藤县雇农出身，二十六岁参加太平天国，内讧中与陈玉成一起讨伐包围天京的江南大营而被封王，事实上是太平天国的支柱。

这两个人集中了太平军的主力，对于逐渐加重的来自清朝的压力，他们以天京为中心，纵横活跃于长江上游的西部战线和下游的东部战线。但是重新组编起来的太平天国，必须要成为比过去更厉害的作战团体才能生存下去。因为清朝方面起用的乡勇（义勇军）比原来的清朝军队更加强大，外国也出手援助清朝，太平天国受到的压力增加，必须全力防卫天京。

1860年，忠王突袭杭州，在江南大营派出援军之时，乘虚偷袭并扫荡江南大营，占领苏州、常州，并欲在苏州、杭州建立根据地。英王进攻上游的安庆失败后占据庐州，1862年由于苗沛霖的背叛，被清军抓捕杀害。忠王独立执掌江南民政，经常威胁上海，转战江西和湖北，但对于逐渐勒紧天京脖颈的坚硬铁索束手无策。如同之前石达开的高声望招来了天王的厌恶那样，高人气的忠王不仅遭到天王的嫉妒，而且在太平天国内部也招来了诸多嫉妒。

忠王最后虽然想死守苏州，但还是由于遭到背叛而失守，接着他劝说天王放弃天京再图东山再起，但天王还是没有听从。因此1864年春，乡勇和外国部队常胜军一齐杀入孤立无援的天京。天京的陷落已成定局，常胜军解散，没有迈出天京一步的天王病重，并于五十岁去世。

同年7月，义勇军开始对天京发起总攻，激战两周后天京陷落。忠王与天王洪贵福逃出，但在离开后第三日被捕，逃往南方的洪贵福9月在江西被捕，太平天国灭亡。

大清帝国

从金田起义开始,历经十四年,攻陷十六省六百多座城池的太平天国运动最终被镇压了。

湘军和常胜军

讨伐太平天国的主角并不是清朝军队,而是民间的义勇军。将百姓武装起来是清朝在白莲教之乱中也采用过的方式,但是由于武装民众不属于中央政府的力量,而将武力委于民间容易导致地方力量的蛮横,威胁政府威信,因此并非清朝所好之道。但是,清朝认识到直属军队腐败,靠其力量无法取得实效后,1852年决定起用曾国藩,命其在故乡湖南组编团练。

曾国藩在长沙看见太平军破坏的痕迹,深感义愤,坚定讨伐之意志,招募义勇军。这支军队多选拔农民出身的正直之人,不录用油头粉面之徒,避开商人和出入政府的人员,指挥者也不从原来的军人中选拔,而是任用读书人。义勇军指的是湖南义勇,他们也被称为湘勇或湘军。曾国藩占领武汉三镇后计划从长江上游攻破天京,因此深感水军的重要性,甚至决定自己学习造船术。

1854年,在曾国藩发出的《讨粤匪檄》中,其愤慨之处主要在于太平天国蹂躏自古以来的名教而不自省。也有人将太平军看作拜上帝教军,将湘军看作儒教军,由于对湘军组编贡献资金的是地主和富商们,所以也有人将太平军与湘军的对决看作贫农和富豪的对决。但士兵们都来自同等阶级，并未见其被宗教热情而驱动的情况。

湘军是与太平天国一同发展起来的。1854年，在长沙北的靖港，湘军大败于石贞祥率领的太平军，曾国藩大失所望，曾两次试图投水自杀但获救，在九江附近，他曾遭到石达开和罗大纲的奇袭，好不容易才逃出，但天京内讧后，长江沿岸、湖北江西的湘军力量逐渐壮大，与曾国藩相呼应，1862年湘军与组编了安徽团练的李鸿章的淮军组合后，更增加了威力。淮军采取从上海攻克天京的形式，1863年，曾国藩曾说："粤匪初兴，粗有条理，颇能禁止奸淫，以安裹胁之众，听民耕种，以安占据之县……贼行无民之境，……贼居不耕之乡，……岂有能久之理。"

同年，淮军与外国军队常胜军一同逼近苏州，湘军则以曾国藩之弟曾国荃为主将，从安庆逼近天京南郊的雨花台，次年占领天京。但是曾国藩察觉到官僚独占义勇军的危险，因此采取了解散湘军的方针，让淮军取代其重任，想以此消除清朝对自己的忌惮。事实上，如果建立汉人政府取代清朝的趋势一旦出现，他会是有声望的第一人。但是他组建军队，建造舰船，尊重洋学，都是在实用主义的框架内，对他来说，朱子学大义才是信条，才是在旧秩序社会中应该得到维持的。

太平天国占领天京之后，刘丽川等率领属于天地会派

大清帝国

系的小刀会占领上海县城,想以"大明太平天国"为号与天京相呼应,但是太平天国拒绝了此事。虽然留在上海的外国人曾宣布中立,但是最终法国还是帮助清军将小刀会赶出上海,获得了租界以作为法国人的居留地,其他外国人也要求共同租界,这是中国领土内开始有外国人居住区的由来。

不久后,第二次鸦片战争爆发,以上海租界为据点的外国贸易夺走了广州的繁荣,但被太平军赶到租界来避难的江苏、浙江的富豪们与租界的外国商人们中几乎没有与太平天国站在同一战线的。1860年,太平军在忠王的带领下,攻陷丹阳、常州、无锡、苏州,当时在上海,英、法两国公使发表上海防卫宣言,通过名为"大记"的中国商人的斡旋,集合菲律宾人组建了西洋军队,美国人华尔(Huaer, Frederick Townsend Ward)任队长。

这是最早站在清军一方的外国部队,更早之前,太平军方面罗大纲的部下中有外国人,据说华尔自己本来也打算要加入太平军的。

华尔的部队被称为"洋枪队",太平军攻克松江的时候,与其战斗并大败之,但华尔进一步增加中国兵,充实队伍,1862年洋枪队成为五千人的部队,自称"常胜军"。在宁波附近与英国海军的共同作战中,华尔战死。之后,副队长美国人白齐文(H. A. Burgevine)成为队长,但因其性格无赖而被解任,之后由英国人奥伦(J. Y. Holland)取代,次年英国的戈登(C. G. Gordon)应邀成为队长。解任的白齐文与部下数百人一起投靠了太平军。这样的外国无赖军人可以说是殖民地形成之初的特色产物。

戈登收复了从太仓到昆山、苏州的失地。据说他与淮军一起占领苏州时,曾约定不杀投降的太平军将士,而李鸿章却杀了他们,他为此大怒,拿着手枪追得李鸿章到处跑,李鸿章躲起来才得以保命。参加了太平军,知道其灭亡是不可避免的而逃出来后返回伦敦的呤唎虽然不停诽谤戈登,但英国将戈登的胜利作为维多利亚女王的治世成果而赞赏有加。戈登在太平天国起义被镇压之前就解散了常胜军,这与曾国藩的做法是有相通之处的。此人深知在中国最后手捧花束的,除皇帝以外别无他人。

太平天国的余党

太平天国灭亡后,主要人物都已不在世,但并不意味着参与人员全部都不在了。清朝虽有短暂的回光返照,出现了同治中兴,但在江北一带,被称作"捻匪"的游击性质的匪贼甚为猖獗,曾国藩和李鸿章在剿匪时仍然必须起用义勇军。

所谓"捻"是指组建队伍,用来称呼在华北召集游

大清帝国

侠无赖之徒的各种集团,道光年间,捻匪掠夺和暴动异常激烈。太平天国兴起后,与其相呼应,捻匪中还出现了蓄长发并号称打倒清朝的集团,但他们分散行动,很少集中发挥军事力量。可以说捻匪是受太平天国刺激的产物,太平军北伐时,他们还只不过是不同性质的集团而已。但是,由于东王、北王的内讧而出逃的北王甚至想混入捻匪之中,可以说当时存在这样一条路:从太平天国中被排挤出来后,沦落为捻匪式人物。

太平天国灭亡后,其余党自然与捻匪合流在一起,赖文光的部队在湖北与捻军的张宗禹等人合流,1865年,甚至令勇猛无比的僧格林沁都战死在了山东。他们是以骑兵为中心的长枪部队,从最初的土著性游击战开始,到后来完全使用游击战术,在湖北、陕西、山西、山东各地作乱;1866年,分裂为东西捻军,及至李鸿章利用火炮展开歼灭战,最终在山东相继被消灭。太平天国在失去民众支持的同时没落,而捻军在原来的土著特征被流动特征所替代的同时没落了。这种趋势表明,比起革命意义,与作为根基的民众的连带关系才是关键所在。

太平天国后期中心人物忠王李秀成,曾作为革命的指导者,被评价为最优秀的人物。1941年,作家欧阳予倩所写的《忠王李秀成》得到了历史学家罗尔纲等的赞誉。据说李秀成被曾国藩所捕,写了供述《李秀成供状》后被杀害。其供状据说原有七万字左右，被曾国藩删减后刊登了约三万字，很早就作为太平天国方面的叙述，其史料价值被高度评价。且有人想象曾国藩所删减的部分或许是不利于湘军的内容等，后来甚至有人在曾国藩家中发现了余留的部分，并伪造了部分供状。但是，1954年曾国藩家上交了原稿，将其全文公之于众，结果全文只有约三万三千字，意外地体现了李秀成投诚的意志。这在中国引起了很大的争论。

李秀成亲笔所写的供状

《平定粤寇纪略》的作者杜文澜认为，李秀成怕死，请求清朝放过自己并招降余党，但由于有人将此作为清朝的诬陷之词，认为谁都不会相信，并已经将李秀成奉为革命家的典型了，所以仍然有为李秀成辩护的，认为其投降

大清帝国

曾国藩出版的《李秀成供状》

书是假的，只是为图东山再起的苦肉计等，还有为当时的革命做了贡献等说法。但是一般来说，李秀成夸大报告自己的战功，因为自己人气高而无视周围的人，暴露了很多缺点，被烙上了大叛徒、虚伪之人的烙印。在近代中国，与将曾国藩称作汉奸、刽子手一样，李秀成也成为将英雄拉下神坛的一系列运动的对象。

太平天国这株大树倒下后，捻匪式人物残存，这在前文中已有提及。然而，历史性评价的激烈变化又使得我们不得不承认，论述者自身也存在自相矛盾之处和意识到这点后的恐惧心理。

6

清代的社会经济

一 社会经济的基调

政治与社会

政治是调控社会的舵盘,它影响着社会的发展节奏,或快或慢,或左或右,人们很早以前便认识到了这一点。因而,统治权力及其构造、组织及运作备受关注,关于这些的历史记载也很多,特别是在中国,这一倾向更是明显。之所以会出现这一倾向,是因为中国的政治长期游离于社会之外,在中国的历史上,政治是统治权力争夺的舞台,而社会则有另一种倾向与之并行,即在社会层面,古代中国也固守着一种自治组织,为使社会的发展不受统治权力争夺的影响,它们致力于自行管理、解决社会层面的那一摊事情。因此在社会层面上,不对其发展造成伤害的政治便是一种善政,长期以来已经形成了这样一种传

大清帝国

统——它一开始便不对社会生产会因善政而增速，社会生活会因善政而得到提高，社会文化会因善政而繁荣等抱有多少期待。这即是人们常说的在中国的历史上，政治宛如大海的表面，无论海面怎样波涛汹涌，社会都处于海面之下，总是宛如凝滞了一般，不会随之起伏变化的缘由所在。

但在中国，我们也不能说其社会层面的发展与政治完全无关，或者二者有着全然相反的发展方向。二者的关系应该是同一民族在同一地域、同一时期所经历、进行的生活的集合，从发展趋向的视角来看，这两个方面就像一枚硬币的两面，也宛如一台车的两个车轮一般，关于究竟哪一方是正面哪一方是背面，哪一侧的轮子带动哪一侧的轮子，很难简单给出结论。在政治舞台上，即便是个别言行令人生厌的人物，也有其政治性生命意义非凡者；而在社会层面，即便是个别有着宝玉般完美品行的人物，其社会性存在也可能毫无价值。这是因为无论是政治舞台还是社会层面都有着各自的趋向和焦点，它们对于人们生活的影响非常大。清代中国是以武人政治为基本的，所以政治当然是以自上而下地贯彻其武人政治为始终的。中央政府总是连社会末端都要掌控，所以在同时代的中国，对于清代政治纲纪之网下的那种统摄力，统治阶层都拍手称赞，这也是再正常不过的。

6　清代的社会经济

但实际上，也并非社会上的一切部门都会对清政府的这种政治统摄大加称颂。由于政治统治的贯彻过程往往伴随着压力，所以当然会存在与之相抗的地方。在清代，前代沿袭下来的地方自治的习惯和中国民间相互扶助的纽带关系为这种抗拒提供了一点点掩护。清代之前的中国社会开创出了一个协调与共存的独自的对话空间，且这已发展成为中国社会的基本特征。所以政治统治在其掌控的末端经常会呈现出一种因此而生的抵抗，而在社会层面所期待的东西反映到政治统治者层面之时，政治统治的壁垒也会将其拒之门外。在中国的历史上，这种情况时有发生。老子有言"谷神不死，是谓玄牝。"中国社会既是"谷神"，亦为"玄牝"，生养天地万物，不动不衰，最终将一切都容纳了。所以，中国社会实际上一直静待着与之不相适应的政治统治者卷起铺盖走人。

政治与经济

引导社会发展的是政治，左右政治发展的是经济，促进经济发展的是社会。一般而言，人们都是这样理解政治、经济和社会三者之间的密切关系的。在三者密切联系，共同发展之际，我们未必可以断定到底是三者中的哪一方面处于引领其他两个方面的地位。在近代中国，社会的发展动向左右政治的情况甚为少见，经济驱动政治发展的事例却不胜枚举，所以从经济层面解读政治事态及其发展变化，一直都是一个令人信服的视角。然而，与政治层面有其统治阶层不同，在经济层面，如果不是一种高度发达的资本主义经济，就不可能有可称作领导阶层的经济领军人物。

在清代中国，虽然广东的贸易商和安徽、山西的商人非常活跃，也很知名，却并未起到一种领军中国经济的作用，而且他们实际上也根本没有朝此方向努力的想法。在长期以来农本主义贯穿始终的中国，地主阶级曾一直掌握着中国经济的主导权，并将工商业纳入自己的麾下。而城市中的工商业者，在自己获得发展后，不仅会将其经济积累换成土地，使自己成为地主阶级，而且还会致力于投资政治，通过买官、贿赂官僚、培养官僚候选人等方式，直接与政治联系起来。不过，无论是地主化，还是与政治官僚接近，当时中国的工商业者都不曾想过要左右政治，与此相比，莫如说是他们将自己的努力重点放到了预防政治层面的影响，以求自保这一点上了。

但是，本来经济上的发展常会孕生出一种独立自主的特性，我们不必去看清代移民海外各地的华侨的活跃程度，仅是国内，丝毫不亚于华侨的商人也是层出不穷的。在中国，人们曾将个人的独立称为"侠"，"侠"具有抗拒权力、富有正义感、拉帮结派等特征，由于其带有一种

6　清代的社会经济

独立性，理所当然地容易引发冲突，而且倾向于正面迎接这种冲突。为此，这种侠气一旦被触发，在沿海地区便会出现海贼、海盗，内陆地区便会出现盗贼、土匪。虽然可称作清代贼匪的知名者绝不仅限于商人出身，但不难窥见，他们的冒险精神、创新意识等与商人存在某种关联。有人持经济发展与社会乱局密切相关的见解，其缘由恐怕就在这里。

在本是中国经济基础的土地上，一代代发展过来大地主依然保持着自身的发展，阻碍其成长的事态在清代并未出现。虽然抗租运动、谋求自身解放的农民暴动等情况频发，但除太平天国改革的一部分之外，土地制度始终保持稳定。农业之外的其他一般产业可以说也是如此，除了一些民间资本逐渐开始兴办企业，所谓的官督商办式的合作机构多了起来之外，清代中国展现给我们的仅是一些个别的、局部的发展和变化。作为政治操控经济的关键，虽然清代中国沿袭了自古以来对盐和铁施行专卖，对关税施以控制的方法，但也仅在于对征税权的强化，并没有试图将操控之手伸入产业结构内部的细微之处。所以相反地，为了增加税收，在那些税收收入丰厚的产业，政治被左右的倾向显露无遗。而这个问题当然也会集中体现在当时作为通货的白银，以及为确保白银流通的商贸活动之中。

大清帝国

产业的基调

进入二十世纪,清代中国被推上国际关系的风口浪尖,其社会经济也处于破产边缘,此时中国各个方面的很多统计数据已经开始被拿来与其他国家做比较了。在进行这种比较的时候,当时中国的贫困程度也就再度以数字的形式,被介绍到了世界各地。平均每个人占有耕地的面积是美国的六分之一;稻米的产量按每英亩计算,虽然比美国高百分之五十二,但其他的谷物的平均产量比美国低百分之二十。类似的报告不断被公布出来,劳动力的过剩、生产力的贫乏等,在所有方面都有所体现。

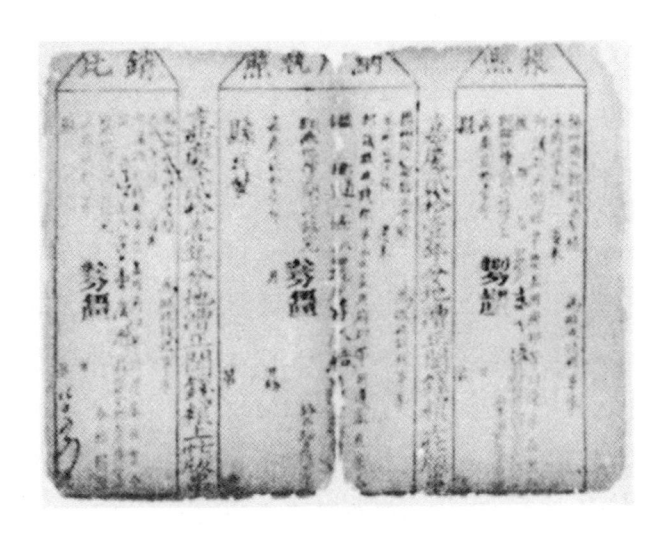

嘉庆年间的税票

6 清代的社会经济

进入二十世纪后，中国的社会生产无论是质还是量都非常低下，这是一个事实。但是，人口增长，社会生产却未增长的倾向在很早之前便已经出现了。进入清代后，人口之所以会大幅增加，一是由于前代被隐匿起来的人丁数量得以公开，二是由于明代以来江南地区的生产力迅速提高，特别是在被称为谷仓的江苏、浙江之外，又有湖南、湖北加入其中，社会生产能力提高。但吸收了众多增加人口的城市手工业，却并未能显现出农业那样的发展，与之相应的仅仅是农村雇农数量和城市按日计酬的劳动人口的增加。

农作物之中，稻米、小麦、黍、高粱等基本维持着固定的地域和种植面积。与之相对，茶叶、棉花、桑、烟草、甘蔗、罂粟等经济作物则变化甚是明显，正如茶叶所反映的那样，根据海外需求等的变化，增减变化非常之大。耕地开垦是清初中国经济的一大特征，不过新垦的耕地后来也与治水、灌溉设备等一样，逐渐荒废，虽然是集约化的农业经营方式，农业生产却未获增长。

作为基础产业的矿产业方面的情况可以说也基本相同。当时矿产业的运营主要以煤炭、铁和锡的开采为中心，其采掘、生产能力与所投入的劳动力数量相比，并未实现同比的增长。用于铸造铜钱的原材料的铜矿在当时已经趋于枯竭，与其开发矿山，莫如等待海外进口，这种消

大清帝国

极应对之策完全蚕食了人们对本国地下资源的关心。而在煤炭的消费量方面，工业用煤的数量超过家庭用煤是在进入二十世纪之后的事情，因此也能说明另一个事实，即当时的中国社会对矿业的投资热情非常之低。

在中国历史上，大规模的制造业一旦兴起，便会随即遭到政府的限制，进而很快走向衰落。在从南北朝时期到隋唐年间的制粉业、明清年间的纺织业等中，都可以找到颇具代表性的显著事例。能够渡过难关的，仅是制陶、制茶、造纸等少数行业。也就是说，除了那些作为地方产业出现，一旦令其破产便会官民俱损的产业以外，古代中国的多数产业在其发展的过程中，便因来自政治层面的限制而患上了贫血症。作为中国历史上未出现大型企业的理由，虽然人们经常会抬出家族制度加以说明，认为同族会寄生于企业，进而夺去企业得以发展的营养，但是，应该说比同族更大的寄生者是政治层面的官僚群体，是中国的政府，所以企业难以健康发展。

近代产业的形成

前述中国旧式产业呈现出新的发展趋势，是在鸦片战争之后。一般认为，这种新趋势是以江南地区为中心，首先在军需产业初露端倪的。在曾国藩于安庆建造的造船厂里，中国人用自己的手制造出了第一艘小型蒸汽船，其首航是在 1862 年。其后在 1865 年，江南制造总局在上海建成并开始制造军舰和枪支弹药等军需产品；1869 年，左宗棠又创建了福州船政局。这些所谓的官办工业谋求一种示范性的教育效果。可即便如此，因其耗资惊人，所制产品比自外国购入的产品需多付数倍经费，所以均以失败告终。为了取而代之，清政府还着手筹办招商局，致力于导入民间资本以创办近代产业，最初于 1870 年创建了一家轮船公司。另外，清政府还着眼于煤炭开发，成立了开平矿务局，进而设立上海机器织布局等，这些近代工业企业的经营方式或是官督商办，或是近似于民营的官商合办，但是无论是哪一家，其因袭旧式产业模式的特征都非常明显，一方面是官僚想利用商人，另一方面是商人一味依附于官府，因此均无多大发展。

但是，此时外国资本大规模进入中国，如同早先在广州的珠江沿岸，被称作十三行的外贸商社曾鳞次栉比一样，在上海，名为怡和洋行、沙逊洋行、仁记洋行、宝顺洋行等的外国商社林立在黄浦江沿岸，他们与取代了十三行的行商、人称"买办"的中国的中间商人进行着各种贸易。与此同时，这些外国资本还涉足轮船业、银行业等。追随此类外国资本，中国的很多买办资本家作为绅商，也发展成了各类企业的代表。

外国资本在中国率先孕育了国内买办资本。在当时，

大清帝国

很多外国商社是抱着一定要在中国市场大有作为的决心来到中国的。同这些外国商社一样，国内的买办资本家也不仅仅是以在香港、广州等地积累的经验为基础发展起来的商人，其中也有很多决心在通商口岸大干一场的中国商人。但无论是哪种买办资本家，都有一个共通的特点，即他们对中国政府维系的僵化的体制感到厌恶，所以这当然也强化了表现在他们身上的那种所谓的卖国倾向。

尽管在中国萌生出了很多的近代产业，但它们未能与国家权力形成合力，步入一条互助互保、共同发展的康庄之道。官营产业效率低下，官商合办中体现出来的不是官僚资本家化，便是资本家官僚化，所办产业均未能为国效力。而民营产业则由于资本严重不足，也未能取得多大的发展。

中国的近代产业自出现之初便未能健康成长，就其理由而言，可以罗列出许多：与本国生产的产品相比，进口商品比较便宜；中国自古以来利息很高，所以股份制经营组织的运作在当时难以顺利开展；中国社会尚未完全摆脱极具寄生性的习惯；等等。尽管如此，当年还是有个别行业克服了重重困难，为中国的近代产业带来了新气象。只是，它们涉足的并不是那种富有近代性特征的企业，而是选择了一条复兴传统制茶、纺织等的民族产业的道路。

6 清代的社会经济

民族产业

茶叶在宋代曾被称作"榷茶",是政府专卖体制中的重要商品,在种植者"山户"、制茶者"茶庄"、销售者"行商"等之间,其组织化很早开始便已得到了发展。18世纪,茶叶取代丝绸,占据了中国海外出口的半壁江山之后,茶庄开始拥有自己的工厂,发展成购销一体的批发商,开始使用多达数百名雇工,但是茶叶产业之所以有如此大的发展空间,恐怕是出于以下两方面因素:一是茶叶种植可以利用很多荒地,二是茶庄可以利用潜在财力。

丝织业的情况虽然曾与茶叶相同,但后来的发展落后于茶叶产业。由于丝织业的发展重点是被称作"湖丝"的原材料的输出,丝织品的生产多面向国内消费市场,所以购销一体的批发体制的发展稍显滞后,加之高档产品种类繁多,专业的纺织工人供不应求,所以才被茶叶夺去了优势地位。

棉花曾以"吉贝"等名字为古代中国人所知。早年,南方产的棉花被引进到其他地区,但到了元明两代之时,棉花的种植已遍及全国各地,到了清代,以华北为棉花主要产地,以江南为纺织经营地区的棉花产业布局业已形成。进入十八世纪后,松江附近的棉布被输出海外,"南京棉"的名声也开始享誉世界。这也是由于其背后已经

大清帝国

确立起了作为民族产业的棉纺产业体系，生产非常稳定。进入十九世纪，进口的机纺棉线增多，以洋线即印度产棉线为经线，土线即中国产棉线为纬线来织布的方法已经普及。虽然当年马克思曾预测中国手工业估计会像干尸散架般很快走向解体，可事实上，当时在中国最为顽强地与海外进口商品相抗衡的正是这一产业。英国产的棉布之所以未能像在印度一样席卷整个中国市场，是由于江南的棉纺工人作为农民，其生活已经有了支撑，能够适应不断降低的工钱。

但中国的纺织手工业还是解体了，农村妇女也放弃了纺车，而后织布手工业也在十九世纪末随着各地官营纺织工厂、官僚资本与买办资本一起创建的纺织工厂等的不断出现而很快消失了。中国的近代纺织产业的起步比英国晚了一百年，比日本也晚了二十多年，而且还需在与手工业时期的技术、劳动者、产业体制全然不同的基础上发展自己。尽管如此，中国的民族资本还是在此牢牢地扎下了根，使中国产业枝繁叶茂的领域开始得以发展。这最终使中国的纺织产业出现了一个典型的产业模式——棉布市场已经确立，棉花的种植大幅减少，再也听不到农家传出的纺车的声音，只要有棉布生产出来，围绕着它的流通环节，一个新的运转体系就能够被组织起来。

二 通货和商人

社会经济的指标

古代中国社会是以农耕为中心不断发展起来的，因而其生活与游牧社会、半猎半农的社会相异，而且在思想、政治等方面也迥然不同。虽说这是不言自明的事实，但并非只要弄清楚农业的实际状态，就能对中国社会做出基本的解释。在农业中，有作为其基础的土地问题、农业耕作的技术问题、农作物的变迁问题等；围绕这些，在政治方面存在制度的变革问题，在经济方面存在供求关系的调节问题，在社会方面还存在耕作者和所有者的关系问题等。即使是对这些问题进行分析和综合，所能描绘出来的也仅限于中国社会的一个侧面。

换个视角，若不谈粮食，试就百姓的衣和住等方面，将考察的重点置于工商业上来分析的话，又会发现这里也存在很多商品的生产、流通，存在商人、市场的组织运作，存在通货的变动等。即使对这些问题进行追踪、整理，所描绘的也还是止于中国社会的一个侧面。

长期以来人们一直认为，古来在《史记》中被称为"平准"，在《汉书》中被称为"食货"的社会经济活动，属于社会所发挥的主要功能，是左右百姓生活的动力，而其中的一个主要课题便是该如何分配生产的东西。认为从事生产的人是产品的支配者的观点，作为对曾将不从事生产者视为产品支配者的漫长历史的一种反抗，是后来才出现的。所以说，就算所有的人都属于从事生产的一方，还是会留下有关产品如何分配，即谁该是产品的支配者的问题。

那么，究竟谁应该决定产品分配？虽然在制度上来看当然应该是皇帝，应该是统治者，可即便是皇帝也无法支配没有的东西。他最清楚权力是基于消费的。而且他也知道农民是生产者，即使置之不理，他们也会去生产。中国古语有云："是日何时丧，吾与汝俱亡！"有人曾以此吐露欲与统治者"俱亡"的心声。就是说，若没有可供分配的东西，权力也好，统治也好，都不复存在了。事实上，在古代中国社会，人们对此都清楚得很。

古代中国的社会经济，是从事生产的创造者和支配社会产品的所有者之间相互咬合的一个过程，是一个由两个齿轮组成的齿轮组。问题并不在这个齿轮组中的某一个上，而是二者如何去咬合，怎么去转动。当然，即使仅仅追踪一粒麦子的来龙去脉，有的人也能够从中捕捉到中国社会经济的梗概；即使在一个商人的喜怒哀乐之中，有的人也能观察到中国社会经济的动向。但是究竟将什么选作

6 清代的社会经济

考察清代社会经济的指标才好呢？这是一个相当难的问题。

首先，一提起社会经济，条件反射性地浮现在人们头脑中的历史镜像是因人而异、千差万别的，从人们所处的立场来看，每个人的解读也是各有千秋的。因此，虽说采取的是一种社会经济的视角，但是要将视野拓展到无论论述哪个方面都非常充分的程度，这是非常困难的。其次，在纷繁复杂的历史记录之中，我们需选取什么来构建起一个体系？现阶段尚未整理出来的史料还相当多，所以也会出现虽是当然应该予以采用的史料却无法被采用的情况。因而有的时候，我们不得不说史料并不充分。在此，我们拟将分析的视角集中在通货和商人的问题上来进行考察，因为正是这两个关键点，才是可使清代有别于其他朝代的中国社会经济中的两个主要角色。

通货问题

与民族史一样，中国的货币史也是世界上最悠久绵延的，而且货币形态多样，从贝壳类的原始货币发展到世界上最早的纸币。古代中国的货币不仅在材质和形状上种类繁多，而且在货币使用方法、与货币相伴而生的习惯上，其形式恐怕也是世界上最为多样的。可以说古代中国与西亚地区一样，经历了货币经济的所有形态和模式。其中可

大清帝国

被认为是中国特色的有：将铜钱作为主要通货；钱面上几乎不用图像；铸造数量巨大等。另外，中国也存在很多世界共通的情况：作为王朝的象征，改朝换代时都会铸造、发行新的通货；虽其原因各不相同，但通货膨胀、通货紧缩的现象会反复出现；货币本身的操控派生出一种新的职业，一般生活的精力被其消耗。

清代的通货，与政治外交相比，先一步受到了国际通货白银的洗礼。在中国货币史上，清代是一个将国际性货币白银接受并转化为极具中国特征的通货的时代。墨西哥银矿的开发使欧洲的银价大幅下跌，导致白银比价发生革命性变化，白银被从欧洲大量地运到新兴市场印度和中国，致使这些落后国家毫无变化地继续着一种白银经济国家的状态。而中国人更是青睐白银，甚至有人称：中国人有着一种喜好白银的国民性。

然而，中国实际上并不是一个产银国，只是一个历史上偶尔以白银为通货的国家。中国将零散的经济流通委予铜钱，将主要货币单位规定为作为称量货币的白银，而大额贸易主要以银票进行交易的做法是在清代才出现的。虽然以上使用倾向可以上溯到宋代、明代等，但清代的整个社会都在这一轨道上运行，与之相伴的各种现象在当时已经绘成了一幅社会经济的巨幅现象图。

可以说，清代社会经济步入这一运行轨道之前的通货使用习惯和政策，还有作为其结果表现出来的清代社会的扭曲与调整等，与鸦片战争、太平天国运动所反映出来的近世中国的发展状况相比，展现出了一个更加纯正的、极具中国特征的近世发展过程。铜钱是如何使用的？银块是怎样收上来的，又是怎样使用的？黄金和白银的比价如何，白银和铜钱的兑换方法如何，这种相互兑换的操作方法又怎样作用于涉及每个人的社会生活？在整个过程中，社会经济等方面产生了何种习俗，形成了怎样的道德观念？笔者认为，研究中国近世的主要课题并非战争与起义，而是日常生活，这或许才是一条近道；也不一定要探讨英雄与谋士的功绩，或许可以从柴米油盐的计算中得出对社会的见解。

商人

可以想象，早在货币被发明出来以前，商人便已经存在了。而且与人相比，物品的移动距离更远，频率也更高，这一事实可以远溯至人类的原始时代。早在汉唐时期，中国就有了冠以"胡"字的产品，在明清两代更有冠以"洋"字的商品，不过在当时，这些外来物产都未能影响到中国自给自足的经济。在地大物博的中华帝国的土地上，纵横交错的陆路网、水路网总是因满载各种货物的车马舟船的日夜往来而喧嚣不断。

当时使物资得以移动的，在战争中是军队，在掠夺时

大清帝国

是匪贼，但一般可以认定商人从很早之前便已经开始活跃了。殷的都城是用一个表示两层房屋的象形文字——"商"字来标示的，故而可以想象定都于此的殷朝的商业之繁荣，而且或许当时的人们也开始使用"商"字的假借义。在接下来的周代大量抹杀殷商文化的过程中，商业或许被作为重点铲除的对象。也就是说，周代确立了"以商贪利"的伦理观念，商业发展经常遭到压制，商业积蓄也经常成为被收缴的目标。

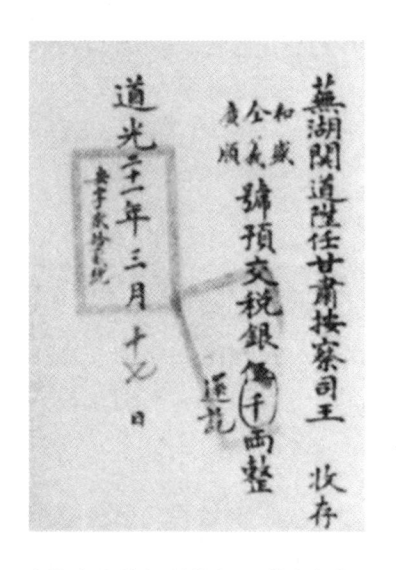

清代商人的纳税收据（道光年间）

但战国时期以来，成功经商并凭借其财力参与政治的人物开始频现。另外，统治权力也开始通过设定专卖的方

6 清代的社会经济

法对商品进行垄断,通过创设各种名目的商税防止商业资本积累的壮大。不难发现,商人和统治者之间的竞争很早前便已经开始了。在底层的商人活动以城市的"市"、农村的"定期市"等为中心进行,无论是从事的人还是商品,其数量都在日渐增长,时间的脚步如同停在这里一般,无人刻意改变它的样貌。

到了宋代,城市中的"市"消失,取而代之的是店铺,而在各个地方,在那些货物集散地,则出现了新的城市。尽管如此,官僚与商人之间的相克关系还是基本未变。在古代中国,形成一些自由城市应该并不奇怪,可实际上自由城市并未能在中国出现。即使出现排除官府势力、要求商人群体自治的情况或者有利于商人群体的形势,那些官僚也总是能立于高位,从未失去过统制力。这是因为在古代中国,与其说长期的抑商政策培养了商人的自主性和独立性,莫如说是商人们被迫采取了怀柔官僚、与之妥协的方策。

清朝末期,正是中国商人在这样的历史背景下被卷入国际经济大潮的一个时代。二十世纪初东亚同文会编纂的《清国商业综览》对中国商人有这样的描述:"中国商人其容貌若愚,其态度如钝,然敏于发现商机,行商务之捷可当惊叹;其勤勉而善忍,虽商店贫弱,却能出资如涌水。"中国商人不受政府之保护,自设相互扶助之机构,养成了相互之间重视承诺的习惯，人不犯我，我不犯人，一直严守着自己的从商之道，这正是他们获得外国人交口称赞的地方。即便国家行将灭亡，经济几近崩溃，清末的这种衰败景象也未全部波及社会底层的那些人——不只是中国的农民，当时的中国商人也是如此。

官商合办

在清代鼎盛时期，外国的财、货等曾源源不断地进入中国，可这并未转化成为国富、民富，而是成了所谓的官富、商富。作为中国并非近代国家，中国人也并非国民的证据，这在当时成了各国谴责中国的一方说辞。孙文对此也曾不无感慨地说过：中国人像流沙，而中国社会则宛若一个巨大的沙丘。这在亚洲专制国家是一个共通的现象。若是将近代国家当作一个社会发展的顶点，那么难以避免的是，这样一种亚洲专制国家的现象正可以视为他们业已颓败的趋向。然而，就是在这样的国家里，不是通过国家至高无上的命令，而是在由方言缔结在一起的地域或在共同的行业内，在可谓"自然律"的连带关系下，一个不会崩溃的共同体却在清末顽强地发展着。而且，这一共同体还有着其有机地聚散离合的联系。

豪族联合曾形成了东汉、三国等王朝，实务官僚和门阀官僚的各自联合曾导致宋代的政争，从中我们尚能发现此时个人色彩浓厚的历史镜像。但在清代,作为一大趋势,官商联合却发展成了中国社会最主要的指导力量。在清末,官商合办的企业已经出现了很多,但事实上向前追溯就会发现,官寄生于商,他们由于自己不从事经营,所以连"辱商"的颜面也逐渐没有了。除此之外,商人们通过捐钱当上官的事例也逐渐多了起来,有些人通过当官谋求比做买卖获得的更多的利益,而有些人不从事具体的实务,仅想凭借名义上的官衔与官僚们平等对话,这样的事例可以说不胜枚举。所以当时的清代社会更接近于在官商合办的模式下共同运作。当然,商人阶层虽已然扩大,可与中国的农民阶层不同,其固定下来的却不多。新陈代谢的速度非常快的政界与商界虽不时握手,但他们的合作未必就总是顺利的。

官商间的联系若是能以国家大义或某种主义的思想等为基础活动的话,或许能积累国富或民富。保护大清,即使是官的目标,也不能成为商的目标。在此,我们所说的官,指的是高官;所说的商,指的是绅商。那么,下级官吏和零售商人们的立场又如何呢?不难想象,在当时,下级官吏主要是围着地主和绅商忙碌,而零售商人则处于与农民、贫农较为接近的位置。若认为他们一起构成了中国社会最为广泛的信息网,同时也是信息的源头所在的话,那么便可以说,他们也就成了官商联系的耳目,在当时发挥着促进作用。

大清帝国

白银和商人

对于清代商人而言，此前的商人很少经历过的使用白银的复杂操作开始成为一个新的要素。在白银作为赐予、馈赠的物品被收藏的时候，其纯度、重量并未成为一个大问题，可在它活跃地流通起来后，作为一种称量货币，即货币的基准，在日常的货币流通环节，其重量的测定就变得非常重要了。对此，清政府并没有给出什么指导性的办法，当时既没有全国通用的度量衡，也没有一个白银纯度的标准。其原因可能有三：若是强制施行这样的标准，虽是会方便一些，但其繁杂程度会高得多；将其委以商人自治，会避免官府遭受责难，这样做更为明智；打算盘本来就不是政府的工作。所以在当时，商人们承担起了所有的相关操作，一直是自行处理有关白银的业务的。

使用白银进行交易时，需要熟练判断其纯度，甚至要达到通过肉眼就能鉴定到千分之一的程度。不仅对专业的兑换商和金融从业者而言是如此，当时要想在中国作为一名商人生存下去，具备这样的眼力也是首要条件。商人们不仅对于因地域不同而不同的衡器的刻度的换算速度惊人，在使用不同品质、不同重量的银块进行的交易中，他们也做好了各种应对的准备。虽然中国商人甚至承认伪造货币的兑换，但在近代货币出现以前，欧洲人在货币使用

6 清代的社会经济

中的烦琐手续与中国人无异,甚至时至今日,他们时而蒙混获取零钱,时而采用让人无法信任的计算方法,所以根本没有资格嘲讽中国人。欧洲近代国家甚至把培养国民的教养都当成了自己的工作,像一只经过训练的家犬嘲笑一只自己猎食的野犬一样,给当时的中国贴上了停滞、落后的标签,但对野犬而言,它们在不断犯错的过程中认识到弱肉强食只会导致两败俱伤。这一认识过程在清代商人的发展历程中留下诸多印记。

有人质疑当年的中国,称其对于近代世界未做出过任何贡献。这些人认为,世界各地的近代社会可以从当时的中国获取的仅仅是带有儒家特征的伦理观念、德治主义和颇具古代经典色彩的经典诗文或美术品等,前者被作为富国强兵的支柱,后者则成了用以把玩的物件。因此在他们眼里,大清帝国的荣光既已消失,它重演了莫卧儿帝国的没落,仿佛亚洲镌刻在时间里的全都是污辱和混乱。在西方的这种评价中,维系着民族活力,一直固守着民族再生之气的就是中国民众,其基础是农民,作为社会支柱积极发挥作用的是商人。近代中国的资本主义萌芽和向资本主义社会的过渡倾向如今屡屡被人们论及,但当年的中国商人的全部精力都放在白银上,勉强在流通资本的波涛中挣扎求生,并无余力去积累产业资本,发现向产业资本转化的契机,这一点我们在此必须加以关注。

三　白银经济的展开

银钱的由来

日本古代货币"和同开珎"有银、铜两种，另外还有过名为"开基胜宝"的金币。而作为其模板的中国的"开元通宝"也有金、银、铜三种。金、银是权威的象征，而铜钱是用于流通的，这在当时都是一样的。而且其后两国银币也都并未长时期出现在流通的环节。虽然这也缘于金、银的绝对存量，但是由于使用铜钱进行交易的范围很广，在超出这一范围的交易中还可使用绢丝等，所以习惯使用白银的时机来得比较晚。中国的金朝曾铸造过名为"承安宝货"的银币，但在将其投入流通后不久就废止了，据说这也是伪造的情况非常多的缘故。铜钱也是一样，曾伪造变造不断，直至"五铢钱"投入流通，货币市场才稍趋稳定。使用白银的时候，也需要在银锭上刻印，同绢丝等一样，只能以时价进行交易的。

西方各国使用铸有国王头像的银币，中国早就了解到这一点了。清朝在收复了西藏的主权后，就在这里铸造过名为"藏钱"的银币，以适应已经习惯于使用白银的地区的经济。虽拥有铸造银币的经验，但在自身的通货市场

6 清代的社会经济

上，中国惯用的是一种椭圆形的皿状银锭——"元宝银"，且明清年间，中国政府从未筹划过要发行银币。尽管在民间也曾有人铸造过名为"厌胜"（避邪祈吉）的银币，而且如果人们得到了西洋的银币，也会将其视为珍品，并习惯用于庆祝仪式等，但是当时银币并未流通起来。作为通货，银币通过重铸为元宝，在计算纯度和重量的基础上参与流通。

元宝银在进入清代后，两侧的耳部变高，被铸造成了所谓的"马蹄银"的形状，外国人称之为"Shoe Silver"。一般来说，人们称五十两左右的银锭为元宝，十两左右的为"小元宝"或"中锭"，二三两的为"小锭"或"锞子"等，这与同时代的日本普遍使用的"丁银"或"小粒"基本相同。

关于十八世纪中叶以后驶至长崎的中国船和荷兰船带到日本的银币，在长崎奉行所保留有名为《唐阿兰陀持渡金银钱图鉴》，另外还有由福知山藩主朽木龙桥收集整理的《西洋钱谱》，除了当时被中国船等带到日本的元宝银外，书中还收录了德意志各邦国、瑞典、丹麦、挪威、荷兰、英国、法国、意大利、葡萄牙、俄国等欧洲各国的钱币和西班牙银币的图例。虽然这些外国通货当年肯定也都流入了中国市场，可从数量来看，占压倒性多数的应是西班牙银币和后来的墨西哥银币。它们在中国被统称为

大清帝国

"洋银",自明代开始便广为人知,是在茶叶贸易繁荣起来后大量流入中国的,也曾被重铸成马蹄银来使用。然而在有些地方,洋银开始直接流通起来,开启了一种习惯使用洋银的道路,这也显示出了中国近代化的具体过程。

洋银的流入

西班牙殖民者在墨西哥成功开发银山后,1535年,卡洛斯一世在墨西哥设立了造币局,令其铸造以八里亚尔为主的七种银币,奠定了西班牙国力的基础,同时也致力于将其作为国际通货推向世界。对此,日本的大藏省曾于明治二十五年(1892)公布过一份根据驻墨西哥领事的调查而写成的名为《关于墨银的调查书》的报告;大正四年(1915),在田中萃一郎的《墨银考》中,墨西哥银币的历史意义也作为一个论题被提了出来。八里亚尔的墨西哥银币是其后美国银币、日本和中国的圆形银币的基础,是西班牙银币为世界经济留下的重要足迹,因而八里亚尔的墨西哥银币应该算是世界经济的开拓者。

最初的西班牙银币的前后两面图案及其意义为:正面中间是卡斯蒂利亚、狮子、格拉纳达、波旁王朝的徽章组合成楯状,其上方覆有王冠,左侧印有代表墨西哥造币局的"MM",右侧印有表示八里亚尔的"8"字,"CAROLUS·D·G·HISPAN·ETIND·REX"字样绕其周边；背面正中在波浪线之上重合印着新旧两个大陆的球面图，其上同样覆有王冠，左右两侧各印大力神柱一根，柱上绕旗并阴刻有"PLUS ULTR"的字样，意味着哥伦布发现新大陆之举的伟大要远胜于希腊神话的大力神。由于该银币周边的锯齿纹路呈三叶状，所以在当时的中国，人们称其为"花边钱"；若看大力神柱则称"双柱钱"；看卡洛斯三世的"Ⅲ"、四世的"Ⅳ"，则也称"三工钱"、"四工钱"等。

初期的西班牙银圆（被称作"花边钱"的两种）

这一银币是一种纯度高达千分之九百以上的优质货币，早在明末开始便在中国广为人知。在名为《东西洋考》的明代地理志中便有相关记载称："东洋吕宋，地无他产，夷人悉用银钱易货。故归船自银钱外，无他携来。"

由于清政府最初曾厉行海禁，自菲律宾输入的白银中

大清帝国

断，加之中国银矿几近枯竭，所以后来曾有人上疏请求解除海禁以图恢复来自海外的白银进口。对此，清政府曾对国内的银矿开采予以奖励，但因开采量逐渐下降，产地仅剩云南的乐马厂，所以后来为补充白银短缺，又从安南、缅甸等地输入，同时也从日本输入。及至海禁松弛，广州贸易繁盛以后，西班牙银币再次成为中国经济的主要补给来源。

自十八世纪开始到整个十九世纪，据说在中国市场上流通的白银中，百分之七十都依赖于洋银，其中多是通过与欧洲商船之间的贸易和关税等输入的。1772年以后，钱面上铸有国王肖像的西班牙银币成为输入的主流，它代替了双柱钱，在当时的中国被称作"佛头钱"或"番头钱"。

洋银的流通

明末自菲律宾输入的白银和康熙末年开始流入广州的白银，均是产自墨西哥的西班牙银，在1824年墨西哥独立之后，则称为墨西哥银，其当年流入中国市场的总额，据说远远超过五亿美元。在这种洪水般的输入之中，接受其数量最多的是闽粤地区，即福建和广东等地的开放口岸，那里似乎很早便直接将其作为货币来使用了。在康熙年间的相关记录中，我们能够找到可佐证这一判断的多处

6 清代的社会经济

记述。

不过,其流通并未就此稳定下来。伪造、变造等很快阻塞了流通环节,将其重铸成称量货币元宝银的循环再次出现。虽然洋银本身的面额较小,但它们大多是通过称量进入流通环节的,所以为了保证其在流通中的品质,替换或重铸的店铺会将其打上自己的刻印后再投入市场。这种有刻印的银子,被英国人称作"chopped dollar",而刻印较多的在中国也叫"烂板",它很快就会被敲碎而成为碎银,并通过称量流通。

但是,在这些洋银的流通中,地域差别很大,而且还能看到一种因时而异的状况。可以想象,最早习惯了使用洋银的广州却没有最早将其作为标价货币使用。这一点正好成为极具传统的地域差别在整个中国社会内各自发展的有力证据,这一具体事例对于我们理解其他历史现象也极具启发性。被作为标价货币铸造而成的洋银流入国内之际,在日本,幕府一手操持,将所有洋银都改铸成了"二朱银"等本国银币,但在作为称量货币社会,且将白银流通的相关操作委于民间的清朝,洋银却只能被视作一块作为材料的银锭。在小额交易中暂时性地直接把洋银作为标价货币使用的现象在乾隆年间广东省的各个地区非常普遍,但因伪造猖獗,洋银被施以刻印,又成为烂板,最终则变成了碎银,还原为称量货币。一块完整的洋银,以

· 311 ·

及烂板、碎银，在不同地域的使用、流通的习惯也不尽相同。

在黄河以北，以北京为中心的地区一直以来使用的都是元宝银，人们是不用洋银的；在以苏州为中心的长江下游地区，只有完好无损的洋银才能通用；即使成了烂板，但只要保持原样，这种洋银在福建、广东的城市或沿大道的城镇也能使用；变成碎银之后的洋银，则只限于广州周边地区才能使用。也就是说，在长江流域，即使是伪造的洋银，也是人称"苏板"、"光面"的完整形状——"苏板"大概是苏州造的，"光面"估计是伪造出来的无纹路的银钱——而或是打上刻印，或是用铅、锡等铸造次品的方法，在这一地区则较为少见。这说明在福建、广东等地，洋银比较容易还原为称量货币，而在苏州、杭州，人们努力维持洋银标价货币的原状的意愿更强。

银质的鉴定

随着白银使用的普遍化，清代商人便将他们的生活赌在了白银上，所以需要谙熟白银的鉴定。估计是他们通过实地训练和口头相传等学习很多的相关事例，最后终于成为通过感觉就可以在银质的鉴定上做出准确判断的人。如果自己不保护自己的话，是没有谁会保护自己的，这就是中国商人在庶民生活的磨炼中产生的一种智慧，由此也可以窥视中国庶民文化的一个方面。那些曾经几乎连一个大字都不识的商人们，也会使用那些似懂非懂的文字，将口传下来的东西原原本本地记录下来并传承下去——这样的知识传授对他们而言已十分必要。

光绪十一年（1885）在上海出版的《银水总论》是一部极具代表性的小册子，其著者和读者肯定都不是商人之外的人，其中对清代成熟的银质鉴定技术做出了总体论述。其序文写道：若定银质，自先察色之死活，叩闻音之清浊，表面银䥱之厚薄，底面鬆穴之大小深浅，边缘润否，入铗见清见红始，网罗之全，一览无余。

就马蹄银而言，该书详细教授了其鉴定方法，如下：马蹄银者，要先以试金石擦之，然后透过阳光看其颜色：足纹（纯银）和九九银为磁灰色，九八、九七银瓦灰色，九六、九五银青色，九零至八八银桃红色，八七至八五银彩红色，八四至八零银红石色，七九至七零银红色，七零至六五银香灰色，五零银以下翠蓝色，三零银以下天青色。据此所记，努力训练。其后看马蹄银之底面，足纹至九七银纯度好者穴小且深，至九零银上下者穴小，及至八零银上下，其穴会变大变浅，七零银上下者，其穴又会变小变浅。对于颜色的感触、底面穴部大小深浅的程度，若不比对实物则难以领会，所以该书进一步列举了通用于上海的马蹄银七十六种，并对它们各自的特征、性质等做出了评述。

实际上，比这样的马蹄银鉴定书在上海商人中间流传还早一些的是，道光六年（1826）的《银经发秘》和咸丰四年（1854）的《洋银辨正》等关于洋银鉴定的商人书籍已经分别流传于广州和杭州了。这两本书记载的都是商人应对从乾隆年间开始盛行起来的洋银的流通及其变造伪造的心得。通观两书，关于洋银，都是从先看其色泽，接下来察其纹路，进而听其音，再细审其花边、印刻、大小、厚薄、轻重等的鉴定方法出发的。而且，《银经发秘》和《洋银辨正》分别列举了四十五种、二十七种变造伪造的实例，并对其造假手法进行了揭示，以作为鉴定的材料。

在此不妨举两三例来看。"素铜"或是将铜水注入模具并镀银而成，或是用白铜作为原料仿冒银色，完全是伪造品；"土版"是在各个地方将银水注入模具而铸成的，所以大多银质较差；"锯版"则是将洋银挖开并将铜塞入其中；"夹铜"是将洋银弄裂，用铅再为其做出一个面；"雕角版"是从洋银的一个地方将银挖出来，再在里边塞进铅或铜等。如此这番，各种变造伪造可以说一应俱全。据此，对于那些其中还含银的变造伪造品，书中还提示了与之相应的价格，以供交易时参考。

估计是受到了这些洋银鉴定法的启迪，才有人写出了

6　清代的社会经济

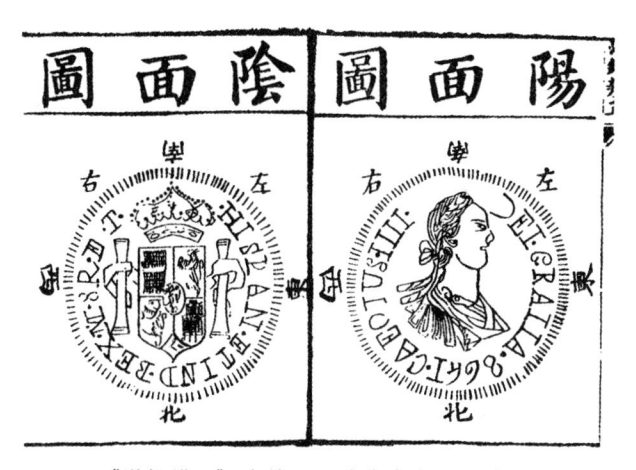

《洋银辨正》中的图（清代商人制作的用于鉴定西班牙银圆的图）

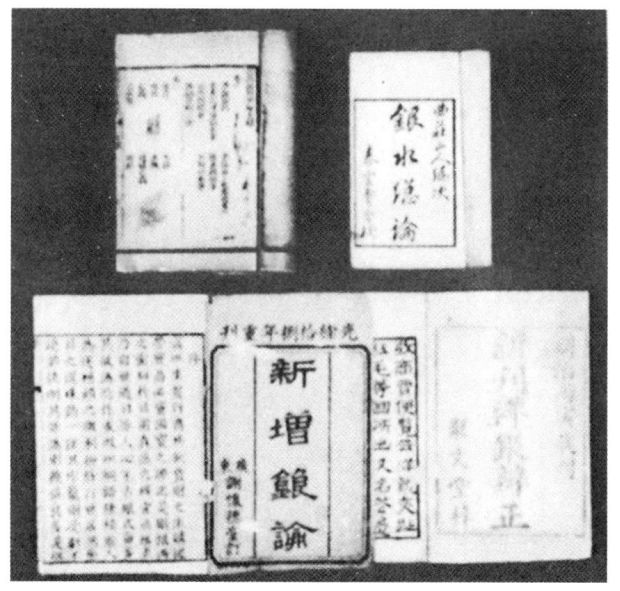

商人用于鉴定银质的指导书籍（左上为《银经发秘》）

大清帝国

《银经发秘》记载的伪造品图解

马蹄银的鉴定方法。上海的通货市场要比广州市场落后，马蹄银的使用在当时还比较多，所以似乎可以说在将洋银作为标价货币使用的方向上，上海反而先行迈出了一步。而长期习惯使用洋银的广州，却向中国传统的使用方法后退，并且在这个取向上固定下来。这究竟是不同地域的居民的性格使然，还是前述的两种趋向塑造了居民在白银使用上的不同特点，我们目前还难以判定。

清朝的银钱

随着洋银的流行，中国南方各省开始率先将其用于发

6 清代的社会经济

放军饷,即充作军事费用使用,所以后来中国也模仿洋银,铸造、发行了很多种类的银币:有被称作"如意银"的如意纹样的银币,有被称作"笔宝银"的毛笔纹样的银币,还有仅仅铸上"军饷"字样的银币等,在民间还有被铸成"土地公银"、"桃园三结义"的银币,后来都统称为"银圆"了。这其中也有可以上溯到乾隆年间的,它们最初银质都比较好,所以为人信任,但后来一般都被偷工减料,银质下降,也就不再流通了。用于军饷的银圆虽然铸有"府库"字样,属于地方官负责,但到了光绪三十年前后,清政府发行了"光绪元宝",系七钱二分,即一两的单位,是一种纯度为七十二分的银圆。到了宣统年间,"大清银币"以一圆的标价被铸造了出来,还有地方官发行的被称作"土铸"的一两银圆。

中国的白银经济历时长久,经历丰富,在白银几乎结束了它的世界经济使命的时候,至清代末期,清政府还在发行银币,并一直影响到袁世凯和孙文、蒋介石的政府。这些银币的原型都是当年西班牙的八里亚尔银币。一般认为,钱币符号"$"是通过组合了比索的"PS"后才开始这样来写的,但是当年有人相信,这一货币符号来自双柱绕旗的纹样,或是大力神柱与"8"的组合,这种认识说明八里亚尔的银币当年真的获得了世界的信任。还有一种说法是,江户幕府发行的"南镣二朱银"是以八里亚

大清帝国

从西班牙银圆、墨西哥银圆到民国货币的变迁［左边自上而下分别为西班牙银圆（双柱钱、番头钱）、墨西哥银圆（鹰银），中间自上而下分别是光绪元宝、大清银币、香港银圆］

尔的银币为材料铸造而成的，所以它输入日本的数量也非常巨大。

四 商人的活跃

商人道德的普遍化

中国商人的信用在十九世纪已经获了世界的好评，只是很多欧洲人在当时还不愿意相信这一点。他们认为东洋人不可信，像这种简单武断的评价还有很多。然而，所谓

6 清代的社会经济

信用是一种相互的行为，对于一个谎言，会有另一个谎言来回应它。在交易中以信用为基础，甚至使得交易对象都成为可信任的商人，这种伦理的浸透需要一种在相当长时间内培养出来的信心为其提供保证，所以我们很难说清楚它是在什么时候，自什么地方出现的。但一个商人会因其不道德而遭到蔑视，这在世界上任何地方都是一样的，要想摆脱这种恶评，恐怕需要相应的巨大动力才行。

对于中国可夸耀世界的商人道德，没有人将其作为一个历史事实来取材、论说，可以说这实在是迄今为止的历史学家们的一种怠慢。日本政府在江户时期推崇中国朱子学，在明治时期推崇儒家道德，所以与其相应的社会伦理在日本社会扎了根，可因为那时中日之间的交流很少，日本人并没有学过中国的这种庶民道德。不过日本也拥有这种伦理道德发展的基础，诸如手艺人的特性、商家的法度等日本人的道德表现形式，现在也被认为是一种非常珍贵的文化遗产。如此看来，对于在中国已经普遍化的商人道德，我们应该更加珍视。但是长期以来，我们对此的理解仅停留于以下认识：由于政治权力没有规范庶民的生活层面，所以或是民间的相互扶助造就了它，或是民间信仰出于教诲现世因果报应的目的而培育了它。

中国各地农产品的集散已有数千年的历史，虽然王朝交替、战乱反复，但流通经济几乎从未停下其脚步。食盐或铁的生产地、生丝和茶叶的产业据点,恐怕都曾经历过所有的不道德和堕落。商业利润是狡诈的源头,垄断和暴利是诸恶的根源,中国商人们一定已经见怪不怪了。在这些经历的基础上,在一定程度的商业积累变得普遍以后,中国商人们切身体会到:若不守信,便无法维系实际的商业运营。

商人道德的形成,在有的地方应该可以上溯到宋代以前,但我们认为其一般化是在明清之际。由于商人的活跃被官僚群体视为眼中钉、肉中刺,所以多由官僚执笔的史料过分强调了他们的道德败坏,可实际上,商人道德是一种构成中国庶民共同体意识之根基的伦理观念。

京城商人

中国的京城——长安、洛阳、开封、杭州、南京、北京等地无疑是各个时代最大的消费地,当然也有各种各样的商人在此聚集并积极活动。不过,出身京城者在商业上的作用多停留在联络方面或仓储业,以此积累巨额财富并发展成政商的商人却很少。与住在京城的资产家们多在地方上拥有庄园,有着稳定的收入来源一样,他们一般都在商品生产地有着自己的基础,将各种货物运到京城,或在京城拥有店铺,或从事商品批发,并据此做大。当然,工艺品等中的高级商品多是在大都市里做出来的,经营这种

6　清代的社会经济

买卖的特殊商人应该是居住在首都的，但是就像在广州从事对外贸易的大商人多是福建出身，北京的金融从业者多是山西出身的商人一样，在不同行业会有不同地方出身的商人活跃在京城，这种例子似乎早已有之。

在宋代，京城中有一个叫作"瓦子巷"的繁华地界，被视作都市繁荣的象征，其后各朝各代从未少过这种纷繁热闹的市街，关于清代的北京，有很多人写过像《日下旧闻》、《宸垣识略》、《都门纪略》这样记录其繁荣景象的书。而且在京城的近郊也会形成一些向京城输送货物的货场和各种专卖店的聚集地，其中一些像卫星城市一样发展，特别是在舟车集散之地也形成了市场。这样的城市大多历经数个世纪依然不衰，并塑造了京城的面貌，不仅是京城，其他城市的特色也早已通过那些小规模的商人群被塑造出来。关于那些商人的从业类别，有个名叫戴霭庐的人写过一本记录商业往来的《生意经》。虽然这本书是1929年在上海出版，以上海为中心写就的，但是它包罗了旧中国的情况。另外，在1906年，上海的东亚同文会还出版了前文提到过的《清国商业综览》。

通观这些书籍可以首先指出，在十八、十九世纪，随着时间的推移，当时称作"钱业"的金融汇兑业急速发展。与北京相比，这种倾向在鸦片战争后的通商口岸表现得更为显著。而在过去也多次出现过以获取中间利润为生的金融、运输、中介等行业的增加。虽然不能说这反映的一定就是一种经济过热的现象，但不能否定的是，社会资源集中进入非生产部门导致了社会资源的浪费。且在这种部门中——在中国也是一样的——大资本的积累很显著，而代表中国的生丝和茶叶等产业中却没有出现大规模资本。可以说在当时的京城，即使有大商人，他们的经济活动也十分单调。

广东商人

人们常说在中国广东人和湖南人最为活跃，在各方面都人才辈出，甚是知名。广东处于南方偏远地区，因此产生了与中国其他地方不一样的社会，很早以来便是如此。自广州成为中国海外贸易的窗口之后，乘船来到这里的阿拉伯人、欧洲人也比较多，据说中国的新事物都是从广东开始出现的，海外的货物和知识等也是从这里引进中国的。正是由于这样的历史很悠久，旧中国的各种情况在广州反而像具有了抗菌性一样，残存得更牢固。被称作广东的"墟市"、"七十二行"的商业现象等便是如此，其名在整个清代都广为人知。

所谓"墟"，是指在广州及其邻近各县盛行的定期集市，北方称这种定期集市为"集"，与其相对，在广东人们习惯称之为"墟"。所谓"集"，指的是人们集中在一

6 清代的社会经济

起比较热闹，而"墟"指的是散市后寂然的广场。这种称呼上正相反的现象，对中国人而言是很有意思的，对此加以论述的人也有很多。不过，定期集市在实际内容上却没有什么大的变化，在进入二十世纪后也到处盛行。另外，在广州市内，经常销售同一货物的货摊集中地被称作"栏"，"栏"也到处都有，这与东南亚的普遍习惯基本一样。

所谓广州"七十二行"，是指同一行业的商店街在广州非常多，同一行业的店面一家挨着一家，形成了一个相对独立的区划，它们被统称为七十二行，而且这一个个行业的合作组织在清代也一起度过了最为繁荣的时期。我们今天使用的银行的名字，也是从七十二行中的一个行业演变而来的，唐代的"金银行"指的是经营金银小件的店铺及其合作组织，而"银行"则是在清初发展成为金融业者的合作组织，其名称自此才逐渐固定下来。

广州的七十二行后来直接成了指代广东商人的一个词，它与同是广州的"十三行"和汉口的"三十六行"一起，作为中国商业的一个特色流传开来，其成立的时期也前后相仿。只是作为广州的背景的珠江流域与构成上海的背景的长江流域相比，前者生产能力低得多，所以上海开港以后，广州的地位开始下滑，加之作为一个国际贸易港，其地位又被香港所取代，广州后来便渐渐地失去了繁荣景象。与此相伴，广东商人的活力也逐渐消散，最后失去了左右中国经济的巨大实力。

在海外的中国商人在东南亚最为活跃，而这些华侨主要是福建、广东出身的，所以我们所谓的华侨资本，基本上都集中在这两个地区。清末的革命活动与其资金之间的关系等便是其显著的实例。虽说这成了对中国经济做出的一种贡献，可在当时，却未必就能说那成了一种聚合性的实力。

山西商人

山西地区作为铁的产地造就富豪的历史非常悠久，也曾间或出现过以太原为中心，在与北方少数民族之间的交涉、交往中确立起的政权。特别是在与契丹进行交涉的五代以后，山西一带的商人势力变得强大起来，再后蒙古兴起，此地变成了兵站基地，并成为宋代的京城开封、明代的京城北京在经济上的一大支撑。山西商人以通过铁和皮货等积蓄起来的资本来居中买卖稻米、食盐、丝绸，后来还有棉花等主要货物，因此其资本逐渐雄厚，进而又在金融行业形成了自己的势力，最后甚至连政府资金都由他们经手了。这是因为自古以来中国商人与政权都有密切联系，而这种特点直接延续到了明清时期。华北一带的工商业至清代几乎都被他们掌控在了自己的手里，他们与南方

6 清代的社会经济

的徽州、宁波等地的商人势均力敌。

虽然山西商人也与中国其他地方的商人没什么不同，但当时出身山西者很团结，他们会建立稳固的学徒制度和合作组织等，而且祭祀和交易等也是共同实施的。在清代，我们观察成为山西商人中心业务的金融业会发现，其营业规模最大的称为"票号"，业务以通货兑换（汇兑）为主，发行被称为"票"的银票，亦即纸币，同时也办理存款（存银）、贷款（欠银）等业务，但这些并没有成为山西金融业的主要业务。其主要金融业务是经营银号或钱庄，甚至是依托于此代为收缴税金，通过征税等收缴的政府资金当时几乎是不收任何利息地保管在山西金融商人这里的，所以他们以此获得了巨大的利益。此外，他们负责铸造银两的炉房也经营存款和借贷等业务，还有他们的当铺也经营着面向农村的抵押贷款等金融业务。山西商人经营的中国旧式银行不仅在北京开办，而且几乎遍布全国。其资金主要被用于大量购买农民土地和放高利贷。

随着白银经济逐渐成为中国经济的中心，银两与铜钱之间出现了一个汇兑市场，这在当年也多是由山西商人一手控制的。铜钱代表农村经济，银两代表都市经济，每到农村的农产品收获、销售时期和肥料、农机具等的购买时期，他们便会借此时机操控汇兑市场，使银价上涨，导致农村总是背负重担的情况出现。即便是在银两式微，西洋银币变得通用起来之后,白银和铜钱的比价也还是继续受其操控变动,银圆(大洋)一圆绝不仅仅兑换一百钱,其比价在一百二三十钱是很正常的现象。后来,随着新式银行的发展和国际经济在中国的浸透,山西商人的这种金融势力逐渐衰退。

徽州商人

安徽省徽州自古以来便以笔墨的著名产地而广为人知,这里的文房四宝的名品、珍品,是以江浙地区经济实力的发展为背景而被生产出来的。江浙地区的经济发展比广东、山西和四川等地稍晚,估计是自宋代开始的。

徽州古名为新安,故此地的商人时称新安商人,在明清年间异常活跃。徽州商人的中心是盐商,明代中期以后,集散于扬州的食盐为安徽歙县出身的商人所垄断。在获得了巨大利益后,他们开始以此为资本,从事稻米、丝绸、棉花、陶瓷、铁、茶叶、木材等的中间买卖,其中既有像著名的海盗王直一样,以生丝等进行海外贸易的,也有在澳门从事对葡萄牙贸易的人。与其说是同乡,莫如说徽州商人同族共同经营的倾向更强一些。他们沿长江而下,甚至进入了国际贸易领域,这是他们的一个特征。

还有一点或许是徽州的传统使然,那就是徽州商人们喜欢艺术,对学者非常优待,而且印刷行业的人才辈出。

但是，随着盐业在清代逐渐衰弱，徽州商人的资本很多也转向了金融行业。当时已有绍兴、宁波等地的商人进入这一行业，在作为其地盘的上海不断繁荣的过程中，他们最后不得不将其地位让给了后起的徽州商人。徽州出身的官员投资同族的徽州商人的例子很多，如果将此与山西商人作为政商利用政府资金获利这一点比较来看，则可发现，在官员的个人投资方面，或大或小的官商勾结在清代各地随处可见。清代的商人中，从当年最为辉煌的广州十三行，到最为朴实的徽州商人，都有努力寻求自立的一面，以及致力于依附政府的一面，但似乎最后因其私人的纽带关系，都不得不向政府一侧倾斜。

五 会馆与公所

同业公会

在欧洲，被称为"guild"的同业公会是市民获取权利的基础，这被视作从学徒制到个人的自由的一种觉醒，是欧洲社会向近代发展的一块基石。随着相关讨论的增加，同样的组织在中国也存在，而且其范围更为广泛的事实，开始变得备受瞩目。这种事实在海外肯定也很早就为人所知了，但首次指出这一点的，是十九世纪末住在天津

大清帝国

的美国医生麦高恩（MacGowan）和二十世纪初曾任上海海关官员的美国人马士（H. B. Morse）。或许正因为他们是美国人，才将中国的这种行业组织作为一种异质的事物来关注。不过，他们首先将关注点放在了中国人强烈的连带意识，以及对于破坏这种意识的人的严厉制裁等之上，而关于这种组织是如何演变的，起到怎样的历史作用等的记述，却是后来经由日本研究者之手实现的。

自古以来，中国社会就是以血缘、地缘等共同体为基础，在一种颇具自治特征的运营下发展而来的，这是一个极为显著的事实。作为血缘团体，他们拥有祠堂，将死者的牌位依次供在这里，将其充作同族集会的场所，进而建造共同的墓地，相互扶持，这种遗迹在华南地区留存甚多。察其谱系，从始祖开始一代代数过来，同代人为同辈，又按不同的母系分成"房"，并将其作为其血缘组织的基本单位。这种血缘共同体在一些新开拓的土地上和边境地区维持了很久，但在中原地区很早就弱化了。

取而代之的是中国国家的强大，在全国各地出现了中心城市后，聚集在城市中的地方出身者按照其出身地区组建同乡团体，于是，带有地缘特征的连带关系增强了。这种同乡团体也共同祭祀，共设墓地，为来到城市的同乡人提供各种方便。一方面，由于同乡中同业者较多，所以同乡团体的活动地点倾向于成为其货物存储、交易等的据点；另一方面，它还倾向于成为他们与官僚进行联系的一个联络站。

特别是在当时的北京和南京等地，这样的地方作为上京赶考的应试考生的投宿之处，已成了一种不可或缺的设施，各地竞相筹建。那时人们虽将这样的地方叫作"会馆"，但在会馆中也有一些是宗教团体所建的，及至清末，也存在一些学校的同窗会所建的会馆，其规模不一，从大规模的宅邸到小规模的租来的几个房间，什么样的都有。同行业组织的相关设施也有很多被称为"公所"，但当时在会馆与公所之间并没有严格的区别。这样一来，以会馆、公所为中心联结起来的组织，可以说就是当年中国同业行会组织，特别是商人、手艺人等的组织与欧洲的各行各业的"guild"基本相同。

同乡团体

后汉的洛阳有郡邸，唐代的长安有进奏院，宋代的开封有朝集院，据说这些地方都是供京城的官员与其出身地联络用的，相当于地方办事处，并不供民间的普通百姓使用。中央政府和地方之间的联络在中国历朝历代都不可或缺。商人开始直接加入这种建立联系的设施，是从明清年间开始的，商人们在北京创建芜湖会馆，据说是永乐年间的事。一旦会馆规模壮大起来，人们便都习惯于去夸耀自

大清帝国

己的会馆历史多么悠久，所以他们所言的创设时间也未必可信。

在当年的中国，会馆是一种共有财产，很多都会编撰会馆录、会馆志等，记录其经营、管理等。通过这些记录来看，在北京的同乡会馆大概是自明嘉靖、万历年间，开始由一些富裕的府县创设的，其最初目的是帮助那些进京后无熟人处落脚，或旅费不足的同乡人士，只是后来会馆很快都被那些有实力的商人、大官占据了。

北京的会馆在进入清代后，随即步入了全盛期，据清末的《京师坊巷志》等史料记载，各省在北京的会馆数量如附表所示。除此之外，还有一度创设、后又衰亡的会馆，也有相邻两省共同拥有的会馆，其规模大小不一，特征也各不相同，但通观会馆历史，它们基本上都是由地方的府和县的商人等联合出资，或是由当地出身的官员捐助创设，其最初目的似乎也都是要在北京创建一个落脚之处，以为载货上京的商人、进京赶考的科举生提供方便。而在这些设施被有实力的人独占，成为他们的集会之所后，有的不久便走向了衰亡，或者有时高级官员也会另建会馆，大体而言，那些地方小的会馆供商人、科考生等利用，地方大的会馆供官员们使用。像所谓省馆那种大规模的同乡团体设施在其后又接着创建起来，这也是极为常见的现象。

6 清代的社会经济

河北省	河南省	山东省	山西省	陕西省	甘肃省	奉天省	江苏省	安徽省	浙江省	江西省	湖北省	湖南省	四川省	福建省	广东省	广西省	云南省	贵州省
七	九	四	三	一	二	一	〇	七	五	七	六	二	七	六	六	八	四	五
		三	二		二			二	二	二	二	四	二		一	一	二	二

北京的会馆数

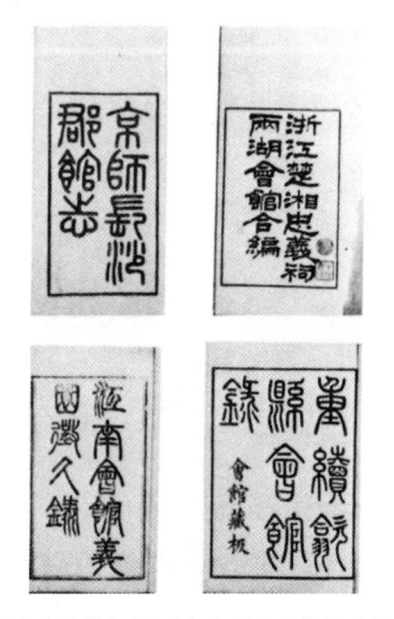

同乡会馆的记录（左上是北京长沙会馆，右上是杭州两湖会馆，左下是南昌的江苏安徽会馆，右下是北京歙县会馆）

不仅是在北京，在清代的一些地方上的大城市，会馆也是随处可见的设施。当然，在地方上，官员较少参与这

· 331 ·

些设施的运营，而盐商、茶商或其他商人成为其中心，他们与下到地方的官员共同运营会馆。其中，像在杭州这样风景好的游览胜地，有的会馆成为来此游玩的官员的落脚地。它们是当年为在杭州埋祭在镇压太平天国运动中战死的湘军和楚军的二千五百多人，以政府的扶助金为基础建于杭州的，主要供湖南、湖北两省出身的官员在此落脚，在附属建筑中有两间店铺，据说其房租充作祭奠等的活动经费。

同业团体

与前述同乡团体一样，同业团体也通过创建会馆等，在同业间的集体采购和协定价格等方面，强化它们之间的相互扶助的连带感。二十世纪初曾住在上海的马士曾举过这样一个事例：当年上海蜡烛零售行业组织中的一个人低价销售了蜡烛，作为制裁，该同业团体组织的成员一人咬上一口，结果将这个人咬死了。同乡团体在商人与官僚之间是一种流动性的存在，与此相对，将命运赌在了营业上的同业团体，却构建了一个无论是扶助还是制裁力度都极强的共同体。虽说是同一行业，却存在批发、零售、中介的差异，有的是店铺销售，有的是摊位零售，在手工业上，有的是师傅，有的是工匠，另外还有从事运输、搬运的劳动者，此中再加上同乡关系、宗教信仰关系等，这一

6 清代的社会经济

共同体中的连带关系在当时极其多样。

同业团体创建的会馆中规模比较大的还是金融业创建的设施。在北京的名叫"正乙祠"的会馆和上海的"钱业会馆"中,除祠堂外,还设有剧场、交易所、会议室等。另外,织染业的"颜料会馆"、油商们的"临襄会馆"等,虽然在当时都很知名,但这些设于地方城市的会馆整体来说同业色彩要更重一些。手工业方面的同业组织很少有连商品销售都包含在内的"一条龙"经营模式,从制粉、酿造等行业开始,它们逐渐被商业资本吸纳。

虽然商业资本多数是通过合伙,即共同出资(后来称为合股)的方式成立的,但是与经营者相比,出资者更具有实力,比起所从事的事业的利益,出资者的利益更加受到重视。这使得商业资本在运营中,即使直接组建起他们的同业组织,开设了会馆,也多会为那些有实力的商人所独占,在他们开会时,如果有议长级别的长老们发言说点什么,所有人也都会附和,或者说不得不附和。

中国的同业团体联合起来在地方城市左右市政的倾向,在当时也并不是没有。从当地的度量衡的确定与市场的管理、交易规则的制定,到出于治安目的的警察、消防的配备,有的同业团体甚至还有军队。他们自设公堂,置办刑具,可也从事社会公益事业:设置负责贫民救助、弃婴养育等的育婴堂,修筑城墙、下水道,创办学校等。不过，其领导阶层常常为维系自己的权威而与官僚"穿一条裤子"，所以中国的同业团体后来未能像欧洲的"guild merchant"那样最终发展为自由城市的中坚力量。

会馆的作用

在明清时期的中国社会，会馆成为流通经济的一种动力，成为人际交流的一个场所，直至清末，它都从未间断地开展着它那可谓盛大的事业。至民国时期，会馆虽然还继续保持着其功能，但同乡团体已开始衰落了。对于这种衰落，中国的研究者曾就同乡意识的弱化进行过探讨，但非常明显的一个原因则是科举制度的废止。中国历史上超过一千年的时间里，中国人一直都将当官视作人生的最高目标，为科举考试而努力，希望能够"鲤鱼跃龙门"。科举紧系全国青年的命运，在通过几个阶段的考试后，数千名考生会集体进京赶考。在清代每隔四年才举行一次的北京殿试之际，打着"公车"（举人之意）旗帜的各地举人的马车成群结队，据说连盗贼都不会对他们下手。而当年接纳这些举人的就是各地的京城会馆。平时将会馆作为根据地的商人们在此期间也都会顾及那些考生，不到会馆里来打扰。会馆会向中榜者赠送贺礼，庆贺自本乡进入官场的人又有了增加。

中国的官僚有回避本省之说，即不允许他们到故乡赴任。所以在京城的会馆、其在任地的会馆等就成了他们的联络据点,并因此发挥着相应的作用。这种联络故乡和中央的通道,同时也是直接联结官僚和商人的纽带。在这里,他们长期养成了一种互不利用、互不干涉的习惯。中国的政治统治将百姓生活的绝大部分委于自治,而只致力于监督、管控,若从干涉百姓生活的一举一动,照顾到方方面面的这种理想政治状况看来,中国政治往往被视作一种散漫且不负责任的恶政。也有人认为,正是因为这种恶政,当时才会出现会馆这样的防波堤。因为近代国家有其作为国家的目的,会做出集国民之势以图国家发展的选择,所以统治者当然会认为:采取放任的方针缺乏效率,而且在最后阶段实施监督、管控缺乏合理性,想要仅凭权威来推行其统治的政治是封建的、落后的。但商人们即便牺牲自己的独立性,也要对官僚加以利用,也要对其专横加以遏制,我们不能断言当年他们出于这一目的而组建起来共同体设施毫无价值。在当时的世界背景下,商人放弃了其独立性,便是无望于步入资本主义的道路了,但像会馆这样的共同体设施却使中国的农民和匠人等较早地登上了历史舞台。

会馆后来以"官商共倒"的形式退出了中国的历史舞台。其组织虽然解体了,但那仅仅是它失去了巨大规模的一面,其相互扶助和拥护生活的共同体的功能性一面却

大清帝国

分散地残存了下来。一个组织在改变其内容和性质的同时，会进而将接力棒交到另一个大型组织的手中——这种模式在旧中国几乎难以发现。规模化的东西，会被分散开来并被加以再编。虽然中国的会馆在世界经济的面前解体了，但可以说其间培养出来的伦理、自信等并没有消散。

7

清代的学术

一 中国文化遗产的集大成者

清代文化的地位

数千年来，在中国的广大地域上，基本上是同一个民族在此生活，这使得一种民族特色鲜明、民族气息浓重的厚重文化在这里积淀了下来。历史上，一种民族气息厚重的文化向外溢流，以至于将其他异质民族同化的事情并不太多。不过，中国文化却以汉字和儒学为媒介，将周边民族包容进来，构建起了一个人称"东洋"的世界形象。虽然日本、朝鲜还进而接受了中国佛教，与中国一起形成了一个中国文化圈，但中国自身也存在很大的地域差别，与周边各个民族的文化也并非均质的。所谓文化，就是扎根于一个民族的生活之中，会在交流与摩擦、饱满与枯竭等的反复中成长、衰退的东西，有的发展成了传统，有的则成为一股暗流而被继承下来，即成为这一民族的文化，因此以民族为基础把握文化，如今已成为一种理解文化的有效途径。

在中国文学方面，有汉赋、唐诗、宋词、元曲，不同的时代都有其最为优秀的文学表现形式，而这也为那个时代增添了特色。与此相同，我们也常说周铜、汉漆、宋瓷，诸子百家、汉儒、宋学、明学，等等，这些都是积累下来的民族文化遗产。

但在支撑着整个社会的农业上无法找到这样的时代特色。农作物的变化、农业技术的进步现在虽在一定程度上也有迹可循，但一直以来农耕社会的本质是劳动，打个比方说，劳动是一棵大树的根和干，而让这根和干周围开出各色花朵的力量即是文化。以往，一说起文化史，对文化遗产的整理和彰显曾是历史的主题，但在今天，作为一种社会史，对树干的材质和营养源的探究成为主题。不过不仅是农业，在所有已绽放的文化里，都已烙上了人类活动的印记。

在各个时代，文化的特色都是多端呈现的，所以一般来说，若想通观某个时期的历史，文化是仅次于政治的好线索。那么，清代的文化，即自十七世纪后半叶至十九世纪期间的整个文化，在中国史、世界史上是怎样被加以解读和对待呢？由于时处近代，所以无从考察、被彻底毁灭的东西较少，一般认为清代几乎可以代表旧中国的全部。将其与同时代法国的波旁王朝相比，华丽的印象较突出；与印度的莫卧儿王朝相比，繁荣、富强的特征明显；与日本的江户时代联系起来看，则还可以发现浓郁的民族特色。

但在中国历史上，集过去遗产之大成的时机屡现，也取得很多综合性的业绩，所以中国人已谙熟文化遗产的整理和研究，而且掌握了出众的方法，但其中独到的见解和创造性的成就并不多见。特别是思想方面，在清代的军事政权统治之下倾向于迎合、依附，于是，一种不伴随哲学性思考的史学在当时迎来了全盛时期。文物方面，虽然可以看到其开始受到欧洲文化的影响，但仅停留在细枝末节的技巧上，并未将欧洲文化真正吸收、消化。可以说，与政治方面相同，旧制度在清代文化上也不断发挥作用并贯穿始终。

清代思潮

从今天来看，能够引起我们的兴趣的，在当时未必是很流行并发挥了中心作用的东西。而且，对于可被称为清代的社会通识、人与人之间相互理解等的基础——可谓之思潮的东西，我们可对其施以探究的线索并不太多。在今日的问题和当时的资料之间，总是存在相当大的距离。于是，若以当时的思想家写就的那些文字性的东西为基础进行研究，我们写的便不是思想，而是某个思想家，不是思想的源流，而是那个思想家的一个传承，而据此进行研究还被视作一种当然之举。而且那些当年未被视作问题的东西，在今天却有人对其产生了兴趣，而发现这一点后，人们还会变得更加容易让它流行起来。所以长期以来，我们的思想史虽然或是思想家的历史，或是容易成为研究者的一种恣意之举，但人们一直认为，除此之外没有什么其他的记述方法。因此一直以来，我们取材的视角都是这样的：在社会上层，面向他们的伙伴和执政者所说的东西便是一种思想。与之相对，那种行走在社会层面的思考中的条理性的东西等，则多被归类为一种民间信仰，而这样一来，它们好像也就不会谓为一种思潮了。

一般认为，与明代的阳明学成了一种心学、一种观念论相反，清初经世致用的实用学问甚为盛行。只是当时，社会一般并没能从经世致用再迈出一步。清代思潮的基调既非少数民族的统治，亦非返回社会性的基础层面，而只是从空洞的学问到实学的回归。这种回归无论多么具有实证性，还是有朝向对诸学整体加以综合的方向性，那些追求实学的人们最终都不是在进行创造，而是仅停留在对既有概念的再编上。

中国的学术是官僚的产物，与官僚不能在出身地为官,宛若浮萍一般一样,那种扎根于生活的思想在清代很难产生。或者也可以说,中国文人官僚认为,通过舍弃生活,能获得更高的思想层次更高远的信条,而其终极便是"道"。这种"道"是凡庸之徒无法企及的、高大上的东西,若能励精刻苦,自觉追求,便会结出修身齐家治国平天下之实。

道光年间,曾国藩的老师唐鉴写了《清学案小识》一书,其中对清代学者进行了品评,并将其分类为传道之人、翼道之人、守道之人,外加经学之人、心宗之人几种。其著不禁令人感到,"道"是需要自己去辅佐、守护、传播的,其中有不允许外人介入的感慨。不入道者便难谈思想,朋友之外也称不上学者,为此他好像还做了一个名簿。唐鉴专心于朱子学,不承认思想的流动性。这与官僚只想保住自己地位不会被动摇相一致,官僚体制越是庞大,这样的思想体系也就越稳固。

史学的全盛

清代是一个少数民族统治的时代。虽然有人认为,回顾历史作为一种可唤起民族主义的做法,在清代当然会受到避讳,但在事实上,清代学术的中心就是史学,其遗产在今天仍然最具影响力。

中国的史学曾作为儒学的一个领域获得发展,大约在南北朝时期，对晋朝的历史回顾变得兴盛起来，开创了一个与儒学有别的独立的学术领域。中国历史上的经史两大系统一是国学，一是社会学。到了清代之后，甚至出现了儒学被纳入史学的倾向。乾隆时期的章学诚著的《文史通义》一书开头，有"六经皆为史"的话，甚是著名。人们当时并未将这视为一种冒渎，而是认为：正是历史，才以事实为人们指示出一条道路。在儒学上，当实证主义取代观念主义并强大起来后，清代的学者们便已开始着手探究起古代经典的历史足迹了，所以开始向接近史学迈出了一步，待实证研究以更具合理性的证据发挥出了它的作用，他们又向接近史学迈出了第二步。所谓的考证学的兴盛也有着一种将儒学作为史学来对待的意味。

在中国的文化遗产之中，史书格外地多，从这一点来看，中国也可以说是一个历史之国。然而，除了各朝各代的历史记录，通观这些史书，那些被施加了历史性的加工的著作，几乎大半都集中在了清代。数得出来的历史学家也是清代人数最多，史学在清代已经成为诸学的主流。在宋代，地理学、文字学、音韵学等学术领域已经获得了独立，但清代对这些学术领域加以历史性地组编，将它们也纳入了史学系列。当然，这些成就的取得并非因为清代有了专门的史学家，并将这些当作他们的工作，而是当时的官员们倾注心力研究而取得的成果。若闻其辞，所言理由则为：经学是深奥的哲理，实难到达，史学平易明晰，只要研究便会有与之相应的成果，从而有所累积，故而选择了这一道路。的确如此，清代实学正是朝着这个方向前进的。

清代史学的成果后来都成为中国知识分子的一种教养，其流传至汉字文化圈也是再自然不过的。然而也并不能说它与当时社会上的一般大众没有什么关系。确实，那些知识尽管没有还原到社会层面，它们也是以当时的社会为支撑才开花结果的，那些感到史学低于经学的史学家也能够自觉地去接近百姓社会了。清代社会的流行思潮之中，也有通过小说、戏曲的方式，取一些中国历史上的戏剧性的情景于日常生活之中的作品，《三国志演义》和《水浒传》等并不是作为一种戏剧，而是作为一种历史事实而受到人们的喜爱的。对关帝庙的修复和对各种遗迹的彰显等项目一个接一个地进行，清代社会可谓是着上了一种历史的色彩。与史实相比，清代人们的日常意识之中的英雄人物比任何时代都多。清朝也认为这不仅无害，更承认其为一种对道义的颂扬，皇帝们也是像剧作中的英主那样行动的。

实际上，清代史学对日本的中国史研究者们来说是一种非常亲近的存在。或多或少地受其影响，在对课题的选择和对史料的处理上等，日本研究者身上都存在直接继承

大清帝国

清代史学家的特点，他们如获至宝般地珍视清代史学，而且也像变魔术一样，经常会从中取出很多的材料来发表。他们有时会深入详细地附以长长的说明，有时则归纳总结、只抓重点。日本的中国史研究者之所以能做到如此，或许可以说是因为中日两国的史学家之间，其意识是有些共通之处的。

世界的中国

在葡萄牙的里斯本王宫里，葡萄牙称霸时期的各处殖民地的风俗习惯被做成瓷砖壁画装饰在其中，从各个地方带回的各种宝物也陈列在那里。其中，既可以看到中国的风景，也可看到中国楼阁的微缩模型和陶瓷器等——当然，这些也都是清代的。中国的文物在进入欧洲后，以陶瓷器为首，对当地产生较多影响的也多是清代的东西。在世界各地，中国美术作品的收藏非常之多，另外还广泛地涉及铜器、玉器、陶瓷器、绘画等，各个时代的名品都从中国流到了海外，但外国人眼里的中国形象大多出自清代的文物。在世界的知名图书馆之中，中国部分都是用清代的图书装满书架的，而清代的书画作品更是遍布全世界。鸦片战争后，中国的东西不断被掠夺，或被掠夺般地收集。正如清朝自夸的地大物博一样，中国让世界看到了自己丰富的物产，让西洋人做起了东洋梦。

7 清代的学术

即便是在当时的欧洲,东欧和西欧关于东洋的印象好像也有所不同。一般认为,在西欧,东洋是从海路绕过非洲大陆进入印度洋,再通过中国南海的航路时展现在其眼前的;而在东欧,对东洋的描述则存在于自巴尔干出发经由小亚细亚,再越过伊朗高原向东的最东端。所谓的东洋的奢华、东洋的专制等,自古以来抱有这种东洋印象的是后者,在此基础上,自海路发现亚洲大陆以后,前者的东洋印象又被叠加于其上,对于那些吸收了西方启蒙思想的亚洲政治思想和马克思亚细亚式的东洋印象而言,当年的这两种不同印象正是存在于内核和外在两个层面的。而且,构成其外在印象的几乎都是当年清代的中国形象,至于其内核部分,则如同富士山和樱花象征日本一样,西班牙瓦伦西亚市里残留的布袋和尚像和佛寺中的尖顶佛塔也象征着中国。

在魏源的《海国图志》于道光年间刊行出来之前,当时的中国所描绘的世界带有一种类似利玛窦的《坤舆万国全图》那般的印象。但综合该图错误百出的情况来看,可以说还是同时代的世界对中国的认识更为深入。始于欧洲的这种中国认识在不断朝着进一步理解其背后的更为庞大的文化的过程中,构成中国文化中核的那种朴素的影像当时应该也在不断地诱导着本属外在的那些知识,并对他们的中国印象进行着塑造。尤其是在中国成为世界市场之后，这种倾向继续发展，世界的中国印象双重化的问题变得更加严重了。初级层次的爱憎和专业性的知识混在一起，这在当时的无论哪个领域都是常见的，外国人越向中国接近，这种印象便越是超乎寻常地强烈，这在当时该是一个事实。

中国的文化遗产和日本人

在革命后的中国，人们在意识上与过去决裂，在文物上却努力保存、维持之前中国所取得的业绩。在这种情况下，当时的人们致力于还原文物，集中精力研究其制作技术和使其留存下来的方法，而对精神方面的继承是抱有怀疑的。应该加以继承的精神只有当下的革命欲望和创造精神，过去的那些残渣没有任何用处——这样的说法在当时是无可厚非的。正像孟子"居移气"的比喻所说的那样，人的立场若发生了改变，心态也会发生变化，所以说今天的中国人看起来好像重生了一样，这也是当然的。但在事实上，在我们称为意识的心理活动的深层，精神的构成和活动等好像并不是那么简简单单地就会发生变化的。要想其不至于失控，进而把它控制在一个恰当的程度，似乎还能够做到，但要将其统一起来，并与一定的节奏合拍，应该是非常困难的。即使是在清一色地被涂上了儒家色彩的时代，中国也仍然存在与之不协调的一些团体。

7 清代的学术

对日本人来说，中国的文化遗产并非我们的东西，这是我们的一个出发点，但这并非问题所在。江户时代的日本儒者堪比同时代的清代学者，也可以说其中有一些人取得了超越清代学者的业绩。但在与学问不过是一个装饰品的时代不同，在整个社会生活都涉及它的今天，我们日本人同自出生开始便在其中成长起来的中国人不同，即使手上端起一个茶碗，也能区别它是中国制造的还是日本制造的。我们持有的若是这样一种感觉的话，那中国的文化遗产之于当下的日本，无论是精神遗产还是物质遗产，都很容易成为委婉批评的对象。现在全世界对于中国的陶瓷器和绘画等的鉴别能力提高，如今已不能仅凭那是中国的这一点，便主张该物件具有权威性了，但清代的思想与学问、文学与戏剧等，好像至今尚未从它们的独特性，即中国特征中解放出来。且不论文字、语言等方面的障碍，在中国的民族社会之中，约定俗成的事情和不为人知的表述很多，若是了解了这中间的若干，就会成为一个中国"通"或"博学"之士，外国人就可以将中国文化遗产作为自己的卖点了。

在日本，学习外国历史的"某国通"、博学者之间的游戏，会人为地制造出一个专业的"场"。一个民族的历史原本就是融入这个民族的，它不同于脐带那样的连带关系，而是另外一种系统。特别是对于中国历史，由于在极长的时期内，研究者们总是重复着个人喜好的选择，所以这样的偏向非常明显，而这恐怕也是无可奈何的事情。这与日本的文化遗产在外国被加以对待的时候，我们日本人会觉得有很多处理不得当的地方一样。纠正这种情况的办法唯有：我们充分持有世界性的观点，并以此重新组编至今为止的成果。所谓世界性的观点尽管很难，但作为通向此路的过程，我认为只要尽量远离权威，虚心向前，其距离就会渐渐缩短吧。

二　清代思想

朱子学的维系

汉代开始正式选用儒学作为其政治统治的辅佐理论，在此后的近两千年中，儒学成为中国统治思想的根基。虽然在此期间，古代经典确立起了它的地位，对其进行的各种解读纷纷出炉，儒学自身也获得了很大的发展，产生了各种派别并形成了一个可与伊斯兰教和佛教等相匹敌的儒家文化圈，可儒学是统治者的宗教，并没有成为中国民众的宗教。因此，统治阶层开始强化其宗教色彩，在古代经典的解读中，曰"传"，曰"义"，曰"传注"，曰"解"，或曰"疏"，宛若给其挂上了铃铛一样，为古代经典加上了各种注释，使其体系变得庞大起来，但内容都是弘扬道德，以使其成为社会伦理。这其中，确立起国家道德并构建起统治伦理体系的是宋学，朱子学完善了适合于专制统治的理论，之前作为国学的儒学这时作为官学实现了大成。虽然儒学之中本来也包含着对政治统治的限制和追求人性解放的根据等，但至此它已成了国家学、帝王学的表现形式。

整个元、明、清时期，统治者都尊奉朱子学，这是毫无疑问的，朝鲜的李朝和日本的江户幕府也都追随信奉朱子学。虽然明代阳明学兴起，至清代再兴考证学，但几代统治者的基本路线并无变化。虽然在日本，古学和阳明学等当时被称作异学，遭到了禁止，可清代中国社会稳定，没有禁止异学的必要，有着一种可将新生思想、新倾向都包容在朱子学之中的能力，所以几乎没有异端思想成长的余地。

究其原因，一是通过科举考试来管束民众，二是朱子学作为官僚体制的骨架，每一个官僚也都不得不像护身符一样守护它。朱子学本身此时也已经教条化，不再作为一门学问，而俨然成了一种官僚宗教——这与孔子之于儒教一样，朱子也被赋予了神格。由于清代朱子学作为学问追求纯粹，甚至有着排除朱子之外的其他宋学的动向，所以思想失去了原来的流动性，已完全陷入了一种没有偶像的偶像崇拜之中。

以朱子学为基础的社会教育一直发展，明末刊行了对明太祖颁布的"六谕"——孝顺父母、恭敬长上、和睦乡里、教训子孙、各安生理、毋作非为——解说的《六谕衍义》，而这在整个清代都被视作为教育原理。虽然《六谕衍义》所示的教育原理广泛地传播到了儒教圈，成为当时庶民道德的教科书，可事实上，它只是作为官僚和武士的基本素养固定了下来，还培养了遵行戒律、诚实正直的作风，但百姓究竟又能够做到其中的多少，这是存在一定疑问的。教育使用的素材虽然相同，可要想让其在具体的生活之中发挥出一定的作用，或许还需要其他的力量。

阴骘文中的世俗信仰

在明代普通民众间广为流传的思想中，有这样一种信仰：它称人的命运由老天决定，老天会暗中观察每个人的行为，区分善恶，定其祸福。在这种信仰中，人们使用了表示秘密决定之意的"阴骘"的表述，以此为宗教戒律素材，并写出了相关的书，如明代的袁黄写的《阴骘录》等，它们在民间流传甚广。书中载有"功过格"，即列出表格，标明对善行会加几分，对恶举会减几分；还称在各家各户，是由灶神来具体负责打分的，所以每家每户都要供奉灶神，祈求其在打分时多加照顾。这种信仰贯穿整个清代，似乎构成了民间信仰的中心。

像这种给善恶打分的做法可以毫无障碍地通行的社会，确实具有一种已习惯了货币经济的庶民性，与连说出钱这个字都感到厌恶而曾称钱为"阿堵物"的贵族社会相比，二者的观念实在是相去甚远。都说计量精神创生了近代，但与那种带有近代特征的计量情况不同，中国百姓的计量却是一种装作以数字来对其正确性施以标记的，并不具有客观性的心情上的东西。

在上一章所述的洋银的鉴定书上，也附有"功过格"：收到"伪银"后不拿出去使用为一分功；若收到后拿出去使用，则每百钱计三分过；故意购得伪银来用，每百钱计五分过；出售伪银者，每百钱计十分过等；其他的因果报应通过实例记载。有人说这种功过思想是由道教孕生出来的一种信仰，属于与儒教相异的系统，据此我们可以很容易地做出这样的划分——在当时，官僚信奉的是儒家，而普通民众则依存于道家。不过，功过格也影响到了官僚的家庭生活，所以可以说政治道德信奉儒家，而社会道德则以道家为尊。但与朱子学失去了思想的流动性相比，道家的劝善惩恶缺少一种可升华为思想的热源，故在当年没有进一步发展为一种思想。

道家的神秘主义将世界与自己置于一种对立的位置，

在并不热心于把握社会这一中间层面的亚洲各地，它所呈现出来的宗教色彩非常明显，其发现自己、管束自己的思想对政治、经济所发挥的作用并不突出，容易发展成为一种关于自我修养、自觉等问题的思想。所以道家思想即使作为一种社会理念得到普及，以其为背景获得大发展的动力也是非常欠缺的。道家思想在当时或是将通称为善书的阴骘文的各类版本无偿发放下去，或是使人们变得更为善施，这些积累善根的行为成为习惯后，无疑让中国社会形成浓厚的稳定氛围。与打出某某思想、某某主义的旗号揭竿而起的观念相比，道家的这种像水一般慢慢渗透的思想动向或许已成为中国社会的一种基础力量。

梁启超列举过的清代思想家

尽管武力政权喜欢被统治者的文弱，可仅凭东北政权时代的军事力量，清代统治者是不可能实现对全国的统治的，而等到清朝需要依赖汉人军事力量时，文弱又变得不受欢迎起来，而且以往对其恣意批判的言辞也变得最为忌讳起来。文字狱时的镇压让中国人变成了羊群一般，像样的思想被夺去了可以发声的地方。虽然我们不能肯定在文字的背后，人们还可以解读出些什么，可以发现怎样的思想萌芽，但在进入道光以后的衰弱时期之前，那种能动的思想全然悄无声息了，像黄宗羲的《明夷待访录》之类

7 清代的学术

书籍,一直处于被埋没的状态,没人能够读到它。

梁启超的《清代学术概论》是一部名著,其开卷之始便指出:"'清代思潮'果何物耶?简单言之,则对于宋明理学之一大反动,而以'复古'为其职志者也。其动机及其内容,皆与欧洲之'文艺复兴'绝相类。"[①] 援引梁启超所述系谱,作为初期的代表性人物,可举顾炎武、胡渭、阎若璩三人,他们开拓出了一条据古代经典、求真理的学问之道。承此三人,又可数三派,并列归类依据如下:一为颜元、李塨、刘献廷等人,他们不于冥想和书册中追寻学问,认为应求之于日常之行事;二为黄宗羲、万斯同、全祖望、顾祖禹、章学诚等人,他们于史学、地理学等之中探求学问的根据;三为王锡阐、梅文鼎等人,他们在天文和算数等学问领域开辟了一条道路,是构成自然科学之基础的一派。另外,作为清代全盛时期的代表人物,梁启超还提到了惠栋、戴震、段玉裁、王念孙、王引之,他们虽于初期大肆反对宋学,但并未涉足宋学,而是潜心于考证之学了。

在清代,皖(即安徽省)、吴(即江苏省)是学问的中心之地,吴派的代表人物是惠栋,他跟从其父惠士奇学

[①] 梁启超:《清代学术概论》,上海古籍出版社,1998,第3页。——译者注

大清帝国

习,弟子有江声、余萧客,而王鸣盛、钱大昕、汪中、刘台拱、江藩等人也属于此一派。皖派的代表人物是戴震,他师从江永,金榜、程瑶田、凌廷堪、任大椿、卢文弨、孔广森、段玉裁、王念孙及其子王引之等人为这一派,特别是人称"戴段二王"的戴震、段玉裁、王念孙、王引之四人,当时在这一派中尤为知名。另外,纪昀、王昶、毕沅、阮元等政府要员也是清代的杰出学者,他们同属戴震一派。梁启超在其著的最后,列举了康有为以及他自己作为可代表清代末期——一个努力改头换面的时期——的人物,并在指出清末学问动向的基础上就此搁笔。

如上,梁启超列举的众多清代学者当然各具特色,都是清代各时期最具代表性的学者。但通观这些学者,也可以发现他们的共同特征,即一种"实事求是"、"无征不信"的实证主义,这充分显示了他们在引经据典上甚为执着的治学特点。

中国的经典长期以来一直在被一代代的中国人持续品读,这与基督教的典籍并无不同。不过,《圣经》等基督教典籍是接受外部世界的,而中国的经典则必须将所有都包含于其内。当然,也有不包含在其内的,但那都是些处于末端的技术,它们被视作无法被包含进来的内容。被封闭起来的世界追求的似乎是一种极致,而清代学术处于考证学思想的前段,所以会消耗学者们大量的精力,这也可以说是再自然不过的了。所谓考证，其本身无论对什么样的学问来说都是必要的工作，也容易产生成效，带来充实感，甚至未曾想要涉足这一领域的人也不知不觉地沉浸其中，所以研究集中于考证学也不无道理。

其实考证学及其相关学科并不是就没有思想，也有人想通过考证来说明一些东西，显示其思想目的。虽然如此，但这样的思想往往会语焉不详、拐弯抹角，就像"沙中偶语"的谚语指的那样，是在没人听得见的沙漠里说话。作为面向普通人发表的文章，这也是没有办法的事。

清代六儒

在清朝的全盛时期，有顾炎武、胡渭、梅文鼎、阎若璩、惠栋、戴震六大儒：复兴了宋明以前的古学的儒者是顾炎武；实地调查黄河河道，改正《易经》中牵强附会的错误的是胡渭；专修印度、伊斯兰、欧洲历学，使中国历法实现大成的是梅文鼎；断古文尚书之伪作的是阎若璩；整理汇总汉代易学大纲的是惠栋；而集此五人之大成的，则是戴震。

他们的学术都是努力向源头追溯，通过探求合理性以供实用，因而涉及地理学、天文历学；而对于经学本身，他们排斥宋明之学并溯及汉代，甚至追溯到先秦，如此一

大清帝国

来便像一层层地剥蒜一样,逐渐地树立起了其学术领域的权威——这便是他们当年的工作。为了防止失去权威,他们未将孔子、孟子等人的权威降位,而是使其保持着圣贤的绝对地位,这些圣贤若是出错,他们便会认定那一定是在汉儒以来的各种解释中出了错。在执著于汉代学术的人中,也有些人仅将他所探求的内容究竟是不是汉代之说这一点作为课题的。

上述各学者中,最具代表性的思想家是戴震,在此不妨就其简单介绍若干:此人生于雍正之初,长于乾隆年间,因而他的一生与不曾经历战乱、穷困,是在清代全盛时期度过的。

戴震在十岁时听《大学章句》的讲义,曾当面向老师提过这样的问题:所谓"孔子之言,曾子述之",那您是怎么知道的呢?还有您说是曾子的门人记录下曾子的话,您又是怎么知道的呢?在老师回答是朱子说的之后,他又回问:朱子是什么时候的人?老师回答是南宋人后,他又问孔子和曾子又是什么时代的人?在老师答称是东周人后,他又问周与宋时隔多久?听到老师回答大约两千年后,他又追问到:那朱子为何知道那些?最终,老师被戴震问得无言以对。

这种质朴的疑问,在中国无论什么时代都是有过的,少年曾因这样的提问而被老师训斥的故事也可见于各个时代。可在戴震这里，又是怎样一种情况呢？戴震断言：汉代儒学曾是纯正的，及至宋代以后，道教和佛教的思想等混了进来，人们开始据此解释儒家经典，故而错误甚多。比如饮食男女之事，本系人类生来之情欲，圣人治天下之时，正是由于他们考虑到了这样的人民之情，并努力遂行其欲，才可谓为王道，但宋儒将老子、佛陀等也视同为圣人，甚至信奉了其无欲之说，故而将其强加到了儒学身上。

戴震认为：宋学将"理"作为盾牌，把重点放到"合乎道理、首尾一致"上。宋代之前的那种以下犯上的社会动荡缘于官僚一心护主的意志，然而，到了宋代取而代之的是即使主家发生变动，只要守住自己的本分，服侍二君亦无不可；与此相对，那种将口称大义、愿为此强制自己去牺牲的做法与无欲的观念联系起来的思想，未必就仅仅是源自佛教思想的。梁启超努力将这段时期的情况视为一种情感哲学为宋代的理性哲学所取代的事实，并据此认可了欧洲的文艺复兴。而对此情欲肯定论，戴震是在其著《孟子字义疏证》中展开论述的。该书蕴含了自己的思想，故而戴震似乎格外喜欢该书，但在他当年的门生之中对此也存有异议，有人甚至曾想将该书从戴震的著述中剔除。因为他们认为戴震的所长在于考证，这种思想是画蛇添足。这足以让我们看到清代是多么难以接受新思想。

大清帝国

欲追踪中国人性主义之踪迹的人,面对长期以来的专制政治,需要改变其方式,变换其形态。我们痛感:无论是在正统思想还是在异端思想之间,一直以隐藏的形式见于其间的人性主义思想在戴震前后一下子断开了。对此我们不由得隐约感到,那不是人性主义的落败,而是专制政治终结的一个征兆。清代思想的贫乏不是由于少数民族的统治和镇压,而是在于对持续一个多世纪的康乾盛世的赞颂,这种赞颂不是培育思想的自由之源,反倒是加强了欲求安稳的依赖思想。

三 清代史学

中国式史学

被称为"历史之父"的希腊人希罗多德生活在公元前五世纪,其著《历史》是一部探究希腊人与东方民族之间的抗争,并将自己的见闻融入其中的作品。同样身为历史学家的中国的司马迁是公元前二世纪的人,其所著史书《史记》一书是在汉帝国统一的基础上,将历代王朝及其人物组织在一起一并加以记述,同时也加上了自己的见闻的一部史学名著。虽然这两部史书其后都为人所爱,并拥有众多的读者,但作为中国正史的典型,《史记》的文体被长时间地传承了下来,而《历史》却好像并不止于它的形式,其历史记述的自由性也得到了后人的继承,所以这两部著作在其后的继承、影响等方面存在很大的不同。特别是在中国,称作编年体的史书采取逐年将各种历史事件网罗起来的形式;称作纪传的史书采取的是包括将皇帝的事迹记述为编年体的本纪,以及将个人的事迹记述为说话体的列传合二为一的形式。而只有编年、纪传这两种形式,在中国才被视作史书。所以在《史记》以后的中国,出现了一种史书的形式先于内容的倾向。

将发生在过去的事情作为故事传颂下去,或是作为教诲、教训传承下来,这无论在哪一地区都是一样的。在农耕地区,每年都会进行的规律性的活动很容易形成一种依托自然定型的形式进行的例行活动;在游牧地带,虽然人们需要随机应变,并不习惯于形式化了的东西,但这或许也会成为他们的一个传统。当然,也有轶事、传说会作为一种历史被收集起来,一些传记集、奇闻谈也会付梓刊行,但由于史书的编撰很早开始便被纳入官方的例行做法,所以注重官选编撰形式的正史为人重视,而那种说话体的历史记述则往往散落于文学之中了。但即使是这样,与教诲、教训相比,中国人同样更喜欢那些说话体的故事,所以《左传》、《史记列传》,或是《资治通鉴》中的说话体故事更受人喜爱。而且,从这些故事出发,中国人也进行了许多教化工作。

作为经学的一个领域起步的中国史学,若是没能将经学的工作纳入进来就不会有所发展,这是因为经学与政治密切联系在一起,而且史学还经常代替经学,被用于教化。然而,历史的本质在于追求事实,而事实却又未必都符合教戒的宗旨。进一步探讨这一问题会发现,一些曾作为教戒的主题的史实并不真实,有人却敢于对此进行究查,甚至成功证实,可以说这些研究者具有科学性了。

清代的考证学便是踏入这一领域的学问,它探求的是历史的本质。但在当年,仅凭考证学,科学是不会自行确立起来的。在清代学者对史学的探究中,关于中国史的部分可以说几乎涉猎了所有的领域,清代史学家当年提出的问题,其后的研究也无人超越,而且其研究的精确程度也无出其右。然而遗憾的是,清代学者们终究没能从其教化性中超脱出来。

《明史》的编纂

中国历代王朝在建立自己的政权后,为前代王朝编集正史都会成为其职责,当时人们认为这也意味着新政权的正式确立。清朝也是一样,在尚未完全统治全国的顺治二年(1645)便开设了明史馆,又于康熙十八年(1679),正式着手编集前代正史。王鸿绪出任明史馆总裁,并亲自执笔列传，陈廷敬负责本纪，陈玉书分担志和书，万斯同也参与进来。与清初的其他文化事业相同，明史馆也调集了众多学者。对在明史馆完成的草稿加以汇总后，雍正元年（1723），王鸿绪完成了《明史稿》，以此为基础，明史馆又以张廷玉为总裁，在雍正十三年（1735）完成了《明史》的编撰工作。前后历时近六十年，借很多学者之力编撰而成的《明史》，作为明代正史博得了好评。

历代正史都一样，都带着编撰时代的特征，严谨正直、判断正确、中规中矩的清代史学特点贯穿《明史》始终。《明史》的编撰者不愧为清代官僚的典型，这样的官僚群体若能齐心协力，国家会自然而然地实现稳定，这在《明史》的编撰过程及其结果中似乎是能够看得出来的。《明史》特别值得赞赏的内容是，记在各传的最后被称作"论赞"的传记人物评价。这些评价甚是贴切，满足了读者的期待，它既未刻意褒扬，也未刻意贬低，令读者有了一种惬意的感动，即便是对于文人的评价过于苛刻之处，也还是以读者可以接受并认同的方式记述的。

《明史》的编撰极为慎重，力求避开观念性的争论，同时也不去大肆标榜某种信条，对于既成事实会坦率地承认，对于既已形成的权威更不会去加以中伤——这种良苦用心似乎也成就了《明史》的内容，使其各方面获得诸多好评。在之前的正史中，《后汉书》的论赞部分最为精妙：论赞部分应由范晔所作，但著者既然是有才之人，那在《后汉书》的编撰上缺乏必要的动机。当时有很多人写出了各种记载后汉历史的书，只要范晔对其加以整理便能够获得相应的名声。论赞部分仅凭这样的魄力也是可以写成的。

关于《明史》的编撰，当时曾有人主张要编集一个名为"道学传"的部分，结果这一意见未被采用，该部分内容被纳入"儒林传"之中。自清初开始，儒学已经作为道学超越了朱子学成为整个学问领域的王者，如上事例表明了编撰者欲将这一变化反映到《明史》中。与此同时，尊重实学的风气使得从前正史中不曾集录的阉党（宦官派）、流贼、土司等的列传开始出现。这或许也是因为编撰者欲将《明史》作为一种借鉴的工具加以处理，这些部分的编撰同样谨慎、正直，并非一种单纯的史料堆积，而能够看到执笔者传道的努力。

王鸣盛

在清代，以史学者之名而受人瞩目的人非常之多，若是将那些被认为是中国历史学家的人物都列出来，就会发现其五分之二都是清代人物。清代的学者以安徽、江苏两省出身者最多，还有继承黄宗羲源流的浙东学派和继承顾炎武一派的浙西学派。浙东学派专业色彩浓厚，具有史学

7 清代的学术

的倾向；浙西学派博学，有涉猎各个领域的特征。不过，这种根据出身来划分派别的做法在今天已几乎没有意义了，即使刻意对这些具有相同出身的学者施以追踪，也不能成为考察史学大势的一个线索了。

因此，从清代的史学者中选出几个代表人物实在是一个很难的问题。若选康熙皇帝钦点的徐乾学，确实他可以召集很多学者，也可以推断宫廷史学的发展动向，但清代史学已不是一种宫廷之物了。或者选广受日本学者喜爱的崔述，他默默地独自埋头于古代史，但在当时的影响并不是很大。笔者想来想去，还是觉得王鸣盛、赵翼、钱大昕等人比较合适，他们自清代以来就拥有众多读者，至今仍深受爱戴。所以本书还是选取这三位代表人物，并通过他们来观察一下清代史学的具体情况。

此三人皆为乾隆时期的人物，而且都有作为一名史学者的自觉。之前，不论是司马迁还是司马光，虽原本涉猎的学问都是历史，但他们自己并未认识到自己是一名历史学者。可在清代，史学者已经拥有自信了。这在同时代欧洲的启蒙史学者身上也是共通的，但可以说，中国史学者所做出的成绩大大超越了欧洲学者。王鸣盛等人的史学原本既不提倡新史学，也不想利用史料探明真相，而是将对既有史书的考订作为其史学的主题。这是由于在当时，国史的编纂是一项国家事业，不允许私人仿效，所以没人要求他们一定得去追寻历史的真相。

王鸣盛系江苏嘉定出身，自幼便被称为神童，在他三十四岁的时候进士及第，获得第二名。出仕后官居内阁学士兼礼部侍郎的高位，后遭弹劾出任光禄寺卿，后辞官归隐，住在苏州阊门外，靠卖文度过了简朴的余生。传言称王鸣盛年轻的时候喜好钱财，投机心很重，也有人称其精力旺盛且名誉心很强，将自己的全部都倾注到了史学之上，后来变成了一名寒士。王鸣盛的史学成就以他的《十七史商榷》最具代表性。

所谓"十七史"，指的是从《史记》到《五代史》的正史。王鸣盛通览十七史，对其进行了校订，就其中的制度和人物进行了考察，指出了多达1300个问题。他在《十七史商榷》的序文中写道：

> 大抵史家所记典制有得有失，读史者不必横生意见，驰骋议论，以明法戒也，但当考其典制之实，俾数千年建置沿革，了如指掌，而或宜法，或宜戒，待人之自择焉可矣。其事迹则有美有恶，读史者亦不必强立文法，擅加与夺，以为褒贬也，但当考其事迹之实……而若者可褒，若者可贬，听诸天下之公论焉可矣。……经以明道，而求道者不必空执义理以求之也，但当正文字，辨音读，释训诂，通传注，则义理

7 清代的学术

自见而道在其中矣。……

治经断不敢驳经，而史则虽子长、孟坚，苟有所失，无妨箴而砭之，此其异也。……凭己意择取融贯，犹未免于僭越……至于史则于正文有失，尚加箴贬，何论裴骃、颜师古一辈乎？[①]

如上所述，王鸣盛虽然认可有问题就要将其彻底弄清的求学态度，却不敢冒过大的危险。他的慷慨激昂之词很多，所以曾被批评是在掩饰自己的欲望，但实际上也许是他因为碰到了无法跨越的壁垒而无意中流露出来的愤怒。遭遇经学壁垒的王鸣盛涉猎了清代学术的几乎所有领域。以一己之力便能写就百科全书，这便是清代的学术。在中国，过去就曾屡有博学之人做过这样的尝试。王鸣盛虽没有这种百科全书式的著作，但在他的《蛾术篇》（所谓"蛾术"，是指蚂蚁善于劳作并构筑起巨型蚁窝之意）之中，便对文学、地理、制度和诗文等各方面都做出了论述。但王鸣盛学术业绩中的多数还是史学性的研究，很少能看到其在政治方面的抱负。像王鸣盛这样包罗万象式的学术风气在整个清代都很浓，以傅泽洪的《行水金鉴》

---

① （清）王鸣盛：《十七史商榷》，黄曙辉点校，上海书店出版社，2005，《序》，第1~2页。——编者注

为代表，如《奉使金鉴》、《人寿金鉴》等以"金鉴"为题的集大成之作在清代被相继编纂了出来，只是这些作品在今天少有受到珍视罢了。

清代史学者的典型——钱大昕

钱大昕是王鸣盛的妹婿，出身地也与其相同，连进士及第也是同年。与其妻兄惯于炫耀其能力不同，钱大昕性格温厚恬淡，被认为是清代史学者的典型，也是广受中国人喜爱的清代史学者。据说戴震曾称钱大昕为当代第二的学者，自封第一。钱大昕早年学习西洋数学和历法，任官后参与了敕撰书《热河志》、《续文献通考》、《续通志》、《清一统志》等的编集工作。他虽为乾隆皇帝喜爱却不慕高官，并于为父服丧归乡之后直接退隐，常住于苏州紫阳书院，时年还不满五十岁。钱大昕主要的史学著作《二十二史考异》是他专心于正史的文字校正的成果，虽然该著不涉及史论，没有什么人喜欢去读，但该著是基于史料应以定本制作为第一要义的认识而成的，所以堪称一心专注于追求正确之史学第一义的一部史学著作。

与王鸣盛近乎疯狂地学习，甚至到了双眼失明的地步不同，钱大昕淡泊名利，在学问方面也是如此，尽管他学识渊博、考察深入，但他从不勉强自己。他在《易》、

7 清代的学术

《诗》、《春秋》等中探求学问之原点，涉猎正史及金石学、音韵学、地理学、天文学，开辟出了一条将这些学问作为史学辅助的研究道路。钱大昕对很多问题都表现出了兴趣，不仅能在不断探究学问之中发现疑点并逐一解决，而且解决问题的手法也浅显易懂，不会太过于背离常识。在解决问题方面，人们赞赏其正确性与博学，却忽略了已阐明的问题之间是否具有关联性，即其问题意识并未受到重视。这些都是钱大昕名声远扬，至今依然持续不减的缘由所在。

王鸣盛虽一边宣称褒贬自在事实之中，另一边又发表褒贬评价，或强行置疑，因此也有评论说他人品不好。与王鸣盛形成对比的是，钱大昕晚年都致力于研究元史，这样做是因为他与日本初期的东洋史学家同样认为，在中国史中，元史的错误甚多。由钱大昕改订的元史未能作为个人著述发表，其书名为《元史纪事》，未能传至今日，只有其氏族表和艺文志的研究成果留存了下来。钱大昕也写了与王鸣盛的《蛾术篇》相似的著作《十驾斋养新录》，据此我们可以发现他广博的视野及公平、稳健的观点和想法。钱大昕为学以汉代为宗，因此当年曾有人将他与汉代学者相比，认为他虽不及郑玄，但应该在贾逵、服虔之上。若说博学是一种权威的话，那这种比较可以说是不错的例子。

大清帝国

最受欢迎的赵翼

比起前两人,虽被说成言行轻率、粗心大意,但受更多人喜爱的史学家是赵翼。赵翼出身于江苏阳湖(常州武进)的一个商人之家,是人称三岁时便可一天记下十几个字,十二岁时便能一天做七篇文章的神童。受同乡出身的高官所爱,赵翼后来进入军机处当差,并在三十四岁的时候进士及第。据说赵翼殿试当时获得的是第一,但由于乾隆皇帝说陕西还未出过首席,所以将他同第三的王杰做了调换。据言受试之时,文章的知名度已经很高的赵翼为了不使考官察觉出文章是自己写的,用另外的文体完成了答卷。

赵翼出仕后先在翰林院从事《御批历代通鉴辑览》的编集等工作,后来出任广西边境镇安府知事,负责当地民政,因其宽大、仁厚,广施善政,甚至出现了当地村民争相为其抬轿的情景。后因跨广西、云南、安南等地的农民起义而与总督意见不合,赵翼到了广州,最后因海盗猖獗而承担了责任,并辞官归乡。十六年后,赵翼再度受到起用,在镇压起事于台湾的林爽文的起义中,作为闽浙总督的幕僚参与其中,但在起义平定后毅然回绝了对他的推举,再未踏入仕途,成了家乡的安定书院的主讲,并自此专心著述。

7 清代的学术

在清史中，王鸣盛、钱大昕被编入儒林传，而赵翼则被列入文苑传。正如这所反映的，赵翼对经学并未显示出兴趣，而是作为一名诗人早已成名，这在其著《二十二史札记》的序文中也有记述：

> 闲居无事，翻书度日，而资性粗钝，不能研究经学。惟历代史书，事显而意浅，便于浏览，爰取为日课。有所得，辄札记别纸，积久遂多。惟是家少藏书，不能繁征博采，以资参订。闲有稗乘脞说，与正史歧互者，又不敢遽诧为得闲之奇。盖一代修史时，此等记载，无不搜入史局，其所弃而不取者，必有难以征信之处。今或反据以驳正史之讹，不免贻讥有识。是以此编多就正史纪传表志中，参互勘校，其有抵牾处，自见辄摘出以俟博雅君子订正焉。①

钱大昕也为《二十二史札记》作序，并为赵翼辩护：

> 读之窃叹其记诵之博，义例之精，论议之和平，识见之宏远，洵儒者有体有用之学，……乃读其自

---

① （清）赵翼：《廿二史札记校证》（全二册），王树民校正，中华书局，1984。——编者注

> 序，有质钝不能研经，唯诸史事显而义浅，爰取为日课之语，其谦自下如此。

《二十二史札记》将中国史的主要问题都纳入了仅仅五百五十个条目。赵翼不仅单纯地提出了各种问题，而且将其解释和意见加入其中，在整体上构成了史论的文体。清末的张之洞推荐该著，称不能通读正史者读此书即可，此后《二十二史札记》开始广受欢迎，简直成了中国史的入门读物。其广受欢迎的原因在于，它不仅仅做出了考证，还有随处可见的史论，以及作者对问题的发掘方法给人以鲜活之感。

在《二十二史札记》刊出之前，赵翼出版了他的《陔余丛考》。该作是赵翼辞官在家，与其父母一起生活，即在循陔期间写下并整理出来的，故题名《陔余丛考》。其序文称，该作虽然浅薄，但因儿辈说丢掉可惜了，所以便将其刊行出来，幸运的是并未成为人们的笑柄。《陔余丛考》是一部考订经史和调查琐事俗语由来的著作，从《五经正义》到《岁寒三友》，书中考证了近九百个项目，充分展现了赵翼的博学。

从古至今，无论哪个国家都存在这种对杂学的积累。但在赵翼所选取的问题、对象中，不仅有文学家的风格，而且还带有商人家庭出身的市民性因素。赵翼在官界不受青睐,这反而让他拥有一种对权威并不盲从的批判立场,这为其著作带来了一种跃动之感。

编著《文史通义》的章学诚

在旧中国的史书之中,充满着各种官方记录,与此相比,民间记述则比较少。及至清代以后,如上所述,很多的史学著述已出自民间,只是对史学本身的反省、评论之类的著述尚不太多。也就是说,在中国称作史评的一类史学著述虽然已经出现了,但其数量很少,除了唐代刘知几的《史通》和清代章学诚的《文史通义》之外,基本再无其他了。随南北朝时期史书全盛的余波,刘知几写出了《史通》,乘清代史学隆盛之东风,章学诚完成了《文史通义》,可以说这在中国历史上并不是一种偶然。

一般而言,中国的历史只专注于具体史实以及政治史,至于如何对其加以整理,将记述的原点置于何处这样的问题,几乎不会被触及。在所有事物上先形成一个框架,然后再纳入其中,这是一种文化现象,也是政治使然。甚至连为何如此的疑问,也被纳入了既有框架。

正如司马迁发愤写《史记》,刘知几抑郁著《史通》所反映的,若不是受到某种大的冲击,史学者似乎都难以冲破既有框架。与前文所列史家处于同一时代,在考证方面没有兴致,主要就史学理论立说的人是章学诚。然而,

大清帝国

对于他为何会选择一条与时代潮流相异的学术道路,其原动力目前尚不确定。章学诚在其著《文史通义》的开头称"六经皆史也",虽然这在当时受到了很多非难,但他还是大胆主张史学系诸学之王,史学之源流在于六经的史学原论。《文史通义》的文史,指的是著述。章学诚受唐代刘知几、宋代郑樵启发,将各方面的学问用历史统一起来,并将属于清代理念的道学也置于其基础之上。《文史通义》所采取的历史研究方法在当时非常具有新意,但其慷慨激昂的历史叙述中有什么令章学诚感到了兴奋,至今依然难解。

日本的内藤湖南,中国的梁启超、胡适等都曾对章学诚评价极高,将其视为生于中国的史学理论第一人。但就《文史通义》而言,无论是在当时还是今日,它似乎都不能说是体现了刻苦钻研而大放异彩的一部著作。

例如,刘知几出色地完成了一部伴随史学理论的史学史专著,而章学诚想写《史籍考》却未能写成。章学诚也未曾参与具体史书的编纂和史学的研究。但他当年曾游历各地,在各地方官处从事过很多地方志的编撰工作,他对自己在这一领域的研究非常自豪。章学成曾说"郑樵有史识而未有史学,曾巩具史学而不具史法,刘知几得史法而不得史意",那么他自己对史意的理解又有几分?另外,他还曾说,在"史之三长"的才、学、识之外,史

7 清代的学术

德也很重要,那么他自己又具备了多少史德?这些从他编纂的地方志类的具体实例中,我们也看不出来。

章学诚出生于浙江会稽(绍兴),他幼年身体孱弱,资质鲁钝,直至十四岁时还未读完四书。但他很喜欢史书,自称"史才",逐渐养成了大言不惭的作风。年过二十成为北京国子监的监生,可成绩在同学三百人之中却属殿后,科考未中,二十八岁开始阅读《史通》,三十一岁在北京的乡试中及第,之后在各地从事地方志的编纂工作,四十一岁考中进士,然后出任各地书院的主讲,因得到大官知遇才开始地方志的编纂等工作,在此期间写出了《文史通义》。

章学诚认为"六经皆先王之政典",所以历史事实凝集在六经之中。为此,章学诚将古人无空言作为前提,并致力于将史学的权威重新叠加于其上。另外,章学诚还说:古代有留存记录的原则,所以并不拘泥于形式,可后世形成了条条框框,而留存记录的原则反而消失了。章学诚所谓留存记录的原则,应该是指出于统治需要而对权力进行的贯彻。

章学诚虽然得到了朱筠和毕沅等大官的庇护,而且与邵晋涵等学者的关系也很密切,可无论是在官界还是学界,他都是孤独的。他虽自称浙东之学,独唱一派,可当时并没有拿出可另立学派所需的东西,而且在史学原理方面，也并没有像唐代刘知几那样追求一种合理性。在地方志的编纂上，章学诚主张"仿纪传正史之体而作志，仿律令典例之体而作掌故，仿《文选》、《文苑》之体而作文征"，这被戴震嘲笑为小题大做。虽然这种高姿态也是章学诚的一种本事，但在清代，若要议论史学原理，除了摆出这样一副高姿态，似乎也没有什么其他的办法了。

四　清代诸学

地理学

清代史学的繁盛当然也为地理学带来了新的研究。中国的地理学与国家统一同时出现，始于政府对各地产物的调查。自古便有各种关于探险和偏远之地的报告，信息传递也逐步得到发展，例如张骞当年被称为"凿空"的西域出使之旅，义净、玄奘的印度之行等，在中国流传着各种有名的远游故事。进入宋代以后，中国各地编撰地方志的情况逐渐增加，及至明清年间，被称作"方志"的地方志已不断地被编集出来，并成为到地方赴任的中央官僚的政绩之一。

清代地理学的中心也在于这些地方志，将各地方志集大成的史料也很早就出现了。清初，康熙皇帝曾命徐乾学负责记录清朝一统天下过程的工作,在徐乾学的主持下,《清一统志》被编撰了出来。另有参与此项事业的顾祖禹,写出了《读史方舆纪要》一书。作为历史地理学的名著,虽说此书在当时风靡一时,可著者并非旅行家,该著完全是从历代史书里对地方志中相关的各种记事进行调查,并对所涉内容的沿革、利害等归纳整理的结果。

《读史方舆纪要》一书的要点是力图将历代王朝兴亡的遗迹与战争攻防的难易程度相结合,所以也有人认为它是兵书的一种。地理是一种效用之学,该作正是一部代表清代地理学本质的著作。顾炎武的《天下郡国利病书》也可与之相提并论,该作主要从明代的地志中精选出作者认为重要的关于历史、地理等的记述整理而成。

其后随着时间的推移,又先后出现了洪亮吉的关于三国、东晋、十六国的《疆域志》,该著弥补了正史中没有地理志的缺陷,在对地名的变迁等调查上倾注了大量的精力;齐召南以耶稣会士制作的地图为基础写的《水道提纲》,该作是一部以河流为中心的地志;徐松在实地考察天山南北两路基础上写成的《西域水道记》,以及比之更晚的何秋涛写的《朔方备乘》。尽管现在的《朔方备乘》并非何秋涛的原本,但这些清代地理著述基本上都是通过考证的手法整理出来的历史地理,其着眼点集中在西北地区。

大清帝国

及至清朝向西北方向新扩展了自己的领土,将很多少数民族也纳入了自己的统治,中央政府开始需要应对当地的政治性要求,因国境与俄国相接,故而也出现了外交问题,所以地方志集中在西北地区是缘于当年出现了在此地区进行地理调查的必要性。但更深层的原因是,中国历史上一直以来都有来自北方的威胁,历代王朝都不得不将目光投向北面。之后中国因鸦片战争的失败而不得不面对西方列强,进一步拓展了视野,进而作为世界地志,出现了魏源的《海国图志》。作为一名经世学家,魏源摒弃了考证之学,编纂出《皇朝经世文编》,提供了思考中国政治策略的资料,整理清代历史后写出了《圣武记》,显示出了作为道光年间的代表的倾向。

考古学

中国的考古学是以对殷周时代的铜器以及刻在石碑、石板上的文字进行研究的金石学为基础的。金石学从宋代开始快速兴盛,其源自中国人喜欢把玩古物的爱好,其发展方向一为书法研究,一为古钱研究。中国的古钱学可以说是世界上最早出现的学术领域。清代是金石学的全盛时期,清政府模仿宋代的《宣和博古图》敕撰了《西清古鉴》,对宫廷收藏的丰富的古代铜器引以为豪。清代官员也是如此,作为品位最高的爱好,他们一般都会收集赴任地的金石文。他们在初期主要收集石文,即刻在汉碑、墓志上的汉唐文字。经过长期的收集,被视作汉代美术之代表的山东武梁祠画像等,也在乾隆年间被发现。

另外在研究上,王昶著有《金石萃编》,收集整理了自上古到辽金时代的金石文;阮元写了《积古斋钟鼎彝器款识》,为金文研究提供了资料;古钱学方面,初尚龄著有《吉金所见录》,李佐贤写了《古泉汇》。虽然这些史料至今仍被人们作为基本史料使用,但在当时,因为精确的史料收集是其主要着眼点,以此为基础,有些史料还发挥了促进经学和史学研究的作用。但也仅止于此,尚未自成体系。

在同一时期的书法方面,阮元写了《北碑南帖论》,社会上开始兴起比起唐宋以后的书帖中存留的优雅笔法,更偏好汉代和南北朝时期碑文中的刚健书风的议论之风。古钱学方面的研究范围进一步扩大,在钱币之外,已逐渐出现了一种颇具考古学特征的情况,开始出现了收集名为封泥的、用于古代书信封口的黏土印章和留存于瓦当和砖上的文字和图案等的现象。

在文字学方面,嘉庆时期,段玉裁为许慎的《说文解字》——在中国被视作文字学经典——做了精密的注释,段注一出便非常受欢迎,以至于有了"读说文者必用段注"之说。及至1900年发现甲骨文后,出现了很多

大清帝国

连许慎都不认识的太古文字，据此中国的文字学研究又迎来了新局面。另外在西域的敦煌，很多古文书籍也被发现，从文字学到古代制度的末端以及生活史方面的研究深入拓展，这对最近中国在考古学上的很多发现而言，是颇具先驱性的。

伴随着文字学的发展，音韵学也以顾炎武的《音学五书》为代表，在清代完备起来，具有了语言学的内容。不过，由于在中国，人们对学习外国文字和外国语言不是很热心，所以像那种广修周边各民族文字和语言，并对其进行比较和本质性探究的研究完全没有出现。考古学也是如此，产生了不考察没有文字的古代遗物的倾向。

天文学

普遍认为，自然科学在古代中国的诸学中发展最慢。这是因为，中国人的世界观有史以来便倾向于有机地捕捉事物，对无机世界的关心很少，虽然也有类似于欧洲炼金术的追求长生不老的炼丹术，但不只是因为二者的对象不同——一个是黄金，另一个是生命，更因为在中国总是神秘感和权威先行存在，这便使得合理性思考没有存在空间了。

虽是如此，中国历朝历代并不乏科学者，他们与直接的技术相关联，尽管没有多少技术产生了面向生活的应用

7 清代的学术

和理论性的拓展，但他们的实用性是一脉相承的。特别是由于中国是农业社会，在天文历算方面有很多成就，也留下了颇为正确的历史记录。只是随着官僚政治的成熟，新的研究日渐萎缩，随即变得只一味固守习惯了。明朝末年，新知识被耶稣会士带到了中国，受此刺激，相关的翻译和研究开始大量出现，并一直延续到了清代，甚至连掌管天象、历法等的钦天监之职也开始由外国传教士担任了。

为清代奠定历算学基础的是梅文鼎。他虽于康熙初年通过了乡试，可并未踏入官场。作为当时的家学，梅文鼎一族从事的都是历算研究，而他本人更是学习了印度、伊斯兰国家和西洋的历学，并写出了《梅氏历算全书》。

自古以来，历法一直是朝廷负责颁布的。在清代，因乾隆的名字为弘历，所以避讳使用"历"字，将历书称作"时宪书"，但梅氏历学是能够直接使用"历"字的。出自梅文鼎门下的，也有像江永这样为后来的清代考证学奠定基础的人物。另外，对于历代的历，梅文鼎的研究还指出其错误并分清古代相关的造假之作，其历学在当时已经形成了一个体系。只是梅文鼎的研究仅存续于家学之中，而且当年他考虑的仅是怎么通过历学将经学、史学等关联起来，而进一步与其他各科学领域相呼应，彼此互促互进的契机未能在梅文鼎身上出现。

大清帝国

医学

科学只要与实用性相合，便会迅速获得发展，这样的例子在医学领域更为显著。中国的医学和药学都有悠久的传统，与病理、临床、处方相关的著述在各个朝代从未间断过，但这其中大多仅停留在对古代经典著述的注释和继承发展，所以数量虽在增加，内容上却进步迟缓。例如，李时珍的《本草纲目》——应该称之为"药学概论"——成书于明代，可谓集本草学之大成者，却也遭受过非难，称其虽便于实用，却并未遵循一直以来的形式。医学作为一门知识，其重点也被放在了对古代经典的学习上，实践是受轻视的。所谓实用之学，在当年并不是实践之学，而是一种对应该具有实用性的领域所做的古代经典化的研究。可以说，这也是源于官僚社会的权威主义，且因此滋生、形成的一种倾向。

清代的医学除了将很多的前代遗产收集在《医宗金鉴》一书之外，还有多到数不清的处方、临床相关著作，但未出现在同时代的日本既已出现的源自兰学的新医学。尽管在天文学方面，中国已热衷于吸收西洋的技术，但始终没有引入西洋医学的视野，直至清末以后通过日本才学习了西洋医学。与日本通过中国学习地理学和天文学、数

7 清代的学术

学等西洋科学等新生事物正好相反,可以说这应该是因为中国对自己的医学相当自信。

可就在这种情形之中,道光五年(1825),河北玉田的医生王清任写出了《医林改错》一书,首次收录了经过实际观察绘制的十三幅人体解剖图。这与日本的前野良泽、杉田玄白翻译《解体新书》相比,要晚约半个世纪之久。据说王清任是以在墓地被野狗撕咬的尸体为基础,经过观察后才画出这些图的。虽说这是科学培养实证精神的一个好例子,但在当时的中国,却并未出现沿着王清任的道路并致力于将他的研究再向前迈进一步的人。

长期以来,中国的医学一直以据说是黄帝撰写的《素问》、《灵枢》二经为原点,而药学则一直以据说是神农氏撰写的《神农本草经》为原点,即使是有了新的研究,也都会回归到这一原点,这与其他文化现象相同,如实地反映了中国的停滞性。乾隆时期,徐大椿撰写了《神农本草经百种录》等很多医书,尽管他依然停留在用流行于清代的考证学手法整理文献的层次,但又和传统学术不同,他对于在临床医学中继承并使用针法、生鲜草药等实施的治疗自信满满,可以说中国人对这种治疗方式的信任至今毫无改变。今天,中国医学正在成为人们的新的关注点,这应该就是源自这种自信和信任,以及由此形成的传统观念。中医将人的身体看作天地，致力于在人体的综合平衡之上利用其自身的恢复能力治疗疾病，与此相对，西医则以分析实证为基础，对症治疗，以图根治疾病。我们在批判中国医学的停滞性之前，需要先对进步的内在含义加以反省。

工学

比中国医学更具有典型性的是中国的工学。历史上，中国人修筑了万里长城，修建了世界最大的皇宫——北京的紫禁城，而且清代也不断地进行着各种各样的营建工程，但几乎没有留下有关工学的著述。清代仅有景德镇人蓝浦写了《景德镇陶录》一书，后通过其弟子之手于嘉庆二十年（1815）得以出版，展示了陶瓷之国中国的制陶工艺。工学著述方面，宋代留有建筑方面的《营造法式》，明代留有技术方面的《天工开物》、园林建造方面的《园冶》、铸炮方面的《神器谱》，以及《远西奇器图说录最》，即使是在清代的全盛时期也没有出现超越这些书的著述。原本清代编撰《古今图书集成》之际，其考工典部分对直至明代的历代工学相关的记录做出了最为细致、毫无遗漏的收集，这些记录虽然可以说无事不记，甚是全面，但其中欠缺具有创造性的著作，这不禁让我们感到有些奇怪。

7 清代的学术

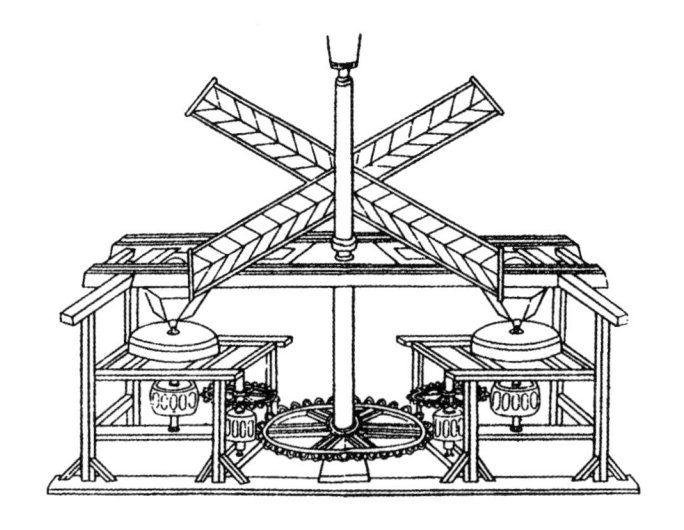

风车（出自《古今图书集成·考工典》）

一个历史家会将各种记录作为史料加以收集，并探讨其正确与否，以探究历史的真实。这虽说是理所当然之举，但对于残缺不全的记录，有人会直接放任不理，有人会主观臆测，会下定决心并执意去将其补全的人是很少的。清代既有大规模的土木工程建设，也兴建了各种建筑，甚至首次建起了欧洲风格的建筑，各种工矿业的发展也很快。制盐和织布的新技术也被开发了出来，在清代的宫廷里，玻璃的精细加工品和钟表类制品也用得很多。虽然儒家思想轻视这些，将其视作玩物丧志，可技术在清代发展到这种程度，对于已经掌握的技术，中国人不可能不感到自豪。但之所以不见相关著述，恐怕是基于如下两方

大清帝国

面原因：一是由于正处封建社会，技艺全部都是秘传的，不会通过著述普及开来；二是掌握那些技艺的人在当时多非读书之人，所以也没有将其所掌握的技术记述、刊行出来的机会。但从梅文鼎的家学之作成为历算巨著就可看出官僚的参与是不可或缺的条件。据说《景德镇陶录》的出版也是因为有了县知事的支持才得以实现的。

清朝为了使其统治得到贯彻，施行的是一种近于恐怖政治的官僚统制，如此一来，官僚活动本身也便逐渐成为一种需加以限制的行为。即使是医学——也被称为"方技"——也被视为一种方士之术，地位比正统的学问要低。持此看法的知识分子，会将自己的兴趣投在工匠、木匠等的工作上，似乎是为了标新立异。就连当年翻译西洋数学书的人，也必须尊重自古传承下来的中国数学，所以即使他从事的是以西欧的力学为基础的工作，恐怕也是没法肆无忌惮地夸耀的。及至清代的官僚被推上国际舞台从事国际谈判之际，在其顽固不化、备受非难的背后，应该是存在这样的偏执的。

农学

最后，让我们谈谈自古以来便以农为本的中国在清代做出了怎样的农学贡献。这或许正是清代学术的一个平均值。长期以来，中国的农业学者推出了很多的名冠世界的

7 清代的学术

著述，明末徐光启曾吸收借鉴西洋的水利之学，集其大成的《农政全书》影响巨大。可在清代并未出现能够超越此书的综合性农学著述。乾隆皇帝曾集聚蒋溥等学者，令其编纂《授时通考》，并通过很多历史记录收集了与农事相关的记事，但与徐光启在自执铁锹，亲尝草木之味的基础上编集而成的《农政全书》不同，这不过是一部纸上谈兵式的著作。尽管旁征博引且不夹杂编者的感性认识是清代的一大特征，但只是单纯地介绍什么是什么并不是学问的正道。这种没有自己观点和主张的方式，可能也是当时知识分子的一种明哲保身之术。

在这样的背景中探究清代农学的发展方向，我们首先会发现，各种各样的植物图鉴被完善起来。从南北朝时期到唐宋年间，经各时期文人之手，用以观赏而创作出来的《竹谱》、《牡丹谱》和《菊谱》等，受乾隆皇帝之命，被汇总成《御定佩文斋广群芳谱》，更为知名的还有方观承的《棉花图》和褚华的《木棉谱》等。其次，在全国各地，与本地区相应的各种农业相关的事情得到了整理和记述。例如，在浙江有《沈氏农书》出版，之后还有张履祥的《补农书》，在江西有刘应棠的《梭山农谱》，在山东有蒲松龄的《农桑经》，在山西有祁隽藻的《马首农言》等，它们均作为地方官僚顺应时代的任务被相继出版。虽然它们都是些小册子，但与地志的编撰相同，说明

大清帝国

清代农学呈现分散于各个地方的情况。

中国以往的优秀农书,如北魏时期的《齐民要术》和元代的《王祯农书》,是在少数民族统治下问世的,可清代未能再现这一现象,而是仅停留在对以往的成果加以收集和整理,并向地方扩散的程度。这正与清代农业的如下实情形成了对照:没有因新的农业技术和品种而带来的大改革,虽然耕地面积增加了,农业人口增长了,但其应对之策未见任何变化。这样看来,清代学术站在一个集历史经验之大成的顶峰时期,但缺乏连接过去和未来的热情。或者说,清代人面对漫长的中国封建历史的最后阶段却并不自知,而只是一味地忙于赶路罢了。

8

清代的文艺

一 清代文学

中国文学的地位

中国文学发源于原始歌谣,是在许多传说中培育并发展起来的,这与世界上的其他文化一致,其世界性的评价也未必一定与文学的本质存在关系,这也与世界其他文化相同。在欧洲文学上,葡萄牙和西班牙文学就很少得到世界性好评,并且其知名文学作品几乎没有外国译文,这与中国文学所处的地位比较相似。比如,无论是在哪个文化圈中,都有古代歌谣令人感动,且为人们所持续传唱,但仅凭这种感动的持续是无法评价该歌谣的价值的。同样,即使文学被视作世界的瑰宝,仅凭其影响的大小来谓其价值也未必得当。但在事实上,这样的评价已成了人们对文学做出评价的尺度,尽管文学鉴赏和爱好都是作品本身和

大清帝国

其他因素的复合才得以发生的，但将其他因素抛开，一个方面、一个方面地对文学作品加以分析的尝试，如今已经很少有人在做了。

结果，成为文学背景的语言、文字及其文化传统等，都构成了人们理解中国文学的阻碍，所以中国在文学方面的遗产要跨出汉字文化圈，在世界上站稳脚跟，还是将来需要解决的问题。尤其是，中国文学是在充分利用了汉字的表现力的韵文上发挥出它的特色的，尽管无论是在质还是在量上，它都是世界上无与伦比的，但若将汉语的韵文转换成其他语言，也便失去了原本的味道，因此喜欢它的人的范围才一直未能扩大。其他国家和地区的韵文同样如此，所以其他国家和地区的韵文深深地浸透到汉字文化圈之中，甚至为中国民众所喜爱，这一事实才更令人吃惊。

韵文的形式变化不大，而散文的形式却会随着时代发展而变迁，这一现象在世界各文化中普遍存在，中国的情况却是这样："诗"以唐代为巅峰而发展，而"文"有与各个时代相应的创作风格，而且在每个领域都可以列出其名作，对其进行鉴赏和对其周边的考察，被视作一种文学研究。但要接近文学、艺术等领域，比起好奇心，感情因素会更多一些，所以在彰显某位作者或某一作品上经常能够看到全身心投入的研究。

若不与这种研究倾向随波逐流，而是试图对文学做出一个历史性的评价,那便不是在名篇佳作这样的文学巅峰上沿一条路走下去,而需广泛涉猎支撑它们的那些难以计数的作品,目前尚无人尝试这样的研究。在个人能力发挥决定作用的研究领域,人们往往会一味地就社会经济和阶级性的立场、要求等开展其研究,可这样的研究是无法被衡量出到底对文学研究有多少贡献的,所以中国文学研究大多还是在捕捉各个时代的文学发展趋向,找出几个框架、轨迹,进而在这相互交错的网络、线条中为作家、作品确定一个位置,这目前已经成为一种普通且最为稳妥的研究方式。

清代古文

在专制统治控制的地域,自古以来对于文字或是文章,特权阶级都会力求掌控、垄断它们,他们的这种强烈的独占欲在专制统治时代甚是普遍。在中国,这又与尚古主义联系在一起,反复出现在每个时代,著有《汉书》的班固之所以刻意在其著作中罗列了很多古字、古语,并不是在卖弄学识,而是为了彰显宫廷威仪。清代官僚也无一例外。

清代儒学虽将汉学复兴作为它的目标,可在文章方面,学者将回归唐宋八大家当作他们主要的着眼点,他们排斥俗语、难解之语,舍弃华丽的修饰,当时尊重的是一种简洁、严谨的文体。这种倾向虽然在明代就已出现，但在康熙至乾隆年间，方苞提倡"义法"，认为"文"与"道"应该是一致的，这种将其基础置于朱子学的主张产生了很大的影响。这一文章之道后来因其门下出现了刘大櫆，进而又通过他的门生姚鼐得到了广泛的传播。他们均为安徽桐城出身，故称"桐城派"，该派文章后被视作清代散文的代表。

姚鼐编集了《古文辞类纂》，将自先秦至清代的代表性文章划分为论辩、序跋、奏议、书说、赠序、诏令、传状、碑志、杂记、箴铭、颂赞、辞赋、哀祭十三类。在此基础上，王先谦又编集了其续篇，两部文集均广为流传并成为清代古文的范本。

桐城派中还有管同、方东树等学者，清末的曾国藩亦属该派系，他们都是清代文坛的中心力量。该派平易且温文尔雅的实用主义态度也是清代官僚所具有的特点，清代知识阶层的文章一般也与该派基调相同，即使他们并未被冠以桐城派的名号。易写但模棱两可，稳重却缺乏热情，格调不够高且行文不明了，这些都是当时文章的特色。我们都说文章是人在表达，可是若说文章会塑造人的话，那么清朝政府或许就是通过此类文章来培养其所希望的那种愚直之人的。

与古文不同，在进行选用官僚的科举考试之际用于作答的文章被称为"时文",也称作"制义"、"制艺"或"八股文",这是一种汲取了唐代骈俪体的文风、以对句为主的文体。这一应试文体出现于明代,在清代继续沿用,它以"破题、起讲、入题、起股、虚股、中股、后股、束股"这八部分来对问题作答,由于自起股至后股的中心部分需要各用两个对句——称作"二比"——来写,所以当时也被称作"八股"。清代八股需将回答控制在 550~600 字,作答完全是一种形式化的文体,在当时与文学毫不相关,但书写骈俪体文章因此一直流行。

清代诗坛

爱好明清诗人和诗作的人虽不如爱好唐宋的那么多,但为其浅显易懂、清新淡雅的风格所吸引的人似乎出乎意料地多。明末的文人钱谦益(号牧斋)出仕清朝并参与了《明史》的编撰工作,他的诗作名声很高。与其相同,吴伟业(号梅村)虽开始时反抗清朝,可后来也入仕清廷,他与钱谦益二人曾都有过华丽的诗风,但明朝灭亡后,两人的诗风一起变得凄凉悲壮、婉转哀愁。

这二人虽因同仕两朝而受到排挤,但对清代诗坛产生了很大的影响,王士祯(号渔洋)在年轻的时候也得到了他们的知遇之恩。王士祯曾随其兄学习唐宋之诗,特别倾慕王维、孟浩然、王昌龄、韦应物、柳宗元等人的诗作。王士祯倡导"神韵"之说，主张去文字之游戏，说潜在之意味，作为清代诗坛第一人名声大噪。其著述除《渔洋诗集》外，还有随笔《池北偶谈》、《香祖笔记》等，这些作品后来都深受人们喜爱。

与王士祯注重唐诗不同，同时代的查慎行（号他山）、朱彝尊（号竹垞）更为爱好宋诗，而这也是清代诗坛偏好宋诗的原因。与爱好宋诗一样，朱彝尊也非常重视宋词，为我们留下集历代之词的《词综》和选录明代诗的《明诗综》等集著。进入乾隆年间后，汲取了王士祯诗风的沈德潜（号归愚）将唐诗的格律作为诗的精神加以对待，主张"格调"之说，而注重宋诗的袁枚（号随园）则认为只有真情的流露才是诗的精髓，倡导"精灵"之说，这些都使得清代诗坛呈现出了一片纷繁热闹的景象。

袁枚与蒋士铨（号藏园）和赵翼（号瓯北）一起，被称为乾隆朝三大家。蒋士铨在戏曲领域也非常知名，赵翼还作为史学者为人熟知，这样的文人官僚在乾隆朝以后逐渐变少。这或许也可以说，明代遗风的文人们在武将政治的清代，留存到了乾隆年间。例如，乾隆末年在清代诗坛知名度很高的王昶，以春融堂为号，为我们留下很多著述，但在其从军并获得了战功后，便作为一名武将远征边境各地了。作为武将的爱好，诗作尤其受到好评，并且各种诗作已经成了很多的知识分子的日常修养。

8 清代的文艺

清代诗风回避深邃而力求简明，压抑激情而追求流畅，这与当时文人的世界观、人生观是互为表里的。宋诗之所以为黄庭坚等江西诗派所喜爱，可能是因为它将杜甫[①]的激情用禅味包起，将杜甫的奔放用自制勒住，这些引起了黄庭坚等人的共鸣。但是，这种不引起爆发的文学后来沦为了一种游戏，即模仿古诗，并对其字句加以点缀的诗作方法变得流行起来，而待到这样的诗坛上吹来春风，则已经是清末了。清末，黄遵宪在文学革命中成了先驱者，他倡导口语诗，甚至还强调文字改革的必要性。当年身为外交官的黄遵宪，在驻日本期间还创作了《日本杂事诗》等。不过，黄遵宪虽为先驱性的人物，却并未对清代诗坛产生一种暴风骤雨式的影响。

清代小说

中国古代经典文学在宋元以后，曾几度展露出一种追求清新气息的动向，但在实际中日渐衰亡，每次都未能顺利走上革新之路。与此相对，属于新领域的小说和戏曲却实现了相当大的发展。特别是在明清期间，无论是优秀的作品还是相关品评都相继出现，其社会接受度也近乎狂热，对于那些广受欢迎的作品，当时很多书店也会推出续

---

① 此处的杜甫应指代的是唐诗。——编者注

篇并加上名家品评，以推动其人气上升。虽然这已被视为庶民文化的繁荣，系明清两代文的特征，可那些作品未必就是在庶民中间流行的，而是作品的内容变得庶民化了。

这样的社会风潮若在以往的中国，很容易被想象成隐遁或是步入空门的人执笔创作的，可在明清年间这未必恰当。明末的李卓吾针对元代王实甫的作品《西厢记》、罗贯中的作品《三国演义》以及同一时期的《水浒传》等都撰写过相关评著并倍加推崇，而清初的金圣叹更是将《西厢记》和《水浒传》与《庄子》、《离骚》、《史记》、《杜诗》并列，认为它们都是中国文学的杰作，也对它们加以推广，而这些作品事实上也确实因为李、金二人带有悲剧色彩的人生和他们极高的人气而变得广为流传起来。李卓吾和清初的金圣叹度过了略带遁世色彩的一生。

在清代文学作品中，《红楼梦》被誉为中国文学的巅峰之作之一。其作者曹雪芹出身南京名门，后来家道没落，在北京怀才不遇并客死于此。《红楼梦》是一部自传式的爱情小说，全书一百二十回中前八十回系作者原创，后四十回是高鹗（别号兰墅）整理曹雪芹遗稿后续写的。该著对世态炎凉和人情冷暖进行了极尽细腻的描写，将欢乐背后的哀愁表达得淋漓尽致，活灵活现地再现了乾隆时期的清代社会。《红楼梦》一问世，便引起了巨大的反响，随即开始流行起来，甚至有各种后篇和续篇等问世，还出现了一批专门研究被称作"红学"的专家学者。

清代读书界小说的流行并不仅是一部《红楼梦》的功劳，同时代吴敬梓的《儒林外史》的流行也是一大原因。吴敬梓同样身出名门，后因行侠仗义而散尽家财，因厌恶八股、不应科举而变得贫困。直至去世，吴敬梓一直在对清代官吏的腐败堕落进行描述，他假托明代社会写作小说，避开了清代统治者的压迫。《红楼梦》和《儒林外史》都是口语体的白话小说，二者都包含着对同时代社会的强烈愤怒，这可能也是它们受到意想不到的喜爱的原因所在。

《红楼梦》和《儒林外史》等长篇小说被称作章回体小说，除此之外，道光初期李汝珍创作了《镜花缘》百回本，之后还有文康的《儿女英雄传》四十回本、陈森的《品花宝鉴》六十回本等，清代文学界呈现了小说空前繁荣的景象。其中大多都是描写才子佳人，再现清代官场、花柳界等的情景，一般都以喜剧收场，悲剧性的因素相对较少。但在进入清末以后，正如李宝嘉的《官场现形记》六十回本、刘鹗的《老残游记》二十回本、吴沃尧的《二十年目睹之怪现状》一百零八回本所反映的，相继问世的多是痛彻揭露官场腐败的小说。这些小说基本都是官僚自己对其经历、经验加以记述，或者有所感怀而动笔创作的，但也出现了吴沃尧这样的职业作者。吴沃尧

大清帝国

作为作家终其一生，作品很多，这也说明文学作为一种职业已经在清代开始出现了。

与这些长篇小说同时出现的还有很多短篇的小品集，它们很难与散文区别开来。在清代，蒲松龄的《聊斋志异》是这类短篇小说集的代表作品，他在科举考试中屡屡不中，在愤懑中写出了各种奇闻怪谈。由于作者生活贫困，该作在其生前未得出版，是其去世后才问世的。《聊斋志异》在民间广受欢迎，甚至据说自乾隆年间以来，无论谁家都会备上一本。该书记述的那种由狐狸精、花妖营造出来的梦幻世界与著者精湛的古文描述一起，打造了《聊斋志异》的杰作之名。受《聊斋志异》流行的影响，袁枚创作了《子不语》，纪昀推出了《阅微草堂笔记》。

中国的读书人原本就超乎寻常地喜欢各种灵异怪谈，自南北朝时期人们便将有关神仙、鬼怪等的故事称作"志怪"，唐代以后也将与之相关的戏剧性故事称作"传奇"，这些在清代被继承了下来并发展出了以上作品。

另外，在进入清末后，林纾（字琴南）致力于介绍欧洲文学，小仲马的代表作《茶花女》被他以《巴黎茶花女遗事》的译名介绍到了中国。不过，这一译著并非林纾自行翻译的，而是他将合译者的叙述转换成文章用语而已。此外，林纾的介绍还涉及十几个国家的一百六十多部作品，例如《艾凡赫》、《鲁滨孙漂流记》、《格列佛游记》、《奥利弗特维斯特》(即《雾都孤儿》)等,使很多学生在西洋文学中开阔了眼界。

清代戏曲

继明代之后,清代的戏曲出现了很多作者和作品,演剧盛行,乐曲方面也出现了新的形式,其受众也得以扩大。有一位明末清初文人的典型——李渔(号笠翁),他给我们留下了一部以喜剧为主的《笠翁十种曲》。李渔因科举考试失败而未能步入仕途,他的随笔《闲情偶寄》讲述了文人的兴趣,他通过小说《无声戏》首开白话短篇之先河,此外还为中国山水画的入门书《芥子园花传》作序并将其出版。康熙朝中期,洪昇(号稗村)取唐玄宗与杨贵妃的故事写作了《长生殿》,该剧在演剧界流行开来;同一时期,已成为国子监博士的博学之士孔尚任(号东塘)创作了《桃花扇》,该作取材于明末动乱时期的文人与名妓间的悲剧恋爱故事,与《长生殿》一起被誉为清代戏曲双璧。另外在乾隆年间,蒋士铨的《红雪楼填词九种》等戏曲作品也被流传下来。

宋代以来,中国的演剧发展为包括西洋歌剧风格的歌(歌唱)、白(道白)和科(走板等的架势)三大方面,在元代发展到了极致。流行于元代的杂剧当年被称作"北曲",而到明代却是宋代以来留存于浙江地区的"南曲"盛行开来,特别是江苏昆山地区的人们首创出昆曲后,昆曲在北京也风靡起来,直至明朝末年都是南曲主流。但是,当已成为主流的南曲歌词和剧本都变得陈旧的时候,《长生殿》、《桃花扇》等剧作问世,南曲又从中得到了新的生气。而且在乾隆朝末期,虽同为南曲系列,却是来自安徽、湖北等地的剧团进入了北京,以面向大众的剧本和颇为通俗的歌词演绎的剧目很快流行开来,所谓的京剧开始形成,而昆曲则开始走向衰落。由于文人爱好的昆曲的衰落,以及演剧比之于剧本更注重演员,戏曲作品的数量终于开始减少了。

清代随笔

小说和戏曲的盛行被认定为一种庶民文化,是因为如下两点事实:一是它们是流行于庶民之中并为其所喜爱的;二是其内容更多描述的是普通百姓的生活。从明代开始,已经出现商人出身的人在学问上取得一定的业绩并发表其成果,既已置身官场的商人也不再罕见。到了清代,虽然富豪争相买官,以图凭借那仅有官位不任实务的虚衔实现与官僚的对等,实际上通过科举升至高位的商人也陆陆续续地多了起来。这种出身的变化一度扩展了清代官僚思想的覆盖面,同时也提升了清代官僚思想的弹性和柔性,为清代官僚思想注入了生气,但这未必就可以说使已为官

8 清代的文艺

僚垄断的清代文化庶民化了。不过在中国百姓的生活能力也在发生着变化，逐渐不再将对文化的垄断视作一种特权。

比如，通过同是商家出身的官僚——阮元和赵翼的作品，能发现他们的态度是不同的，即便将其视作个人差异，与赵翼的自由相比，阮元的训诂和骈体文等所显示的完全是一种保守的倾向，所以与其从出身论评思想，不如说官僚的地位才更是决定性的。在阮元身上，似乎作为一名高官的自律经常发挥着作用，而在赵翼那里，恐怕习惯于客观观察事物的机会比较多。这样来看，在文学上，能够将研究深入个人的思想层面，并以此观察其思想的就是学者的个人随笔——这方面的历史性资源也很多。与其称之为史料的宝库，莫如说其中若隐若现地书写着作者的人性，宋代以来，被称为"笔记"的随笔变得盛行，这与对人性的吐露已逐渐增多的社会倾向是互为表里的。

在中国的随笔中，比起颇具抒情色彩的感怀性的个人言说，比拼学识之类的话题性随笔资源更为丰富。事实上，被出版的与其说是一种随笔，莫如说是一种接近于直抒己见的一贯性著述的东西和带有作为自己著述的备忘录特征的东西。这在世界各地的随笔文学之中，是一个极具个性的特色，由于面向自然和人情世故等的情感流露一般会采取诗词等形式，因此可以说，在学术的未尽之处集中着短篇作品。所谓随笔，属于杂学的表达方式，自宋代以来它的形式不断地固定了下来。所以在中国随笔已经呈现出专业化的倾向，可以划分经史类、典章类、小说类、地志类等，在这其中，甚至连为方便查询史料而制作的索引都已经出现了。江户时期的日本随笔之所以变为《方丈记》、《徒然草》，且具有了卖弄学识的特征，也是因为受到了清代随笔的影响，知识分子的业余爱好在此已成了一种竞赛、表演。

清代随笔中属于经典的一类以顾炎武的《日知录》为代表，还有王鸣盛的《蛾术编》、钱大昕的《十驾斋养新录》、赵翼的《陔余丛考》等，这些古文学家和史学家也都留下了许多作品；与典礼、制度相关的杂谈类随笔中，礼亲王昭梿（自号汲修主人）的《啸亭杂录》和王庆云的《石渠余纪》等较为知名。作为最具随笔特征的杂学本，王士禛的《池北偶谈》、张潮的《虞初新志》、黄钧宰的《金壶七墨》等很有名，清末还有杨钟义的《雪桥诗话》、薛福成的《庸盦笔记》，数量之多可以说几乎所有文人都或多或少地留下了一些随笔作品。

宋代以来，记述城市繁华的杂记一直都比较多，关于北京的有朱彝尊的《日下旧闻》、敦崇的《燕京岁时记》，关于南方城市的有屈大均的《广东新语》、李调元的《南越笔记》、汪森的《粤西丛载》等。另外，记载其他地区的风俗习惯、民俗活动等的作品和游记也都很多。

8 清代的文艺

二 清代美术

中国美术的地位

由于无须以文字作为媒介，中国美术，尤其是绘画和工艺对世界做出的贡献，要远大于文学。欧洲的巴洛克文化是以中国美术为其一大契机而兴起的，这点很早以来便被人们阐释出来了；以法国为首的欧洲中国学学者也是如此，比起书籍，他们与中国的接触更多是通过美术作品实现的。他们将中国的山水画与欧洲的风景画比较，将中国的花鸟画拟作欧洲的静物画，通过列举此类美术作品在中国的发展要远远早于欧洲的实例，对中国文化的先进性做出了说明。虽然直接比较作画主题并不能完全说明问题，但从文化发展的不平衡性来说，某一领域在某一方向发展到非常高的水平的情况一定存在，但直接将其与社会整体的进步联系起来应该是难以行得通的。

关于中国美术还曾有一种观点，它以"权势艺术"这一称谓来强调其带有神秘性、权势色彩的艺术特色，并以此对亚洲专制国家共有的离奇并极具权势色彩的遗迹、遗作做出了总括。但观察最近中国的考古发现可以明白，

大清帝国

这一观点并未触及中国美术的本质。确实，专制统治阶层曾将威权性的艺术表达视作一种必要并据此创作出了大量作品，但这在当年实际上并未固化成一种美学意识。被表现于作品中的形象虽是统治的象征，但并不能认为那些创作者当时都是仅仅创作此类美术作品。最近的出土文物中尤其引人注目的是，简明素朴的作品较多，且各种技术非常发达，要比人们一致认为的早很多，这两点都让人感到甚为惊奇。之所以简明朴素的出土作品比奇异的美术作品要多，恐怕是因为我们更多地将关注力放到了这类出土作品上。即使是过去的美术，也会根据现在的人的意识呈现出不同的谱系。

尽管中国美术与世界美术并无根本不同，可与希腊、印度美术相比，还是有很大自身特色的。先从材质来说，最早是青铜器极为丰富，进入中世以后是陶瓷器和丝绸制品的技艺精湛，在这两类美术材质方面，中国当时是远胜于外国的。纯木制建筑物在中国留存下的遗迹不多，光彩夺目的装饰也较少。再从技法来看，中国美术玄幽之趣很多，活灵活现的表现手法较少，与动相比好静，与华相比更喜寂的喜好随处可见。不过，拿中国美术的这些特色与世界其他美术对比，反倒像是加了一个无用的重音，无论其是否受人喜欢，一个肯定的前提是中国美术不管在哪个领域都不逊色。

8 清代的文艺

清代绘画

美术史尽管没有政治史那种令人目不暇接的变化，可长期以来也重复着一种近乎政治史的盛衰变化。在这种盛衰交替之中，通观各个时代，中国的绘画都留下了最能代表其时代特征的作品，而且也有人写下了很多的画论，这构成了中国美术的中心部分。这是因为绘画与诗文一样，都属于个人成就，有宫廷诗人就有宫廷画家，有隐居诗人也就有隐居画家，而且历朝历代都不曾缺过这样的人士。并且在中国画领域也是自宋代开始，传统得以确定了下来：将制作宫廷画的画院中绘出来的"院体"称作"北宗画"或"北画"；将文人绘出来的"文人画"称作"南宗画"或"南画"。明代是南画的鼎盛时期。

清代受明代影响，其绘画的主流仍为南画，甚至在宫廷的画院之中也已采用南画了。相对于重视传统画法且颇具写实特征的北画传统，清代也有将自由奔放的画风均称作南画的情况，这或许是由于绘画并不总是反映现实社会，而是将目光投向了更远的地方。

从明末到清初，石涛和八大山人曾因其极具个性的画风而著名。石涛在明朝灭亡之后成为一名带发出家的僧人，他居住在扬州，常与众多文人一同游玩，在长江以南地区享有"江南第一人"的画坛美名。他曾著《苦瓜和尚画语录》,其山水花卉作品以格调高雅著称。与石涛一样,身为明朝王族的八大山人一生反清,而且更为激烈,也同样出家为僧,一般认为他从其狂傲清高的生活出发创作出了别具一格的山水花鸟画作,并以此表现出了他的愤然之情。在其作品中,虽然作为"明朝遗臣"的情感异常炽烈、超乎想象,但也有很多作品并未反映此种反抗精神。

八大山人《山水图》

曾出仕于明代宫廷,且师从明末大家董其昌的王时敏(号烟客),年轻之际便以其出众的画风和熟练运用古法的传统画法而广为人知。他虽在明朝灭亡后归隐,但作为画坛的权威被当作清代绘画的起源。王时敏的学生王翚、孙子王原祁当年都是清代画坛的翘楚。王翚（字石谷）亦学北画，善于临摹，因作画技巧之精湛甚至被称为画圣，康熙皇帝的《南巡图》也是他创作的。王原祁（号麓台）身处清廷画院，是将南画导入清廷画院的推动者。还有与王时敏同一时期且曾与王时敏比拼画技的王鉴（号湘碧），他是明代文人王世贞（号弇州山人）之孙，明朝灭亡后归隐，一心专注于绘画。王时敏、王鉴、王翚、王原祁虽并称"四王"，被视作清代南画的集大成者，但因他们均出入宫廷，所以其画风中带有一种形式主义的惯习。

王原祁《仿黄公望山水图》

大清帝国

与王翚一起师从王时敏的人中，有一人名为吴历（字渔山），他虽与王翚同被称为"虞山派"画家，可后来逐渐增强了自己的风格，晚年加入耶稣会后其画风又有变化，开创了意欲摆脱形式主义的潮流。另外，明朝灭亡后没落了的名族恽寿平（号南田）擅长诗、书、画，尤以山水花鸟的南画出众，据说他当年曾认为自己的山水画不如好友王翚，从而专攻花鸟画。恽寿平的着色具有写生风格，既已摆脱了形式主义，被视为清代花鸟画的典型，在其画派之下出现了也曾做过文华殿大学士的蒋廷锡（号西谷）。吴、恽二人与前述四王并列，时称"四王吴恽"，被视作清代绘画的巅峰人物。

但在进入乾隆时期后，却出现了与南画形式主义相抗衡的人物。在原本作为文人画扎根于民间的这一传统变得宫廷化，并染上了贵族气息之后，理所当然地会出现对它的反抗，而这种反抗反映在了画风之中。作为这一趋势的代表人物，在靠盐商繁荣起来的扬州，出现了被称为"扬州八怪"的文人画家，他们均非专业画家，是一群自中年开始才拿起画笔的人。

他们所谓的文人画，并不仅是绘画，还是有诗、有文的一种对生活本身的大气表达。所谓的"怪"，是说他们在当年唤起了一种打破传统、个性极强的创作风潮。"八怪"原本指的是这样的一群人，他们多数并非扬州出身，而是寄居于此，并在这里度过了他们的文人生活。除金农（号冬心）、郑燮（号板桥）、李鱓（号复堂）、黄慎（号瘿瓢子）、罗聘（号两峰）、李方膺（号晴江）、汪士慎（号巢林）、高翔（号西唐）之外，还有闵贞（字正斋）、高凤翰（字西园）、华岩（号新罗山人）等人。

金农作为一名诗人在杭州比较有名，他时常出游扬州，晚年也生活在扬州，开始作画是他年过五十之后的事。金农善画花木、马和佛像等，以其超凡脱俗的生活和主观随性的画作闻名于当地。郑燮曾出仕为官，退官以后在扬州与金农等人交好，他擅画兰、竹等，以其清爽之趣为人称赞。李鱓与其他"八怪"之间的交往同样甚厚，以水墨花卉画为长。黄慎常画道释人物，罗聘在描绘山水、花卉等方面有自由奔放的画风。这些人的共通之处是山水画作较少，爱选材于花木、人物等，其中经常吟诗、善书者居多，且多有扬州富豪的背景，仅一人或一派的追随者就可以形成一个文化沙龙。

与文人画相对，宫廷画院在接受南画影响的同时，也继承了自身、写实、细致的画风。在康熙皇帝手下为官的焦秉贞任钦天监之职，他从耶稣会士那里学到了远近、透视技法，并将此应用到了画作之中，但并未实际使用过光线、阴影技法。在清代画院中占据特殊地位的，是曾在雍正、乾隆两朝为官的意大利籍耶稣会士郎世宁，他的传教

大清帝国

行为虽为清廷所禁止，但他本人以其华丽、鲜明的画风深得皇帝宠爱，为后世留下了人物、战争等题材的画作，后来还出现了一些他的模仿者，只是他的那种西洋特色的绘画并未在中国落地生根。虽然郎世宁还在颐和园营造了名为"西洋楼"的西洋风格宫殿，但都仅仅停留在满足宫廷好奇心的程度上。当时在人物画方面，改琦（号香白）以使用中国自古的线描而成的仕女图知名，余集（号秋室）也以美人画——当时被称作"余美人"——而深受好评。

郎世宁《马上的乾隆帝》

乾隆时期以后，清代绘画与中国其他文化一样开始凋落，及至清朝末年，文人画方面有赵之谦（号梅庵）再度复兴扬州画风，进一步为其增添了一份豪放，并以花卉画见长；还有吴昌硕（别号缶庐），其画风与赵之谦相同，在日本喜欢他的人很多。此二人也都经常作诗、写字，保持了中国文人的传统。

中国绘画之所以未能最终从文人画的传统中超脱出来，应该基于如下因素：一是绘画的基础被限定在或为宫廷或为中国文人的那种自由自在的生活上；二是绘画的基层要素被吸纳到了陶瓷、织染等其他领域，这妨碍了绘画新手法、新技巧的发展；三是与前两项因素相比，对中国自身传统的尊重阻碍了自然涌现的创作欲望，这在当时也是很大的制约。

清代书法

正如所谓"书画"所说的那样，中国的书法在清代也有可堪比绘画的爱好者和技法传统。这并不是在中国独有的一种现象，阿拉伯和蒙古等地区也是一样，其在历史上对文字的关心程度都很高，表意文字在经字体变化的过程中，唤起了人们对文字艺术的很多回忆，所以仅仅是一幅名作，也会在其周围形成一种传统了。这在汉字文化圈也是一个共通的现象，在日本、朝鲜、越南等地都有书法艺术，文字在这里逐渐被当作人们美学意识的一种极端表达。清代书法正值集过去书写技法之大成的一个时期，尤其是金石学的盛行，在书法方面唤起了一种复古主义的风潮，以致清代书法界极尽繁荣，名家辈出。

明代的书法风格曾以文徵明、董其昌这两位大家为代

大清帝国

表，可在清代汲取董其昌风格的名家占多数。明末清初之际，王铎、张瑞图、傅山等人均擅书画，并给清代带来了很多极具明代遗臣特色的自由奔放的书法作品，而后来做上大官的张照、刘墉等人却学习了董其昌的风格，并以其雄浑精致的书风声名鹊起，被誉为"帖学泰斗"。所谓的"帖"，指的是"南帖"，是通过王羲之以后的法帖进行练习的一种技法。但金石学的发展使对北朝墓志铭等的研究有了极大的进展，人们逐渐认为在这些墓志铭中的北碑上留存着中国古代的书法，因此倡导北碑书法技巧的人多了起来，阮元等人的复古主义被引入书法，邓石如（号完白）、伊秉绶（号墨卿）等人开创了碑学，他们以其强健的笔法为清代后期的书法确定了形态。

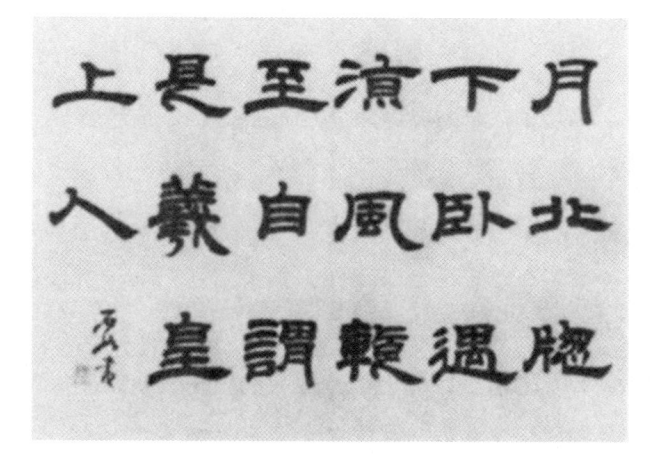

邓石如《四体帖》

8 清代的文艺

嘉庆时期以后，包世臣（号安吴）、陈鸿寿（号曼生）、吴熙载（号晚学）、何绍基（号东洲）、张裕钊（字廉卿）等书法声誉很高的大家均拥戴碑学，这成为中国书法的主流。这些书法名家很多都是官僚，包世臣作为官员的幕客熟悉运河漕运，陈鸿寿曾历任各地的知县，吴熙载一生好学、终身专研书法篆刻，何绍基先任翰林院编修，后成为各地乡试考管，而张裕钊当年曾在内阁任职。

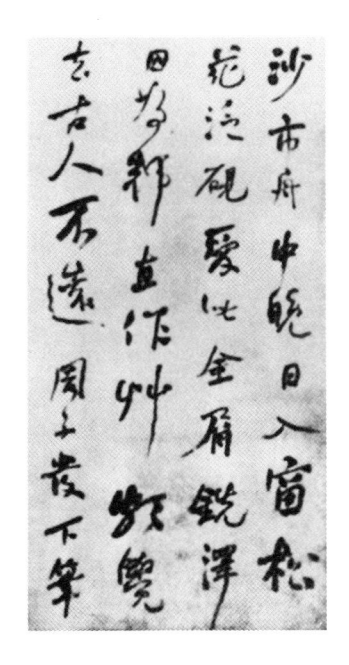

何绍基《黄庭坚·山谷题跋中语》

大清帝国

清代官僚的经学倾向于回归汉学，如此一来他们模仿汉代隶书的北碑派书法在当年流行也就顺理成章了。可陈鸿寿、吴熙载等人在南画上也颇有名声，赵之谦、吴昌硕等人的书法倾向于碑学，也应该是源于这一潮流的。所以不能想当然地认为，碑学流行就意味着清代中国的书法再无其他了，即并不是帖学的字就没有人写了，就像擅长花卉的画家在山水画方面也妙笔生花一样，在书体和书法等方面，时间、地点都成为潮流形成的条件。

清代陶瓷

长期以来在世界上一直代表着中国的产业和美术的陶瓷器，在清代也将以往的技术集大成，无论是其产量还是种类都呈现出了空前的盛况。陶瓷器在每个时代都留下了可代表该时代特色的优秀作品，这与中国的绘画相同。陶瓷器爱好者们会通过各个时代的特色对其做出不同的评价，或根据陶瓷器的高雅认为宋代的青瓷、白瓷等最好，或是根据陶瓷器的明快、丰满认为明代的青花和五彩等最好，清代留给我们的陶瓷器作品却丝毫不逊于这些。中国陶瓷在其制造过程中很早便出现了分工，一般以其制造地的烧制窑的名字相称，制作者个人的名字并不出现在作品上。一方面是反映在文人全身心投入而创作的书画作品上的个人成就，另一方面是那些默默无闻的陶瓷工匠共同烧

8 清代的文艺

制出来的陶瓷作品，我们高度评价二者的艺术性，将其等同视之，这是一个很有意思的现象。

浙江、福建、河北、河南等地都曾发现过古窑，这种瓷窑在唐代广泛分布至全国，其中南方越窑的青瓷、北方邢窑的白瓷特别有名。进入元代以来，青花技艺可能自伊朗方面传入中国，青花与五彩、朱砂釉瓷一同成为中国陶瓷的主流。后来中国各地的陶瓷生产逐渐衰落，直至明清年间，中国的陶瓷生产逐渐集中于江西景德镇。自明代在景德镇一带创设宫廷用的瓷窑即"官窑"以后，景德镇变得极其繁盛，人口曾多达五十万，这里连日烟尘蔽日，生产夜以继日，国内自不必说，其陶瓷产品还出口到了世界各地，让人产生了陶瓷即中国的印象。

承继明代陶瓷业之繁盛，清代康熙、雍正、乾隆年间以官窑为中心，景德镇烧制出了为数众多的陶瓷名品。清朝将明代的"御器厂"作为御窑厂，派出了臧应选、年希尧、唐英等人为其长官，令其监督生产。景德镇一带仅明代官窑就有五十八座，清朝将其接收，使它们在技术上相互展开了激烈的竞争。另外，据说在这一带还有民窑，多达约二百座，以至于当时的景德镇街上满是陶片，都看不到地面。

在对以景德镇为中心的清代陶瓷进行论述之前，我们首先能从相关历史记录的特色中看出陶瓷在中国社会中所

大清帝国

占据的地位。这些记录以乾隆年间朱琰的《陶说》、嘉庆年间蓝浦的《景德镇陶录》为代表，另有许多相关书籍。此中首先值得关注的是明代被冠以名匠之名的瓷窑，可以看到"崔公窑"、"周公窑"、"壶公窑"等的窑名。崔公窑的崔氏资料不详，但周公应该是周丹泉，壶公应该是壶隐道人，另外相关记录中还记载着创建"横峰窑"的翟志高等人的名字。可是到了清代，这样的名匠的名字便无从找寻了。这是缘于他们后来失去了可资冠名的独创技艺；还是由于清代官窑统制力变强，个人冠名被压制、取缔了；还是由于批量生产已经出现，不太需要名匠了；还是由于匠人这个阶层既已形成了？个中缘由令人颇感兴趣。

其次值得关注的是出现了很多应该是当年匠人用的专用词语，这些词语与陶瓷的色彩、烧制出来后的成色等相关，特色鲜明。诸如"蛇皮绿、鳝鱼黄、瓜皮绿、茄皮紫"等，与当年的银号商人对银质成色的叫法比作各种动植物相同，说明类似的工商业者的专用词汇变得丰富起来。相关记录中的那些与诗论、画论等迥然相异的文章，虽然还不成熟，但已经开始发展起来了。在陶瓷业的底端，是必须由大量民众承担的陶瓷生产，而可以支撑这一生产的人口在当时的景德镇应该是足够的。而且，由于清代陶瓷的特色是以仿制为自豪，所以对以往的各种各样的名器的模仿被看作技艺最为精湛的。乾隆年间负责监管官窑的唐英留下来的《陶成纪事碑》一书，列举了用于进贡的名品五十七种，其中多达三十三种都是对宋瓷、明瓷等的仿制，而且唐英还在该书中对此给予了称颂。

陶瓷器的爱好者为数众多，由于陶瓷爱好者、收藏者多会伴有一定的偏执，所以容易破碎的反倒被完好地保存下来，而且年代愈是久远的便愈加倍受珍爱，宋瓷气质高贵，明瓷品相丰满、艳丽，因而认为这些是极品的想法流传了下来。所以，根据自己的爱好，将仿品当成真品，或将真品看作仿品的事情不时会出现。明代的周丹泉系万历年间的人，他对仿制瓷器便有这样的评价：其巧妙的仿制与真品几乎没有区别。与明代相比，一般没人认为清代的陶瓷仿制技术不及明代。不过，清代陶瓷器的流行发生了变化，人们趋向于喜好那种富丽堂皇的感觉，开始竞相在五彩、青花等瓷器上大展技艺，虽然进入乾隆年间后曾受郎世宁影响，引入过一些带有西洋特色的上色手法、形态等，可除此之外，清代在陶瓷方面的创造性是比较缺失的。无论尝试做些什么，都会发现已经有人做过了，而且还难以超越其水平——这样的一种观念不知不觉间固定下来，后来似乎进一步发展，固化成了清代文化的一个基调。

关于清代陶瓷中的杂器，没有发现留存至今的相关记述。在清代，对于那些相对普通且便宜的物品比较感兴趣的人未将其目光投向这里，中国沿海地区自不必说，对此

大清帝国

我们除了从以琉球为首的东南亚沿海地区发现的陶片入手去想象之外,没有其他途径。元明两代时期的陶瓷杂器虽然有一些品质稍好的物件混于其中,可一般是质地较厚的居多,胎质也好釉药也好都比较粗糙。但在清代,其质地变薄了,青花瓷较多,还混有五彩瓷。关于这一变化,虽然尚未有人公布决定性的资料,但在普通百姓用品的质量有所提升这点上,似乎已是确定无疑的。取代对艺术品独创性的追求,实现普通民众层面的普及及质量的提升,或可谓清代文化的共同点。

清代漆器

中国的漆器自古便有极为出众的技术,这可以从汉代的相关遗物中观察得到,而且像唐代的"螺钿"、宋代的"剔红"(雕漆)等,漆器在中国历朝历代都是有所发展的。但由于漆器受陶瓷器的迅速发展所影响,加之当年在工序上不可能实现批量生产,所以后来便从日常器具中消失了。在明代,还有学习日本"莳绘"的杨埙——当年被称作"杨倭漆"——这样的漆匠,漆器保住了它作为工艺品的命脉,并随后进入了清代。

清代的漆器一般是在屏风、桌子、椅子,以及床榻、衣橱等木质家具上镶嵌奢华的螺钿,在雕漆上也能看到其细致入微的技法,曾作为出口海外的商品而知名。但与日

8 清代的文艺

本的漆器不同，清代的漆器是一种缺乏根基的工艺，其技术仅在远离根茎的末梢处流传，整体上难以抹去它那种脆弱的印象。虽然在漆器尚存在于普通民众的生活用具中的情况下，拥有漆器制作技术的漆匠覆盖面会广一些，他们之间会有交流，也因为有需求的支撑，他们不会对漆器用品的制作、生产失去信心，但他们缺乏突破日用品的限制、大胆创新的精神，所以只能日趋衰落了。

中国的漆的生产虽然自古以来未曾中断，但由于被称作"油漆"或"底漆"的桐油漆等涂料得到普及，生漆的使用范围变小，除为皮制品、筐类用品等做出纹路，涂漆的首饰箱、柜子等生活实用品还在流行以外，生漆在清代中国并没有太大的需求。清代生漆的产地虽然大体偏向于南方，广州、福州等地是其中心，但在北京、苏州等地，实际上也残存着生漆生产的传统技术。据说为了能将其留存下来，漆匠们会使其制作手法更加繁杂，使其工艺更加烦冗，而这又会更进一步令其走向衰落。漆器技术在清代已经失去了曾有的光彩。

清代玉器

与漆器同样保留着中国古代传统的还有玉器。玉是对像玛瑙那样的软玉、像翡翠那样的硬玉施以雕刻，并作为宝物来看待的一类物件。在玉器上，中国有世界其他地区

大清帝国

无法比拟的历史遗产和制作技艺。作为用于祭祀、典礼等场合的用品，玉器与铜器相同，最初虽曾用来制作武器、鼎等物件，但后来发生变化，诸如随身装饰物件、香炉等玉制品逐渐多了起来。青铜器亦然，殷周时期祭祀用的青铜器在进入金石学既已出现的宋代以后，开始被仿制成小件了。从材料性质来看，玉器的小型化是最自然不过的，而且在清代的乾隆年间，玉器迎来了最后一个全盛时期。不过，清代的玉器与漆器相比，其制作是一种更加缺乏社会根基的工艺，仅用于迎合宫廷、贵族的喜好，即便有一些微小的物件作为珍贵的饰品在民间流行，也不会衍生出某种新趋势，所以其结局也只能归于模仿。

康熙帝的玉印

对于玉器，人们还有对其材质的青睐，北方地区似乎保持着一种石器时代以来的传统，据传秦始皇当年曾制作了作为神器的传国之"玺"，其所用材料也是一种珍贵的

8 清代的文艺

玉石。玉器的材料最初多为软玉，及至雕磨技术得到发展后，其范围便延及硬玉。翡翠在古代中国指的是一种鸟的毛，当时人们会将名为翠鸟的羽毛用于装饰，后来人们用"翡翠"这一称谓来指代属于硬玉的宝石，估计也是缘于玉器加工技术的进步。但从玉石的材料来看，清代玉器并未出现古希腊以来的大理石那般超大型作品，都是那种可收于手掌之中的把玩之物，从清末吴大澂的《古玉图考》来看，人们在清代好像也将玉器视作一种古代的象征。一般而言，玉器与象牙、银等器物的使用如出一辙，一直都为人们所珍视。

另外，关于清代美术，人们经常还会将雕刻领域也列举进来。尽管在雕漆、玉器、象牙等工艺品的雕刻中留存有很多精致、华丽的雕刻作品，可在石像、青铜像、干漆像等的作品上，却几乎看不到什么杰作，这是清代雕刻的一个事实。清初的喇嘛教雕像、道教雕像等有很多都留存到了现在，作为清代建筑物的装饰，华表、石狮子、栏杆与石阶等上面的雕刻等也有很多，但现在一般认为这些雕刻都不够高雅。现今留存于北京的陶瓷制的九龙壁，与留存在大同的明代的同类作品相比，其工艺等都相差甚远，这也是人们经常拿来引用的例子。这应该是清代的雕刻作品都集中在了那些用于把玩的微型、小型作品上的结果。

三　清代建筑

中国建筑的地位

如今在世界建筑中，该怎样为中国的建筑定位呢？人们又是如何对其加以评价的呢？比如，在世博会那样的展台上，每个国家都会致力于发挥出本国的特色，并自豪地将其展示出来，此时中国若建一个具有中国特色的建筑物的展台的话，该建一个什么样的建筑物呢？和其他国家的建筑相比，该给人留下一个怎样的印象呢？这是一个可作观察的视角。另外，我们还可以置身中国本土的特色之中遥望北京的紫禁城、天坛等的特色建筑，采取一种作为景观来进行观察的视角；将中国的特色建筑作为一套图鉴来观察，并与其他文化创造出来的建筑相比较的视角；或者也可以将那些雄伟壮观的宫殿、寺庙、道观建筑置于一边，采取一种将民居、农家建筑作为普通百姓生活及其延长线加以观察的视角。

以往，人们一说到建筑，就会把兴趣集中在作为其表象的屋顶形状、木质框架的构造或装饰部分等上面。可建筑也有自己的世界，即某一民族的社会所凝聚而成的建筑造型，这是一种即便是将来也不会与人类割离开来的构筑

8 清代的文艺

形式，它的社会功能和内部构造应该是与社会相对应的。

在中国，宋代有李诫编撰的名为《营造法式》的建筑著述，在明代也有计成的《圆冶》，所以建造建筑、营造园林在当时已经作为一个专门领域确立起来了，可在距此更早的秦代，诸如营造阿房宫、移建六国宫等，那种雄伟、壮丽的建筑据传很早前便已存在了。可以说，那时的中国文化毫不逊色于世界上的任何文化，是世界上营造过最为古老、最具规模的建筑的一种文化。不过，由于那些建筑均系木造，在其消失后人们难以看到古代的遗迹，所以留存到现在的中国建筑及其遗迹多是宋、辽时期以后营建的，对于汉、唐两代的建筑，我们只能将古墓中的壁画、既已出土的瓦砾，以及现存的青铜器模型等作为观察它们的线索。

通观历朝历代可以做出的判断是：与其他文化圈多保留着神殿、公共设施等大规模的遗迹相对，中国的宫殿楼阁比寺观规模更为宏大，这也是历时长久的皇权统治在中国建筑领域的一个反映。当然中国上也兴建了远胜于其他方面的大规模的儒庙、佛寺、道观等宗教性建筑，但主要的建造能力还是集中在皇帝所居城市、京城的城门等象征政治权力的建筑物上。

欧洲城市的城门和贵族所居的城市是以防御为主要目的建造起来的，而古代中国城市的城门、宫殿等的营建却

大清帝国

主要是为了炫耀那种基于威仪、震慑的统治大权，与此同时，甚至在官衙、防御堡垒上，比起实用性首先考虑的也总是那种威慑。中国建筑的这种特征虽是一种附带性的特征，但它反映了这样一个文化现象：比起整洁清秀更倾向于离奇、怪异，比起轻快、便捷更倾向于笨拙、庄重，这也与权威在中国社会体现出的印象有很大关系。建筑、建筑群比之于绘画、雕刻等文化领域，更能清晰、明确地反映社会的诸相，正因为如此，可以称中国的建筑为"中国的脸面"。

紫禁城

无论对于哪个国家，人们多会由其国名而联想起它最具代表性的建筑物，而对于中国来说，这一最具代表性的建筑即北京的故宫紫禁城。今天作为故宫博物院对外开放的宫殿群，建于明清两代，位于北京市的北部中央，坐北朝南，现在的建制保持明代原貌，后经再建留存至今。明朝在自南京迁都到北京的十五世纪初，仿照南京紫禁城的建制营建了该建筑群，虽然宫殿的名称、装饰等屡有变更，但因清朝与明朝的统治架构一样，原样承袭了明代宫殿的规模。按照征服王朝的通常做法，清王朝要想稳居前朝的组织架构之上，并将自己的统治实力彰显出来，必然要继续维持紫禁城的雄伟、壮丽，而且还需要对其施以进

8 清代的文艺

一步的装饰。所以清朝统治者耗费大量心力，为其通体加装了民间禁用的黄色琉璃瓦，以使人们仅是靠近它便能感受到威压与震慑。

紫禁城四周为高高的城墙所围，城墙东西约七百米、南北约一千米，正南面是世界上最大的城门——据说能够容纳两万人的午门城楼，自此向北展开，分别排列着太和门、太和殿、中和殿、保和殿的政厅，紧接着依次是乾清门、乾清宫、交泰殿、坤宁宫、坤宁门、钦安殿、顺贞门的内廷，直至神武门，各单体建筑在中轴线上一线相连，背后人工修建了景山。在中轴线上这些建筑的左右，也修建有很多用于各种仪式活动的殿阁，很多在今天仍然可以令我们联想起当年华丽无比的宫廷礼仪的景象。一般来说紫禁城与江户时期的日本特色建筑属于同一时期，东照宫等日本建筑物在各细枝末节的内部装饰上力求达到极致，这在当时与紫禁城是一样的。只要把精力集中于特定的规制，便肯定会出现这样的现象，这在欧洲的洛可可式建筑之中也表现得同样鲜明。

紫禁城的中心是太和殿，它东西长六十米、南北宽三十三米，朝南正面建立有十二根圆柱，大理石的石阶上雕刻龙图，太和门前名为金水桥或五龙桥的大理石桥五桥并建，极尽壮观。太和殿的内部中央设玉质宝座，自天井向下垂有超大宝珠，可以说与中华帝国皇位相应的那种威仪在此已整备齐全了。

紫禁城内廷的中心为乾清宫，它东西长 45.5 米、南北宽 20.5 米，原系皇帝的居所，清朝中期开始被作为政厅使用。被限制在紫禁城内一隅的皇族的日常生活超乎常人所想，他们过的是一种完全缺失人情冷暖的日子，仅在形式上度日，浮现在人们眼前的一般是这样一幅情景：若非那种极限生物，便几乎没法在这里生活下去。与之相比，凡尔赛宫、罗浮宫里面好像保存着一些日常生活的印记。紫禁城本身就反映了这种缺失生活气息的非人性的景象，营建时几乎没有对于与建筑一体的庭园的考虑，这恐怕应该是一点根据所在吧。

行宫和陵墓

清代的行宫有北京西郊的圆明园、颐和园和热河承德的避暑山庄。圆明园虽在 1860 年第二次鸦片战争之际被英国军队放火烧成了废墟，但还残留着许多可让人回想起当年情景的遗迹。位于北京西北部的颐和园系乾隆皇帝对明代的寺院施以改建，并在其周围营造出殿阁庭园而成。颐和园的园名叫"清漪园"，山称作"万寿山"，临昆明湖还建有石舫（石头船）亭等特色建筑，但这些也都与圆明园一起被侵略者烧毁了，后来慈禧太后在乾隆时期的延寿寺的遗迹之上建起了佛香阁、排云殿等建筑，恢复了

8 清代的文艺

过去的美轮美奂。颐和园沿湖建有长廊,架有桥梁,全然模仿了江南西湖的景观,这完全是因为当年在中国,江南风光首屈一指且深受人们喜爱。万寿山的北侧目前还残留着乾隆时期的废墟,这似乎象征着王朝全盛时期的华丽和衰落时期的空虚。

圆明园比万寿山更靠近北京,系由雍正皇帝建造,经乾隆皇帝改建,由新建的长春园、绮春园组成了园林楼阁式建筑群,园中有大小池塘,并以小河相连,恐怕是将所有的造园精髓都集结到了一起。特别是乾隆皇帝,他还任用传教士在园中建造了喷泉,营建了巴洛克式的西洋建筑。这些西洋建筑的规模还能凭借相关的铜版画、图绘,或是一些相关模型想象得到。但这些后来全都变成了废墟,至今未能得到修复。不过在今天来看,好像也不能说那些西洋风格的宫殿都是些特别优秀的建筑。

河北承德的行宫由康熙皇帝营造,乾隆皇帝又在其基础上模仿拉萨的布达拉宫和日喀则的扎什伦布寺增建了喇嘛庙,为今天留下一个奇异的景观。不过当年,在此觐见过乾隆皇帝的英国使节马戛尔尼对这些建筑的规模却并未表现出多少惊叹。也许那种木制、砖造的建筑对当年的欧洲人而言并不壮丽吧。

除圆明园外,清代的行宫都与寺院共建并实现了与它的整合。有人认为这是缘于清代皇帝的信仰,事实上这是

大清帝国

为了将权力加重,且当时在建筑上也没有其他的风格可选。这些在看了清代的陵墓建筑后也可以明白,尽管配置、规模等有一定的规格,但其建筑物本身实际上与宫殿、寺庙并无太大不同,除去色彩、细微之处的装饰等,中国建筑很明显并没有太多的风格、样式。

沈阳郊外有清太祖的福陵、清太宗的昭陵,河北遵化有被统称为东陵的顺治皇帝的孝陵、康熙皇帝的景陵、乾隆皇帝的裕陵、咸丰皇帝的定陵、同治皇帝的惠陵,河北易县的陵墓被统称为西陵,内有雍正皇帝的泰陵、嘉庆皇帝的昌陵、道光皇帝的慕陵、光绪皇帝的崇陵。虽然陵墓众多,但它们作为建筑物并没有什么值得关注的地方。总体而言清代建筑沿袭了明代风格且并无发展,北京天坛的圆形建造风格,也是直接按明代样式原貌再建的。

宗教建筑

从木制建筑的耐久性来看,有个很自然的事实,即中国古代知名的佛寺、儒庙、道观等很多都是经过清代的改修、改建后保留下来的建筑,例如据说是中国最早佛寺的洛阳白马寺,建为孔子旧宅的曲阜孔庙,道教全真教本院道场的北京白云观等,其大部分都是在清代重建的。连还保存着唐代建筑遗迹的五台山的佛寺群以及天台山的许多寺院也是一样,其他的名刹也都如此,几乎均系经过改建

8 清代的文艺

后的建筑，所以将这些说成清代的建筑究竟是否恰当还存在疑问。

当然，并不是说清代就没有具有特色的装饰、技巧等，只是其中很多也是通过对前代的模仿才确立起来的，顶多由于工匠能力的差别有一些做得好或是不好的地方差异。若是在旧址上以旧貌重建，那即便是清代的建筑营造也未必就带有清代的特色；在广州、北京等地有一些西洋风格的清代建筑，但它们也并非源于清代社会，并不是清代的内生创造。

如此一看，我们应该将哪些建筑归为清代的产物呢？这与其他各文化的情况相同，似乎是一个区分起来较为困难的问题。若是有西洋风格建筑和中国本土建筑融合到了一起并趋于固定的话，该是值得大书特书的一件事；若是某一不曾见到的新建筑样式因某一机缘被大量建造出来的话，也反映了那个时代建筑的发展方向。

然而，如上情况在宫殿、寺院等建筑上没有出现。在民居、商铺以及剧场、酒馆等建筑上，也没有出现特别新颖的样式。基本承袭前代制度，并在此基础上尝试做些细微的修改，那便是清代社会本身，这种特征也显现在了建筑领域。若是一定得举一个例子的话，北京的雍正皇帝的旧宅雍和宫可勉强算作一个，它在建造之后被改成了一个喇嘛教寺院，其中稍微显示出了一丝少数民族统治的痕迹，这与保存在澳门的圣保禄教堂前壁等来华天主教教会的遗址程度相近。

江户时期的日本建筑失去了前代的明快之感，渐渐变得厚重起来，进而为其增添了一种重压之感，失去了清新之感，使之趋于规范化、均一化。与这一倾向相同，想要将某些东西维持下来的意欲，和阻止某些东西创造出来的阻碍力，令社会停滞不前，使人们的积极创造陷入一种仅是在细枝末节处稍有改动的境地，而这可以说就是清代的思维定式。在日本，神社、寺院、城郭等还能看到传统样式的规范化，可在中国，就是在殿阁和楼塔上，其区别也都变得很少了，因此当时除装饰之外，将它们区别开来的建造技术、手法好像已经没有了。或者也可以说，这是木材资源出现短缺的一个宿命。

民居和民居群

在长江以北和以南的中国城市的外在形态并不相同，在江北是用方形的城墙将城市围起来，在江南则会修建出一种不大规整的城墙，这很久以来便作为南北方的差异被人指了出来。民居的构造也是如此，大概的差异是江北地区会将房屋左右对称布局，而江南却是修建独立房屋较多。可民居还会因农村与城市、主人的职业等而各有不同，且历史上南北方的交流也比较频繁，所以仅就民居构

8 清代的文艺

造的不同做个笼统的推测是没有多大意义的。瓦房是什么时候普及开来的？当时的采光、取暖等情况如何？所谓民居，必须得是民众的生活本身才行，可整理此类事宜的工作却做得很不充分。

能够想象，瓦房在中国的城市、农村都是很早便普及开来了。就连清代陕西、河南等省的山地窑居部落，也已经会在窑洞的入口处装上门，并覆以瓦盖来遮阳避雨了。不过也能够想象，在农村和那些小家小户的房屋上，草房还是占据着压倒性的多数。民房采光的窗子上虽然都会装上木格子，可这并不遮风，一般还会向屋外一侧装一个推窗，在窗子的屋里一侧再用布或纸的帘子遮风；取暖只是到暖手的程度，在北方一般用煤取暖，民房独有的取暖设施没有什么发展。在日本的长崎，收录自清代中国商人的《清俗纪闻》记录了中国江南地区的民居情况。该史料有关于民居的专卷，其中有修建平房时一般民居的平面图、名为"五进楼"的五排二层建筑的大宅邸和平房建筑中的商铺等的图，并对这些有如下记述：

> 居家之制作有大小宽窄之别，并非一样。然皆瓦葺，其外侧大体围以土墙或板墙。正面有入口，其内侧设有屏风一样的屏门。进入玄关后，有名作正房或厅堂的会客室。正房两侧有设空地以种植树木者，亦

有建造书房（书斋）者。厅堂往里置设内房或睡房，旁边作下厨（厨房）用。支柱之使用或圆或方，屋墙用砖砌筑，其上涂以白黄红等色。地面不起，铺砖或铺板。

清代北京的民居禁建会俯视皇城的两层房屋，在江南却有很多多层的宅邸，其中有以"馆"、"楼"、"堂"来命名的。不过，这样的民房比较集中的城市面貌除部分商业街外，与规模较大的农村相比并无大异。当时的城市往往会有占地甚广的寺院、菜田等散落其中，不仅其景致颇具田园色彩，生活的节奏也是极具田园风格。当然，在当时城市与农村之间的差距无论是在心理上还是经济上都是很大的，不过可以称作城市脸面的，与今日相同，还是每个城市里的那些繁华地段。可在这里，实际上并没有多少可称为建筑物的建筑，与常见于亚洲各地的集市基本相同，只有满是人群和满载各类商品的移动摊位的街道。大的商店也会面朝街道——特别是大的街道——挂出被称作"招牌"的匾额，繁华街道不断增加。

人们远望城市能看到寺塔，走近后能见到城门，进到城内后便会直奔繁华的商业街而去，这是世界上的任何一个城市都有的城市景观，中国是最早拥有该景观的地区之一，而且在清代尽管其数量和规模大幅增加，其实质却没有什么变化。在尚未出现产业革命的地方，不会出现急剧的变化，而在已经习惯了剧烈变化的如今，那种一点点地发生的细微的变化，是无法进入我们的视野的。

四　清代的文房用具

文房四宝

宋代的苏易简撰写了《文房四宝谱》，并将笔、墨、砚、纸列为文人的"四宝"。至明代，安徽省歙县作为"四宝"的著名产地变得广为人知，与徽商和文人之间的密切交流并行，文房四宝也逐渐成了中国文化的一个象征。这一发展变化在当时的中国绝非偶然。在那之前，绢和纸是代表中国的商品，汉代之前，中国人曾将生于本土的智者称作"圣"，将外来的称为"贤"，如果借用这样的说法，那绢和纸在当时的中国便是一种相当于"圣"的存在。

若说纸是为书写的话，那笔、墨自然会与之相伴，还有砚台、笔架、水滴等一系列文房用具也是一样为人珍视，作为一种以纸为中心的文化，已成了中国为之骄傲的文化遗产。歙县因有歙溪的石头，很早开始便成为歙砚的产地，其北部的宣城还是宣纸的产地，而且歙县本身也生产被称为"徽墨"的墨，所以明清年间，歙县以独占文房四宝而知名。

丝绸是代表中国的商品，但从整个中国来看，它却为贵族所垄断，纸在当年也被文人所独占，所以与纸一起，文房用具占据了承担中国文化一个方面的地位，并逐渐集聚了更多的关注。比如，本章未能论述清代的音乐，既不是因为在清代没有音乐，也不是说中国音乐在清代已经衰落，没有什么可供记述的东西，这不过是当时相关记载相对很少，而且几乎没有集聚起清代知识阶层的关心的一种反映罢了。

与清代音乐的情况相反，文房用具却令清代文人的自信心得到了极大满足，关于文房四宝的知识和收藏等都使他们感到了满足，相关的记述也很多。音乐在中国，以演奏为其兴趣的贵族自古便有，但在后来，除属于皇宫的音乐演奏者外，一般演奏音乐者多属于一种极其低微的职业，而且可以说，这种情形在清代并未出现新的变化。因而，代之以音乐，本章在此选择文房四宝来进行记述。

清代的纸

中国的造纸和印刷术传到了西方，这作为东西文化交流的一个非常好的题材吸引了很多研究者的兴趣，而且其中关于造纸的记述相对要多。在中国，开始用丝绵造纸可以追溯到战国时期。东汉的蔡伦发明了利用渔网和破布作

8 清代的文艺

为原料的造纸术,后来利用树皮、藓苔、藤类和竹子等纤维的造纸方法也出现并得到了普及。在日本,奈良时期以后造出来的和纸还保留着中国唐代的造纸方法,是使用以树皮为主的原料生产出来的;在日本称作"唐纸"的中国纸是宋代以后盛行起来的一种以竹子为原料造出来的纸。中国对纸的需求在明清年间迅速增长,此时无论是纸的种类还是造纸的技术,都达到了历史的顶峰。不过也有人认为,此时只是民众使用的劣等纸生产旺盛,其造纸技术反而比宋代退步了。持这种观点的人若不是因其崇古情结作怪,可能就是他们看了那些自明清年间留存下来的纸质较差的经卷、书籍的缘故。

造纸之际,抄纸时掺入的胶质糊上可能附有虫,但只要将对糊的处理做好,造出来的纸比绢和布的耐久性还要好,所以在中国也能发现南北朝时期以后的纸。这样的存品多以书册的形式保存下来,所以人们的关心首先会集中在文字上,但自宋代开始也已有人论及纸的质量。前文提到的苏易简就曾称:蜀(四川)纸自麻而造,闽(福建)则用若竹,北方以桑树之皮,浙江剡溪以藤蔓,沿海之地以海苔,浙江一般以麦、稻之秸秆,于吴地(苏州)以茧,于楚则又以楮为其原料。

在这些造纸原料中,取材于麦藁的纸用作一般用途。竹纸稍显上乘,多用于印刷,竹纸中,清代的毛边纸、连

大清帝国

史纸等产自福建、江西等地，比较知名。据传由五代时期南唐的李煜责令制造的"澄心堂纸"，是一种书画用的高级纸，故尤受珍视。宋代时，人们还为纸上蜡，造出了带有光泽的蜡笺，并用金银为其印出了花纹。

到了清代这些技术全面开花，乾隆年间以澄心堂纸为首，人们仿制出各种各样的蜡笺，使纸文化达到了历史巅峰。但观察像澄心堂纸这样的厚纸可以发现，比之于纸质的强韧度、柔软度，莫如说将精力都投在了纸面的装饰上。这虽然与其他文化领域的各种现象共通，也是清代比之于本质更注重仪礼，比之于内容更重视外在装饰的文化特点的一个表现，但也是有其效果的：统称为"北京笺"的诗笺、信笺等就是将淡彩的山水花卉等印刷在连史纸上而成的，它极大地发展了中国的版画技术，与同时期的日本的浮世绘相比也毫不逊色。进入民国时期后，鲁迅曾收集、整理北京笺的代表作品并推出了著名的《北京笺谱》。众所周知，中国版画以此为契机出现了一个新领域。

在清代，江西省作为纸的产地而知名，永丰的棉纸被视为上乘纸；在浙江省的常山，人们发明了一种被称为"柬纸"的厚质纸；福建省的顺昌及其他一些地方盛产竹纸；在湖南省、江苏省、四川省以及其他的省份也都有很多的产地，但这些产地因应手工业发展之常态，兴衰无常，能够不间断地生产某种特殊纸的情况并不多见。但仅

8 清代的文艺

就留存至今日的书籍整体来看，与宋版、元版相比，明清版书籍的纸质低下却是一个事实。究其原因，一是时代在发展，清代更接近现在，留存下来的书籍的数量更多，二是在清代，书籍本身不再为知识阶层所独占，也已逐渐成为普通民众的读物。另外，书籍在清代已成了一种商品，所以需要核算成本才能出版，所以我们似乎不能说清代造纸技术整体下降了。

笔、墨、砚

但凡我们在区分日用品的时代之际，好像都需要关注它们的时代特征，或看新的种类是否不断出现，或反复施以艺术鉴赏以察其是否会出现某种新的倾向，也就是说，需要代入历史的情景来考察。若没有这样的线索，便无法通过列举特定时代的物品产地，或是罗列名匠之名号等方式，深挖普通介绍类读物中的东西。在作为历史主角的人和作为人的主角的民众之间也是如此，与日用品一样据时代对其加以区别是相当困难的。对中国而言，我们能以怎样的分界来对汉代民众和唐代民众做出划分呢？对于宋代民众和清代民众的生活和感情，我们又能怎样做出区分呢？诚然，已经有人从奴隶制、商品流通的问题等入手做过相关尝试，而且见到了一些成效，可与中国民众的期待、希望不同，普通民众及其生活的形态等与政权的更替和制度的变更不同，是难以找出明显的分界点的。

关于像笔那样简单的用具，墨这样基本的用具，砚那样附带性的用具，虽然流传着很多关于其制造方法和产地、制作者和使用者等的逸闻，但传说中的那些故事情节的连续性和曲折性等并没有真实反映在历史上。当然，那些故事也是以其各自的历史作为背景的，可这种作为背景的历史与其他历史的连接点却很少，更何况，我们似乎也难以找到可令其浮现、映射到历史层面的视角。

清代的墨（上为程君房墨，右下为乾隆贡墨，左下为式古堂墨）

以笔为例来看，周代以后，笔毛的种类和笔管的材料、形态等便已经出现并齐备了，可与其说这反映的是时代的趋向，莫如说是委之于个人的兴趣更合适一些。例如明代的陈献章曾创造、使用"茅笔",并以此写出不拘一格的茅笔字,为此在广州也有了制作茅笔的人,可在当年却未能普及。墨在日本,"唐墨"由长的椭圆形普遍变成长方形;在中国,据传唐代的李廷珪作为一名墨匠在移居歙县后提升了"歙墨"的声誉,此后跨宋、元、明三代,有数十名制墨名匠的名字及其制墨的墨铭盛传,但在关于他们的故事中,称颂其遵守古法、珍视名墨的内容居多。至于砚的故事,所涉及的不仅有石砚,还有铁砚、铜砚、银砚、锡砚等金属砚,另外也有关于瓦砚、陶砚的,其逸闻也有很多。还有打仗的时候用盾牌的把手位置磨墨的故事,故所谓的"盾鼻"后来也成了意指从军时写的书信的词语。

到了清代,徽墨、湖笔、端砚的声誉固定下来,安徽歙县的墨、浙江湖州府的笔、广东端溪的石砚成为名品,广受喜爱。唐代的李廷珪、李超等是曾被赐予唐姓的徽墨名匠,当时的徽墨也是以传统制墨方法为荣的,到明代又出现了程君房、方于鲁等徽墨名匠。徽墨曾以松树的油烟为原料,但据说后来开始用桐树的油烟做原料了。清代也依然沿袭了自古以来的知名产地的声誉,老字号"曹素功"当年广为人知,除歙县外,杭州、福建的福州、漳州等地的墨也广受欢迎。

湖笔为浙江吴兴所产,元代以后开始变得知名起来,其种类包括白兔毫、鼠毫、羊毫等,其中将兔毛置于中间，外卷羊毛的湖笔尤为著名，湖笔老字号"胡开文"在当年为人们熟知。除了吴兴之外，安徽宁国和福州、漳州等地也曾为毛笔产地。

端砚使用广东高要烂柯山溪谷中的岩石制成，该处自唐朝开始开采，所用砚石种类有下岩、中岩、上岩、龙岩等几种；自明代开始，水岩被开采了出来，砚石上可见的各种各样的纹路倍受珍视。歙溪的砚石也是从唐代开始知名起来的，其种类有龙尾、螺纹、金星等几类。此外山东登州、湖北荆州等地的砚石也用于制作砚台，另外自古还有瓦砚、陶砚，所以也有在瓦砚上模仿铜雀砚，在陶砚上模仿澄泥砚制砚的人。

这些固守古法的制作依然尊崇古代名品，墨、砚等越是古老便越受欢迎，仿制的情形极为常见，甚至在清代，还兴起了一股认为乾隆年间的作品最为出色的潮流。这并不是仅出现在这一领域，而是共通于失去创造性的中国社会的一种现象，此时匠人们的名字已很少流传，只有老字号还在声称自己有多少多少代，而且代代冠以此名的习惯做法盛行起来。明代开始出现了名匠世袭的情况，这在清代得以固定化，如此一来，那种由于他们传承久远所以可资信任的权威主义也便大行其道了。

为防止灰尘落入砚台，有人为其立起了砚屏；为将水注入砚台之中，有人为此准备了水滴；还有人做出了放笔的笔架。这些附属性文房用具后来逐渐以陶瓷、玉石等为材料，也变得极尽豪奢。这类极尽豪奢的文房用具都是出于玩赏的目的被制作出来的，但在当年，人们的这样一种错觉——备齐了这些之后，或许自己就自然而然地文雅了——却成了其出发点。特别是要制作这样一套文房用具，匠人需要遵从一定的规格，而且必须按部就班地进行制作。这就像学习古代经典，经过长期学习会形成一个读完什么之后再读什么的顺序；也如同阅读文学作品，似乎也存在一种读完一再读二的过程一样。

本来，文房用具应该与夹子、锥子等日用工具一样，与柜子、箱子等家居用品也并无不同，但在中国仅有它们被列作了"四宝"，被纳入了与美术品相提并论的领域，这意味着官僚文化迎来了终点。只有在文房四宝构成的这一角落，官僚们才能够感受到生活的意义并能体味到充实，这似乎是他们对身边的用品所表现出来的一种执着的产物。

印刷术

中国的印刷术起源于唐代，很早就流传到了日本，而且一般认为其对西方也产生了影响。本章在此拟对清代的情况做一个附录性的介绍。

中国的印刷术以木版为中心，对金属活字、木活字等也有多次尝试，雍正年间作为朝廷主持的一件大事，清政

大清帝国

府出版了使用铜活字印刷的一万卷本的《古今图书集成》。这虽然被认为是受当时铜活字盛行的朝鲜的影响，但在用活字进行的古代印刷史上是规模最大的一次，可与后来乾隆年间使用木活字印刷的《武英殿聚珍版丛书》的出版一并称颂。自古以来，由政府出版的官版一直被视作中国印刷的标准。清代出版事业在北京最为盛行，另在南京、成都、杭州、福州、广州、上海等地也有所继承，在华南地区还出现了为防虫害而在书册间夹入朱纸的情况。

印刷工程图

清代是古代中国出版业全盛的一个时期，在木版印刷方面，无论是种类还是数量都盛况空前，同时经由西方传教士之手，极为出色的铜版画和活版印刷也被引入。1807年，英国人罗伯特·马礼逊（R. Morrison）首次制作了汉字的活版印刷字模母版，后来以此印刷出版了汉译本的《新旧约全书》；1838年，台约尔（Samuel Dyer）又在香港制作了一个字模母版，这些都是中国活版印刷的基础。日本后来也引进了香港的那套母版，活版印刷盛行。由于在清代有将涉及皇帝的避讳的字叫"欠画"，即不写笔顺的最后一笔的习惯，所以在整个明治、大正时期，避讳的字还都原封不动地都缺了一划。比如在日本，涉及康熙皇帝玄烨、乾隆皇帝弘历的"玄"和"弘"，在没有最后一画"丶"的情况下直接用到了大正末年。

在中国，活版印刷的普及比日本要晚一些，代之以活版，在清末时期石版得以应用并流行起来。当年中国流行用石版印刷有几重原因：一是缺乏集齐所有字模的资金，二是制作石版的劳动费用低廉，三是与社会需要廉价书籍的需求相符。因此，在清末以后，中国印刷品整体质量低劣，不愧为象征着崩溃过程的中国社会的一种状态。不过，自古以来的木版印刷技术却经少数热心人士之手得到了保存，与造纸一起，使得传统技术留存了下来。这样的情况无关政府和统治权力，是反映中国社会持续生存、发展的一个证据。

终章
清代二百七十年综述

一 中国历史上的清代

旧中国的最后阶段

如果把清朝在中国大约二百七十年的统治，按照各个领域，依照历史的本来面貌进行归类整理的话，前文提及的那些问题应该就会出现。当然，我们要讨论的问题远不止这些，而讨论的方法也是多种多样的。所谓历史原本即是如此，这就像人们取海水来用一般，取水的方法很多，使用海水的方法也有很多，但我们很难根据所汲取的海水来对大海本身做出一个恰当的推测。

但是概括来讲，我们一般认为，清代是当今被称为古代中国的最后阶段，它在政治上是长达两千年的皇权政治的终结，在文化上则是儒家文化的末尾。故从远处看，清帝国是一个供人回忆的国家，是东洋华丽过去的纪念，这

终章 清代二百七十年综述

是一个世界性的共识；但是，走近一些便可以发现，清帝国到处是醒目的丑陋，特别是在最后阶段，它更表现出了一种特征鲜明的颓废，这也一般被视为清代的一大特征。

清代终结观的最极端者认为，中国历史到此为止，其后则只有世界史了。这其实也揭露出：他们追寻以官僚为主体的历史，随着这一主体的消失，他们也就失去了追寻的目标。不是中国没有了，也不是中国的民族没有了，但这些史学家宣称中国史结束了，这也反映了在他们的观念里什么是中国史。

在清末的中国，对于改革之路，也有一种论调说：改革可保中国，却不能保清朝，那这种改革还有什么意义。这种论调和前述的中国史观如出一辙，可视为一种价值的颠倒。就算不这样钻牛角尖，因为中华民国的成立和后来中华人民共和国的发展，清代也会被认为必须冲破这些而努力开拓新时代，到那时清代也不得不陷入消极面被一一历数的窘境。

特别是二十世纪的国际形势成为历史前进的主流以后，中国坐井观天的中华思想，以及视世界各国为夷狄的腐朽体制，当然是令人不能忍受的；既然它扮演的是支撑这种自负的角色，清代的各种文化就不能获得好评。但这种蔑视应该是清末鸦片战争之后产生的，而在康熙、乾隆年间，清帝国却是世界上最强大的国家，其军事力量、经

大清帝国

济力量在当时都是世界上首屈一指的。基于这种情况，还是有很多人乐于回忆清帝国的这段光荣历史。

但这也离不开一个前提：这只是清帝国在向灭亡之路狂奔时的回光返照，是对亚洲旧世界最后完成品的追忆，是对无法追回的繁荣的咏叹罢了。基于这种历史认识，可能就会有人想去探索，期待上演一出宏伟的没落史剧，或是希冀看到大树将倾时的毁灭之美。但令人遗憾的是，除了揪心的崩溃和丑陋的溃疡状态，我们恐难找到其他什么了。

在古代中国的历史上，上溯汉朝、晋朝，及至唐、宋、明各朝，它们一般都成为下一个王朝力图恢复的目标，而这些王朝的威严也都被后世王朝奉作了一种理想。可清王朝并非如此，其后虽然也发生过皇帝的复辟运动，但这不是以恢复清王朝的荣光为目标的。对此，我们不得不说这样一种印象在当年是多么深刻：旧中国的一切终于在清朝这里结束了。

扩大领土也好，炫耀威仪也罢，清朝的业绩无疑都远远地超过了历代王朝，但这些都未能成为人们回顾的线索，它那极尽繁荣的市民生活、数之不尽的文化遗产，也没能成为人们想要再现昔日的荣光的种子。这种对回归的拒绝，是在亚洲各地多少都能够见到的现象，这与其说是欧美力量对亚洲的影响，不如说是在旧制度下难以解决的各种问题的叠加所致。

终章　清代二百七十年综述

联结现代中国的要素

与如上认识相对，若使用迄今为止的那种曾将历史连续性和倾向性等作为历史自然动力来加以认识的朴素方法，是很难将清代与今日中国联系起来的。今天七十多岁的中国人曾目睹了那个时代的变迁，亲身经历过那段生活，所以在他们每个人的脑海中都有作为一名中国人的连续与非连续的自我认知。这种个人的历史可能内容多样，并会在一些文学作品中反映出来。

我们还是可以进一步从客观事实中找出几个社会和政治上的连续性。尽管它们的名称和意义都不相同，但都有相同的联系和作用等社会性特征。无论多么深入社会的变化，像人的躯体这样的部分、人们对于维持自己生活和保护自身的行为，以及人们在适应权力及其统治的机能等方面，几乎都是一种个性化的反应。在这些方面反映得最为明显的，应该是关于社会自治的应有状态的问题。

曾有日本的中国史学家——比如内藤湖南——认为：统治中国的秘诀就是控制"乡老"并对其加以利用。在古代中国，直接参与指导乡村自治的是当地有势力的人物，受朝廷委派到地方任职的官僚当时并未直接介入当地的自治活动。地方有实力的人物中地主、富绅等居多，尽管在其周围经常会形成一群曾被称为"土豪劣绅"的统治权力的寄生群体，但在乡老中，公平和诚实之人也是不少的。是他们维持了中国社会的平衡，维系了专制统治的延续，所以对维持旧体制而言，充分利用这些乡老在当时是不可或缺的。

孙中山以后的革命家都认为这些乡老才是应该被打倒的对象，而不应该推翻当年的自治性共同体。就像古代中国的法律中涉及私法的部分几乎都被委于习惯法一样，乡老等自治集团就存在于这种想毁但毁不掉，想造又造不了的"私"的部分里。

这就是古代中国的统治，它赋予这种自治性的社会细胞以活力，并不断促进其新陈代谢，它能够利用既有势力，并稳坐其上统治整个中国。这样的统治方式其实拥有很强大的根基。当年国民政府发起的合作社运动，实际上也是确立在这种连带关系与自治能力之上的。在此或有论者会说：这些在中国是自古便有的，当年的井田法是这样，保甲法、保马法也都是如此。若仅以制度为对象来看确实如此。

但是，若认为古代什么都有，现在都只是模仿古代，那么就忽视了历史因素。人作为生物，确实在现今和古代并无不同，但在行为方式和思维方式上是不同的，因此就制度而言，我们若不弄清其运作的方式和作用的方向，仅凭其字面上的意思，是无法对其做出判断的。我们认为即

终章　清代二百七十年综述

使制度作用的方向相反，也应该考虑到自治能力和对此的信心之间的关联。例如，当年专制君主的忠实部下——作为"帝仆"的官僚和今天向民众提供服务的——作为"公仆"的官僚，在其处理具体事务的效率和责任等方面应该是大致相同的。

同样是自治，但方向是相反的，今天的自治不再像之前那样是专制统治的羽翼，而变成服务大众性质的，是因为前代的反抗力量积累下来，这可以与清代专制政治是最极端的这一点联系起来看。在清代和之后的军阀时代，"自治"的反动性越强，相应的新时代的"自治"力量也就更大。

然而，如同即使列举江户时代的反动性，也无法对明治时期爆炸式的发展做出解释一样，即便是想定出一个也类似于潮涨潮落的连续性的动向，也无法做出历史性的说明。对此反倒是存在一种用结构学来进行解释的可能。结构学的基本观点是：即便材料相同，可由于结构发生变化，其作用也就随之而不同了。如此一来，结构所具有的那种有机的功能性理应成为问题的核心，我们就可以将前一个时代的很多材料作为素材来利用，并采取一种温故而知新的立场。于是我们就会发现：既然清代是过去中国文化的集大成者，那么延续至今的技术和知识就多如繁星，只是当时近代科学比较欠缺，才使中国呈现出了数之不尽的文化瑰宝埋没在了旧体制之中的景象。

大清帝国

作为王朝史的特色

自古以来,中国历史一直以历代王朝的盛衰为中心,以保存在文献中最多的统治机构和各种制度的问题为基础,并在其上点缀一些贵族、英雄人物等来加以记述的。由于这种记述习惯的形成历时久远且持续时间太长,以至于不知不觉中便出现了这样的一种印象:好像每一个王朝都只有一个人物在历史舞台上,某个王朝富有戏剧性、转变剧烈,而某个王朝平淡无奇、缺乏变化等。也就是说,一旦选取一个时代为记述对象,就忽视了其他时代,只为该时代的特色罩上一件华美的外衣。

日本首先把从奈良朝到平安朝都有与其往来的唐朝作为对中国的印象,虽然其后与宋、元、明、清不断进行着接触,却逐渐形成了一种与现实中国脱节且极具怀古情怀的中国印象。同样的例子也可见于对古希腊的憧憬印象。因为佛教,天台山、五台山成为圣地;因为儒教,日本成为圣贤之国;以东大寺为代表,模仿中国的佛教寺庙在日本数不胜数,也有孔子庙、关帝庙,但通过这些建构起来的中国印象,在当时还是那个披上了华美外衣的中国。

一般关心中国历史的人,都会采取一种对比的方式,把秦、汉与隋、唐相比,把春秋战国与五胡十六国相比,把宋与明、元与清相比,并在对比中思考这些王朝在中国

终章 清代二百七十年综述

历史上的兴起与没落。因此，即使缺乏对于殷周时期的远古中国，以及晋王朝与五代的历史作用等记述，因其在宏观上富有节奏，好像仍能令人感到大陆悠久历史所散发的气息。但是，这种牧歌式的史观很难取得什么成果，只是把历史研究作为稳稳地盘坐在那里欣赏的猜谜游戏，追求集约性地解决一定的问题。他们在高呼未来也是一种历史的同时，却持有一个确定性的目的，力求从历史中为其寻找一定的正当性。这种研究将其研究的重点放在了将来，所以缺少对于历史的情感，就中国史而言，便是王朝的历史几乎被忽略不提，即便偶有提及，也是在话题的伊始便强行加上反动和封建的烙印。

清帝国就是这样在被从正反两面烙以人性的美丑之后再被观察的。似乎是由于时代较近，研究的不足之处极为明显，看起来就像将所有都归咎于外民族的统治一样。但实际上，清帝国的历史不应该成为一种咏叹或憎恶的历史，对于清代在前一个王朝的基础上累积了什么，丢掉了什么进行思考，也是王朝史的功用。关于这一点，虽然正如我们曾多次记述过的，清代研究累积起来的是官僚政治，没有积累起来的是庶民文化，但实际上并非仅有这些。假设中国有人本主义，那么清王朝为其增添了什么，减少了什么？假设中国有合理主义，那么清王朝是如何增加或削减其厚度的？我认为这样的评价是可以做到的。还有，在整个中国的历史中，哪些是共通之处，哪些是清代的特殊之处，这似乎也是我们可以去思考的问题。

但在今天，我们的清代研究却一般认为：清王朝是一个和欧洲的波旁王朝完全相同的华丽王朝，它在中国历史上开辟了不曾有过的广大领土，拥有了史无前例的庞大人口数量，因其无比辉煌而被赋予了价值，也因其无比辉煌而最后蒙蔽了人们的双眼。事实上在中国，每个王朝的历史都有清朝那种从兴到亡的历史，并非仅限于清朝。兴亡史、盛衰记等的研究对于任何王朝来说都是一样的，这就像事先知晓了节目的梗概后再去看戏一样，一旦剔除了意想不到的情况，或许整个欣赏的节奏就会被破坏。

民众生活的未开化

在古代中国，有一个被与普通百姓区别开来的贱民阶级。它们的起源和种类等虽然目前还未能确定，但诸如山西乐户、九姓渔户、疍民等所显示的，按照不同的居住区域，他们的生活方式被人为地同普通百姓区别开来，由于其语言也不同，所以他们也不和同区域内的其他百姓进行交流，或一直过着流浪汉式的流动生活，或始终以船为家过着一种水上生活，独自构建起了被与普通百姓隔绝开来的社会，可能在长达几个世纪的漫长岁月里，在人们的蔑视之中，经营着他们自己封闭式的生活。据说他们有的是

终章　清代二百七十年综述

为逃避元军而南下者的子孙，有的是宋朝乐人中的落魄者，若再往前追溯的话，好像还可以追寻到更为久远的起源。像这样在职业上或是在种族上，于被同化的过程中被抛弃的阶级，与世界很多地区都能见其踪迹一样，在中国清代也是存在的。

雍正时期，朝廷曾出台一项解放贱民使其成为良民的新政，决定给予那些连续三代奉公守法的贱民家庭以良民的资格。获得良民资格的人虽然可参加科举考试，可以从事商业经营等，但对当年的那些贱民而言，这些都是难以企及的事情，被赋予的纳税资格反而增加了他们的负担，除此之外，其生活未因朝廷的新政策而有任何变化。有人曾称之为中国版的奴隶解放，但在当年那不过是一个除扩大征税范围以外，什么都未曾收获的政策罢了。

而贯穿整个清代的人口急剧增加和内乱频繁爆发，使贫苦农民的流民化和城市流浪者的增加成为一种常态，为数众多的贱民也被卷入其中，所以贱民在这一过程中因其阶层的扩大，事实上得到了消减。可以说在当年，贱民阶层的扩大使那种极其特殊的歧视变得淡然起来。这原本就不是一个仅限于清代的现象，在其他的王朝更迭之时也屡见不鲜，每次改朝换代也会产生很多新的贱民。人们是最容易意识到贫困和等级的，贱民即由此而生。但只要统治者通过给被统治者划分等级以加强对他们的控制，以此为

大清帝国

其统治的武器，那么贱民在这一期间便不会在根本上消亡。

身为中国华南地区的水上生活群体，疍民每隔几年便会因遭受台风侵袭而出现大量死亡，在这一被称为人口自然调节的期间里，仅凭他们自身的力量无法改变这样的生活现状。虽然他们舟居在广州附近的水上，可广州的居民如同西班牙人对居住在安达卢西亚的罗马族吉普赛人一样，对他们漠不关心。这并不是蔑视，而是以看待动物般的目光看待他们的。在很多种族混居的地区，要么同化，要么成为一种毫无关系、不可接触的存在，这在当时是生存的智慧。力求避免使本族被同化为其他种族的选择，在当年似乎是一种超越了保护种族的感情的堆积。在古代印度，出于农耕的需要，人们曾把牛作为圣兽对待，使牛不再具有生产性；在古希腊，市民的自由导致了专制的出现。类似的这种因为集中而导致的分解，应该是有什么东西打破了平衡。

就整个清代的民众来看，可以说有如杂草一般充沛的生活劲头应该是继承了前代的传统，但也正如杂草一样，能开花结果的是少之又少的。这要么是因为只往高处长了而未开花，要么是因为光长根部了而不结花蕾，但至少与清朝的衰退相反，民众似乎越发地富有生机了。与其说随着与宫廷有关的各种文化都相继地颓废凋零，隐藏在其背

终章　清代二百七十年综述

后的很多东西开始显现于民众之中，莫如说源自庶民生活的很多萌芽逐渐令他们显示出了一些生机，似乎迄今为止系在打破平衡的东西又逐渐发挥出了一种恢复平衡的作用。前文提及的使用白银的商人撰写的书籍如此，书简式的文章在普通百姓生活中的利用如此，将民众日常生活的各种资料刊载出来的百科全书类的东西，也是如此，虽然我们在其中能够看到清代民众再次显示出的杂草一样的旺盛活力，可在其开花结果之前，社会就先崩溃了。

二　世界历史上的清代

王朝文化

康熙、乾隆年间的清代盛世与法国的波旁王朝、莫卧儿帝国的奥朗则布王朝、江户幕府的元禄时期遥相呼应，具有相同的时代特征。但在欧洲，人们是通过作为绝对主义走下坡路的贵族势力和处于上升态势的市民势力之间的均衡暂时性地带来了王权的伸张这一巧妙解释，来对当年出现的大规模的权力集中进行把握的；在亚洲，同样的说明不适用，所以人们一般都含糊其辞不提绝对主义等的概念。

但同时，我们一般又会认为，在当年世界各处都同时出现的华丽的王朝文化背后，支撑它们的动力中也是存在

大清帝国

某些共通的特征。在欧洲，走向没落的贵族不肯把权力接力棒自动让给市民；而由于市民憧憬着贵族的文化，所以与王权相比，他们先行以其实力去掌控文化。由于当年欧洲的这种迹象不同于王权的视角，是逐渐展现在文化领域的一种现象，所以在中国应该也是一样的。接下来本书尝试以这一视角入手来对中国加以说明。

尽管明清文化主要是由官僚知识分子创造的，但与这一阶层直接产出的思想、文学、史学或者书画等不同，瓷器也好染织也好，在这些当年缺乏翻译解说等媒介却通用于世界的领域里所展示出来的中国文化实际上都出自普通民众之手。这在日本、欧洲，抑或其他地区都是一样的，由于当年庶民文化缺乏自己的主张，所以人们一般都将这些作为同时期的王朝文化的一种装饰品来加以看待。而且可以说，庶民文化在特征上也符合承担起了王朝文化一翼的实情，都是顺应之物。若庶民文化所表现的仅在于庶民文化本身的话，那在当年，其创造会被称作粗糙之物，被看成一种原本便不入流的东西。在历史上出现了"文化承担者"这样的不合规矩称谓，应该是为了称呼那些曾独占文化而且至今仍然能够垄断文化的人吧。

尽管如此，在像中国那样政治被极少数集团所垄断，从社会经济运作到社会自治的施行等，长期以来一

· 454 ·

终章　清代二百七十年综述

直都允许垄断存在的社会里，文化的确是一种王朝用其炫耀自己的产物。这在世界上，既与中世纪欧洲的绝对主义王朝相通，也与古印度和古代西亚地区的各王朝相通。但是那种倾向于自己的王朝，支持、赞美自己的王朝的人们也未必就是整齐划一的。尽管我们从来就没有可对自己的王朝的支持与赞美的程度等加以测量的尺度，但绝对主义与它的支持阶层之间，应该说有种离心倾向存在。

在亚洲，比起贵族与市民的离心倾向，官僚与农民的离心倾向更为根深蒂固。虽有特权却非贵族的官僚不如说与市民更为接近一些，或者市民会因失去其自身的独立性而容易向官僚接近。这应该就是为何在亚洲，市民革命的成果不够显著，而农民革命表现得最为明显！

如此来看可以发现，尽管在世界史上被称为王朝文化的最后阶段这一点上，各王朝有共通之处，但在欧洲催生出了一个以往不曾见过的特征，在中国呈现的却是一种反复再现既有事态的现象。这是因为在中国，王朝总是被置于与其他势力相对的一个方面。围绕王朝的各种势力在不同的时代，其基础虽然会被王朝区别开来，可在拥护王朝这一鲜明的目标上是共通的，尽管在有的时候，他们也曾以改朝换代作为其目标指向，所以在古代中国，无论是社会还是文化，呈现的应该都是王朝色彩。

大清帝国

市民文化及其发展趋向

尽管市民即城市的居民,但江户时代的町人总被置于与普通百姓相对的位置上,其与农民之间的距离也不是很清楚。这是因为市民这个词语指称开创出近代社会的有很强独立性的那个阶层。我们若摒弃这一历史概念,就会发现这样一个事实:城市总是位于消费文化比较发达的地方,城市生活也比农村富裕,城市的所有方面在运行上也要比农村快很多。

众所周知,中国自很早开始便产生了城市,但大多数古代城市的遗迹如今已湮没于历史之中,其昔日景象至今仍然尚不明晰,只能通过分散于中国各地的文化遗产加以推测。但在宋代之后,不仅可以凭借文献记录对其城市施以研究,集中于城市之中的文化遗产也很多,以至于在中国史研究者中,也出现了针对宋代的市民社会的优越性、市民文化的确立等问题进行思索的人。而且,他们的这种研究似乎还是将宋代城市居民作为推进中国向近世发展的一种力量加以把握的。

但在当时的中国,市民是与官僚沆瀣一气的,并未能发展成为那种从外部摧毁官僚组织、变革社会的力量。而且在当年,官僚新陈代谢极快,能够使自己的贵族身份固定下来的情况也非常之少,所以官僚们通常都尽其全力保

终章　清代二百七十年综述

全自己，并未热心于社会改良。虽然每逢改朝换代之际，总能给人将会出现一些社会变化的感觉，可结果仅是在统治阶级内部出现权力的更替之后，便告一段落了。古代中国的这种现象也是由于源自外部的压力一直很弱，在西方列强自外部施压以前，各王朝的统治架构一直呈现的是一种反复重建的局面。

中国文化在本质上是官僚为了自身而创造出来的产物，自古以来一直如此。尽管如此，在宋代之后，自由、奔放的潮流在各方面显著呈现，它虽一般被称为文人特色，但也未尝不可被称为市民特色。"文人"这个词在当时的意义可分为两个层面理解：一是其脱离社会的一面，二是其风雅的一面，从前者可窥见在古代中国颇具传统的以"隐遁"为形式的社会抗争性，后者则暗含着一种合理主义的特征。

清代文化未必呈现出了一个到处都充满了文人特色的倾向。以武力为其支柱的清代统治的武断倾向，将一部分文人纳入了强权主义的统治架构，也迫使一部分文人逃离了其统治架构，或是整体下压文人阶层，使之从官僚群体转变为工商业群体。另外，工商业群体也逐渐形成了自身独有的文化，这在各个方面也与其他文化交织在一起了。所以说市民文化是在游戏领域和生活领域中的承担者与方向性都不同的状态下发展起来的。

这种现象无论在哪个地区都可能会出现，但在欧洲未曾出现，这似乎是因为产业革命的飞跃式发展销蚀了大多数的生活文化。其实中国的情况也如此，与中国工商业者的基础一样，当年他们为其经营活动和工商业社会创造出来的文化都是极其脆弱的，这些文化后来都随着外国资本的涌入而走向了崩溃，两面性的市民文化并未实现并行发展。

后进性——工业化不足

近代中国的半殖民地性质与亚洲其他各地相同，都是本国屈服于欧美列强的军事、经济侵略，向西洋近代国家的优越性靠近的体现。鸦片战争以后的中国被认定为亚洲衰落的一个典型事例。一般认为，在其衰落的过程中，"亚细亚式"这一概念出现了。亚洲的整体贫困也成了亚洲觉醒的基础，曾先行摆脱这种贫困的俄国彼得大帝和日本明治天皇后来成为亚洲人心中的理想形象。

但和这些政治动向不同，中国社会在本质上是否真的就内在地存在一种后进性，对此我们难以做出肯定的回答。中国那浩瀚的思想和艺术等曾是高度发达的，商品量及其流通量也都规模巨大，而产生并孕育了这些的中国社会，其本身拥有积淀深厚的充满活性的动力，其极具能动性的特征甚为明显。尽管这个社会中也有很多矛盾，但其

终章　清代二百七十年综述

复原能力也非常强,这在前文我已做出了一定的论述。

但以农耕为基础的中国社会,接受政治暴动如同接受天灾,抵抗欲望遭到削减。农民暴动历代不绝,对其的报复愈加残酷,但这在反复之中已如自然现象一样平常。这也反映了一般认为汉民族是一个爱好和平的民族这一点,同时这也是其总是缺乏彻底性的原因之一。如果说欧洲的近代是工业化,工业化的发展最终导致了产业革命的发生的话,那么与此相对应的近代在中国却未曾出现。

但在步入近代化过程的前一阶段,可以说中国的社会是更典型的。不仅更具典型性,而且复原能力极强,可或许也正因为如此,当年的中国才被认为社会停滞、体制守旧,并受到了西方的轻视。比较一下当年初次接触到西洋物件之际日本人的好奇心和中国人仅将机械类物件视作一种玩物的态度就会发现,再比较一下当年日本人对洋学的厌恶和中国人对兴办洋务的认同也会发现,同时代的日本受到很大的震动,而中国的那种韧性却是根深蒂固的。

清代虽然与日本的江户时代、印度的莫卧儿帝国一样,继承了前代既已出现的商业资本所带来的繁荣,却是一个视自由为颓废,以发展为冒险,并通过浪费和巧取豪夺将整个民族都封闭进了一个内化的世界的时代,若不是其大门被从外部打开,它连看一眼外部世界的想法都没有。虽然在这种意义上,清代中国的后进性是可预见的,

大清帝国

人物双连瓶

但在这种内化了的社会中培养出来的东西包含着很多方面，无论其好与坏，在历经几代人之后，有些会被唾弃，有些却是会被发扬光大的。

参考文献

当春蚕吐丝般地写就一本著述之际，仅说一句"就是这样了吧"，并以桑叶示人，对读者而言或许是一种缺少人情味的做法。在展示蚕丝的用途之际，只说系用于此种产品，并将缤纷夺目、光鲜靓丽的丝制品示之以人，肯定会坏了人们的兴致。在此将作为拙著资料、素材的各类文献和研究著述列举出来，希望不至于令各位读者感到遗憾。

一　涉及整个清代的文献

1. 『清史』　台湾国防研究院　一九六二年
2. 『清史稿』　趙爾巽ら編　一九二八年
3. 『清歷朝実録』　満州国国務院輯　一九三八年
4. 『東華録』　王先謙　一八八四年
5. 『清朝野史大観』　小横香室主人編　一九一

大清帝国

五年

6.『清代通史』 萧一山 一九二四年

7.『近代中国史料丛刊』 沈云龙主刊 文海出版社

该文献收集的各种著作涉及清代至民国时期，初辑、续辑已各集齐百集著作，第三辑在写作本书之际也已接近完成。

8.『中国近代史资料丛刊』 中国史学会编

该文献所收集的是与鸦片战争、太平天国、戊戌变法等清代主要事件相关的资料。

9.『筹办夷务始末』 故宫博物院影印 一九三〇年

该文献是一部道光、咸丰、同治年间的清代外交史料集。

10.『清代外交史料』 故宫博物院 一九三二年

该文献是一部雍正、乾隆、嘉庆年间的清代外交史料集。

11.『清朝史略』 佐藤楚材 一八八一年

12.『清朝史谈』 中岛竦

如上两部文献的内容都仅涉及清代，是日本人最早编写的相关著述。

13.『清朝全史』 稻叶岩吉 早稻田大学出版部

一九一四年

（该文献的中文译本有：〔日〕稻叶君山：《清朝全史》，但焘编译，长春：吉林出版集团有限公司，2010。——译者注）

14.『清朝史通論』　內藤虎次郎　弘文堂　一九四四年

15.『近代支那史』　矢野仁一　弘文堂　一九二六年

16.『清朝社会史』　佐藤学　文求堂　一九四七年

17.『禹域通纂』　楢原陳政　大安　一九六三年

18.『清国通考』　服部宇之吉　大安　一九六六年

19.『清国行政法』　大安　一九六五年

如上三部著述中，文献 19 是了解清代各项制度时最为便捷的一部。

20.『清国商業綜覽』　東亞同文会　一九〇六年

21.『支那経済全書』　東亞同文会　一九〇七年

该文献可切实满足欲通过实务了解中国诸般事情的要求。

22. H. B. Morse, *The Trade and Administration of China*, 1912.

该文献对欧美各国的学者来说亦是如此，作为考察中朝制度方面的史料，被相关领域的学者广泛利用。

大清帝国

23. H. B. Morse, *The International Relations of the Chinese Empire*, 1918.

二 与清代政治史相关的文献

24.『近代支那史』 稻葉岩吉 大阪屋号書店 一九二〇年

在中国研究集中于政治史的较早的著作中，该作是极具代表性的一部。

25.『東洋近代史』一·二 平凡社『世界歷史大系』 一九四〇年

该著述动员了众多的青年研究者，是揭示新发展趋势的较早著述之一。

26.『近代中国の政治と社会』 市古宙三 東京大学出版会 一九七一年

27.『近代中国政治史研究』 衞藤瀋吉 東京大学出版会 一九六八年

28.『科挙』 宮崎市定 秋田屋 一九四六年

29.『清代塩政の研究』 佐伯富 東洋史研究会 一九五六年

30.『中国近代軍閥の研究』 波多野善大 河出書房新社 一九七三年

31. 『清代水利史研究』　森田明　亜紀書房　一九七四年

32. 『清代刑法研究』　中村茂夫　東京大学出版会　一九七三年

33. 『康熙帝伝』　ブーヴェ　後藤末雄訳　矢沢利彦校注　平凡社東洋文庫　一九七〇年

34. 『雍正帝』　宮崎市定　岩波新書　一九五〇年

35. 『乾隆帝伝』　後藤末雄　生活社　一九四二年

36. 『林則徐伝』　林崇墉　中華大典編印会　一九六七年

37. 『曽国藩』　近藤秀樹　人物往来社　一九六六年

38. 『李鴻章』　伊笠碩哉　嵩山房　一八九五年

39. 『ゴルドン将軍伝』　德富健次郎　警醒社　一九〇一年

传记类的文献除如上所列之外，尚有许多。通观同时代刊出的传记及后来的回忆录等，其中的很多也都可谓意义深远。特别是在现在的中国，人们对此类文献中的一些评价已经出现了截然相反的变化，曾国藩的例子便是如此。

40. 『支那外交通史』　窪田文三　三省堂　一九二八年

大清帝国

41.『近世東洋外交史序説』 斎藤良衛 巖松堂 一九二七年

42.『近世支那外交史』 矢野仁一 弘文堂書房 一九三〇年

43.『アヘン戦争と香港』 矢野仁一 弘文堂書房 一九三九年

44.『アロー戦争と円明園』 矢野仁一 弘文堂書房 一九三九年

45. P. C. Kuo, *A Critical Study of the First Anglo-Chinese War*, 商務印書館，一九三五年

有关鸦片战争的研究文献在东西方各国都非常多。在日本，自江户时代的岭田枫江的《海外新话》(『海外新話』)和岩谷宕阴的《鸦片汇闻》(『阿芙蓉彙聞』)、《隔靴论》(『隔鞾論』)以来，已经刊出了很多相关著述。

46.『太平天国』 増井経夫 岩波新書 一九五一年

47.『太平天国史綱』 羅爾綱 商務印書館 一九三七年

48.『太平天国革命運動』 范文瀾 新民主出版社 一九四八年

49.『太平天国革命戦争史』 華崗 海燕書店 一九五〇年

50.『太平天国』一～四　リンドレー　増井経夫・今村与志雄訳　平凡社東洋文庫　一九六四年・六五年

51. A. Egmont Hake, *Events in the Taeping Rebellion*, 1891.

52. Andrew Wilson, *The Ever – Victorious Army*, 1868.

对太平天国的研究更多，相关著述在中国不断刊行，可谓应接不暇。特别是曾被作为民族英雄高度评价的李秀成，在今天也出现了因其降清而备受责难的另一种评价，而且反映这种评价变化的著作也已经出现了。还有涉及太平天国起义的历史意义，甚至在是否可将其定性为带有革命色彩这一最具基础性的问题上，与形势的变化相伴，如今也出现了相关研究左右摇摆的现象。

三　与清代经济史相关的文献

53.『近代支那経済史』　平瀬巳之吉　中央公論社　一九四二年

54.『近代支那経済史研究』　小竹文夫　弘文堂書房　一九四二年

55.『東洋社会経済史序説』　今堀誠二　柳原書店　一九六三年

56.『中国近代史研究序説』　今堀誠二　勁草書房

大清帝国

一九六八年

57.『支那ギルドの研究』　根岸佶　斯文書店　一九三二年

58.『支那ギルド論』　モース　増井経夫訳　生活社　一九三九年

59.『中国の社会とギルド』　仁井田陞　岩波書店　一九五一年

60.『広東十三行考』　梁嘉彬　山内喜代美訳　日光書院　一九四四年

（该文献的中文版有：梁嘉彬：《广东十三行考》，广州：广东人民出版社，1999。——译者注）

61.『支那経済史概説』　加藤繁　弘文堂　一九四四年

（该文献的中文版有：〔日〕加藤繁：《中国经济社会史概说》，杜正胜、萧正谊译，台北：华世出版社，1978。——译者注）

62.『支那経済史考証』上・下　加藤繁　東洋文庫論叢　一九五二・五三年

（该文献的中文版有：〔日〕加藤繁：《中国经济史考证》，吴杰译，北京：中华书局，2012。——译者注）

63.『支那の経済と社会』　ウイトフォーゲル　平野義太郎監訳　中央公論社　一九三三年

64.『支那農業経済論』上・中　天野元之助　改造社　一九四〇・四二年

相当于本文献的下卷，著者还刊有『中国農業の諸問題』（技报堂，一九五二年）。

65.『支那の農業と工業』　トーネイ　浦松佐美太郎・牛場友彦訳　岩波書店　一九三五年

66.『中国奥地社会の技術と労働』　島恭彦　高桐書院　一九四六年

67.『中国経済史研究』　西嶋定生　東京大学文学部　一九六六年

68.『中国近代工業史の研究』　波多野善大　東洋史研究会　一九六一年

69.『中国近代経済史研究序説』　田中正俊　東京大学出版会　一九七三年

70.『中国近代化の経済構造』　横山英　亜紀書房　一九七二年

71.『明清時代交通史の研究』　星斌夫　山川出版社　一九七一年

72.『華僑経済史』　須山卓　近藤出版社　一九七二年

清代经济史研究近年来非常盛行，除如上所列外，还有很多优秀著作，在中国也有很多此方面的著述付梓。

大清帝国

四　与清代文化史相关的文献

73.『清代学術概論』　梁啓超　商務印書館　一九二三年

74.『支那近世学術史』　梁啓超　岩田貞雄訳　人文閣　一九四二年

75.『清代文学評論史』　青木正児　岩波書店　一九五〇年

（该文献的中文版有：〔日〕青木正儿：《清代文学评论史》，杨铁婴译，北京：中国社会科学出版社，1988。——译者注）

76.『明清時代の科学技術史』　藪内清・吉田光邦編　京都大学人文科学研究所　一九七〇年

77.『思想の歴史』第十一巻　松本三之介　平凡社　一九六六年

78.『中国思想論集』　西順蔵　筑摩書房　一九六九年

79.『近世アジア教育史研究』　多賀秋五郎　文理書院　一九六六年

80.『中国美術』第三巻　講談社　一九六五年

81.『世界美術大系』第十九巻　講談社　一九六二年

82.『世界美術全集』第十七卷　角川書店　一九六六年

83.『中国文化叢書』第三巻「思想史」　大修館書店　一九六七年

84.『中国文化叢書』第五巻「文学史」　大修館書店　一九六八年

85.『中国文化叢書』第六巻「宗教」　大修館書店　一九六七年

86.『中国文化叢書』第八巻「文化史」　大修館書店　一九六八年

87.『中国文化叢書』第九巻「日本漢字」　大修館書店　一九六八年

88.『支那史学史』　內藤虎次郎　弘文堂　一九四九年

（该文献的中文版有：〔日〕内藤湖南：《中国史学史》，马彪译，上海：上海古籍出版社，2008。——译者注）

89.『アジアの歴史と歴史家』　増井経夫　吉川弘文館　一九六六年

90.『紅楼夢』　曹霑　伊藤漱平　平凡社『中国古典文学大系』　一九六九年

91.『儒林外史』　呉敬梓　稲田孝訳　平凡社『中国古典文学大系』　一九六八年

大清帝国

92.『聊斎志異』 蒲松齢 増田渉訳 平凡社『中国古典文学大系』 一九七〇年

93.『児女英雄伝』 文康 立間祥介訳 平凡社『中国古典文学大系』 一九七一年

94.『書道全集』第二十一巻・第二十四巻 平凡社 一九六一年

95.『陶器全集』第十六巻「清朝の官窯」 尾崎洵盛 平凡社 一九五八年

96.『円明園興亡史』 劉鳳翰 台北文星書店 一九六三年

97.『中国の庭』 杉村勇造 求龍堂 一九六六年

98.『端渓硯』『歙州硯』 相浦紫瑞 木耳社 一九六五年

99.『中国の染織』 西村兵部 芸艸堂 一九七三年

100.『江戸時代における唐船持渡書の研究』 大庭脩 関西大学東西学術研究所 一九六七年

对于文化的多样性感兴趣的研究者所持的态度、立场也各有不同。

花园里飞舞着各种各样的蝴蝶。对该自然现象，是仅将其作为一个景致加以对待，还是认为必须得尽快把这个花园推平重建，这两种看法的差异悬殊。可即便是推平重建了那个花园，其中的花朵一绽放，各种各样的蝴蝶还是会接踵而至的吧！

在日本，中国史研究发端之际的明治时期的著作，无论是田口卯吉的《支那开化小史》，还是那珂通世的《支那通史》，清史研究在当时都是属于一种现代史，所以在此未予列出。甲午中日战争、辛亥革命之后，尽管将中国作为一种现实的政治经济问题取材、研究的情况多了起来，可其研究上溯至清代中期以前的并不多见。清代史研究如今处于一个谷底，可无论是那些通过古典的方法进行的研究，还是通过颇具现代性的方法进行的研究，虽然回望时它们显得过于久远，但作为一个历史的舞台，它们在当年也是极其鲜活生动的，不仅在中国，在其周边地区也存在相关研究更加盛行的现象。尽管这种现象有特定的理由，可其很大的一面，该是既已打下一种清代印记的地区在当年尚未稳定之故。在此若将这种现象视作古代中国的一种集结的话，那在实际上，本书的参考书目当然也不能仅限于以清代为对象的各类文献。

五　增补参考文献

1.『中国史 4　明・清』　神田信夫編　山川出版社一九九九年

2.『大清帝国』　石橋崇雄　講談社　二〇〇〇年

大清帝国

3.『明清時代史の基本問題』　森正夫・野口鉄郎ほか編　汲古書院　一九九七年

4.『清代史研究』　石橋秀雄　緑陰書房　一九八九年

5.『増補近代中国の政治と社会』　市古宙三　東京大学出版会　一九七七年

（一）清代政治史方面

6.『雍正時代の研究』　東洋史研究会編　同朋舎出版　一九八六年

7.『清の太祖ヌルハチ』　松浦茂　白帝社　一九九五年

8.『鹿洲公案——清朝地方裁判官の記録』　藍鼎元　宮崎市定訳　平凡社東洋文庫　一九六七年

9.『近代中国政治外交史』　坂野正高　東京大学出版会　一九七三年

（该文献的中文版有：〔日〕坂野正高：《近代中国政治外交史》，陈鹏仁、刘崇棱译，台北：台湾商务印书馆，2005。——译者注）

10.『太平天国革命の歴史と思想』　小島晋治　研文出版　一九七八年

11.『洪秀全の幻想』　市古宙三　汲古書院　一九

八九年

12.『西洋人の見た天京事変ほか』　市古宙三　私家版　一九九九年

13.『明清交替と江南社会』　岸本美緒　東京大学出版会　一九九九年

14.『清代中国の法と裁判』　滋賀秀三　創文社　一九八四年

（二）清代社会经济史方面

15.『明清社会経済史研究』　百瀬弘　研文出版　一九八〇年

16.『清代中国の物価と経済変動』　岸本美緒　研文出版　一九九七年

17.『清代社会経済史研究』　重田徳　岩波書店　一九七五年

18.『清代社会経済史研究』　北村敬直　日本評論新社　一九七二年

19.『清代水利社会史の研究』　森田明　国書刊行会　一九九〇年

20.『清代農業経済史研究』　鉄山博　御茶の水書房　一九九九年

21.『中国近代社会史研究』　古島和雄　研文出版

大清帝国

一九八二年

22.『近代中国社会史研究序説』 中村哲夫 法律文化社 一九八四年

23.『清代農業商業化の研究』 田尻利 汲古書院 一九九九年

24.『中国善会善堂史研究』 夫馬進 同朋舎 一九九七年

（该文献的中文版有：〔日〕夫马进：《中国善会善堂史研究》，伍跃、杨文信、张学锋译，北京：商务印书馆，2005。——译者注）

25.『中国幇会史の研究』青幇篇・紅幇篇 酒井忠夫 国書刊行会 一九九七・九八年

26.『中国善書の研究』上・下 酒井忠夫 国書刊行会 一九九九・二〇〇〇年

27.『江南デルタ市鎮研究』 森正夫編 名古屋大学出版会 一九九二年

28.『広西移民社会と太平天国』本文篇・資料篇 菊池秀明 風響社 一九九八年

29.『明清江南市鎮社会史研究』 川勝守 汲古書院 一九九九年

30.『日本近世と東アジア世界』 川勝守 吉川弘文館 二〇〇〇

（三）清代文化史方面

31.『中国近世教育史の研究』　五十嵐正一　国書刊行会　一九七九年

32.『明清思想とキリスト教』　後藤基巳　研文出版　一九七九年

33.『増補宝巻の研究』　沢田瑞穂　国書刊行会　一九七五年

34.『西学東漸と中国事情』　増田渉　岩波書店　一九七九年

35.『明末清初の民窯』　西田宏子・出川哲朗　平凡社「中国の陶磁」10　一九九七年

36.『日用類書による明清小説の研究』　小川陽一　研文出版　一九九五年

37.『明清の戯曲——江南宗教社会の表象』　田仲一成　創文社　二〇〇〇年

38.『明清史籍の研究』　山根幸夫　研文出版　一九八九年

39.『清代政治思想史研究』　大谷敏夫　汲古書院　一九九一年

年 表

公历	年号	中国	日本以及外国
1599	万历二七	努尔哈赤制定满洲文字	1598 秀吉逝世
1601	二九	利玛窦进北京	1600 关原合战。英国东印度公司成立
1603	三一	马尼拉华侨大屠杀	1603 江户幕府创立。伊丽莎白一世逝世
1616	四四	努尔哈赤建立后金（天命元年）	1605（印度）莫卧儿王朝阿克巴皇帝逝世
1619	四七	辽东战役。努尔哈赤击败明军	
1620	泰昌 一	万历皇帝逝世	
1621	天启 一	努尔哈赤攻克沈阳	
1625	五	努尔哈赤定都沈阳（盛京）（天命一〇年）	
1626	六	努尔哈赤逝世，皇太极继位	
1627	七	皇太极进攻朝鲜（天聪元年）。天启皇帝去世	

· 478 ·

续表

公历	年号		中国	日本以及外国
1631	崇祯	四	农民起义领袖王嘉胤被杀	
1636		九	改国号为大清（崇德元年）。亲征朝鲜	1637 岛原起义
1639		一二	马尼拉华侨大屠杀	1639 锁国令
1643		一六	皇太极逝世，福临（顺治皇帝）继位	1643 法王路易十四继位
1644	顺治	一	李自成攻陷北京，崇祯皇帝自杀。清军进京	
1645		二	清军攻陷南京，李自成自杀。施行剃发令	
1650		七	郑成功自厦门、金门启程，开始第三次北伐	
1657		一四	吴三桂作为平西大将军进攻云南	
1658		一五	俄罗斯在黑龙江筑城	1658（印度）莫卧儿王朝奥朗则布因禁父亲沙加汗
1661		一八	顺治皇帝逝世。郑成功把台湾作为抗清"东征西讨"的战略基地	
1662	康熙	一	郑成功去世	
1665		二	俄罗斯在雅克萨筑城	
1669		八	南怀仁晋钦天监	1672 长崎会所开始处理中国、荷兰贸易
1673		一二	吴三桂云南之乱	1678 幕府禁止天主教传教
1678		一七	准噶尔部噶尔丹出兵。吴三桂去世	
1681		二〇	平定三藩	

· 479 ·

大清帝国

续表

公历	年号	中国	日本以及外国
1683	二二	郑克塽投降，平定台湾	
1685	二四	雅克萨之战	
1689	二八	中俄缔结《尼布楚条约》	
1696	三五	康熙皇帝亲征噶尔丹	
1707	四六	康熙皇帝出巡	1707 奥明则布去世
1711	五〇	规定"滋生人丁永不加赋"	
1716	五五	《康熙字典》出版	
1720	五九	广州创立公行	1720 幕府解禁洋书
1722	六一	康熙皇帝去世，雍正皇帝继位	
1723	雍正 一	禁止天主教传教，将传教士驱逐到澳门	
1724	二	平定青海，派遣驻藏大臣	
1725	三	《古今图书集成》完成	
1727	五	中俄缔结《恰克图条约》	
1729	七	平定贵州	
1730	一〇	设立军机处	
1733	一一	进攻准噶尔	
1735	一三	雍正皇帝去世，乾隆皇帝继位	

· 480 ·

续表

公历	年号		中国	日本以及外国
1739	乾隆	四	官修《明史》	
1740		五	湖南、广西苗族起义	1740 普鲁士国王腓特烈二世继位
1743		八	《大清一统志》完成	
1747		一二	金川土司起义。圆明园内建造洋式庭院	1744 克莱武来到印度
1749		一四	平定金川	
1751		一五	平定西藏	
1753		一八	葡萄牙要求割让澳门	
1754		一九	准噶尔部阿睦尔撒纳归降清廷	
1754		二〇	讨伐准噶尔，阿睦尔撒纳再次反叛。英国在宁波通商	
1757		二二	将欧洲贸易限定在广州	1757 普拉西战役
1758		二三	阿睦尔纳去世，平定准噶尔	
1759		二四	平定回疆，清朝领土达到最大	
1760		二五	占有天山南路	
1763		二八	《红楼梦》作者曹芹逝世（？）	
1765		三〇	回疆之乱	
1766		三一	金川起义。郎世宁逝世。远征缅甸	
1768		三三	《恰克图条约》改定	

年 表

· 481 ·

大清帝国

续表

公历	年号	中国	日本以及外国
1769	三四	远征缅甸,缅甸朝贡	1774 杉田玄白翻译并出版《解体新书》
1771	三六	金川起义(~1776)	1776 亚当·斯密出版《国富论》。美国发表《独立宣言》
1773	三八	开《四库全书》馆(~1782)	
1774	三九	山东白莲教王伦起义	
1776	四一	平定金川	
1781	四六	甘肃回教徒起义	1789 法国大革命
1782	四七	《四库全书》修成	1790 日本宽政改革
1784	四九	回教徒起义	1791 林子平《海国兵谈》
1786	五一	台湾林爽文起义。和珅兼任军机大臣,内阁大学士	1793 林子平去世。法王路易十六被判死刑
1789	五四	安南入贡	
1790	五五	缅甸臣服	
1791	五六	《恰克图条约》三订	
1793	五八	英国使臣马戛尔尼进北京	
1794	五九	荷兰使臣进北京	
1795	六〇	贵州苗族起义	
1796	嘉庆 一	乾隆皇帝退位。白莲教之乱	

482

续表

公历	年号		中国	日本以及外国
1797	二		王鸣盛逝世	
1798	三		平定贵州、华南苗族之乱	1798 近藤重藏在择捉岛探险
1799	四		乾隆皇帝去世。和珅被判死罪	1799 拿破仑发动雾月政变
1800	五		白莲教之协被杀	
1801	六		章学诚去世	
1804	九		蔡牵发动艇盗起义。钱大昕逝世。平定白莲教	1804 俄罗斯列扎诺夫长崎来航。拿破仑加冕
1809	一四		蔡牵战败身亡。平定艇盗	
1811	一六		西洋人到内地居住，禁止基督教传教。天理教徒闯入北京宫城	1811 日本幽禁俄罗斯船长戈洛夫宁幽禁
1814	一九		赵翼去世	1813 废除东印度公司的印度贸易独占权
1815	二〇		严禁输入鸦片	1815 杉田玄白《兰学事始》
1816	二一		英国使节阿美士德进京	
1820	二五		嘉庆皇帝去世，道光皇帝继位	
1822	道光 二		禁止持有鸦片	1822（～1829）希腊独立
1823	三		禁止栽培罂粟，制造鸦片	
1826	六		台湾黄文渊起义	1825 幕府发布"驱逐异国船只令"
1831	一一		严禁输入鸦片	

483

大清帝国

续表

公历	年号		中国	日本以及外国
1834		一四	英国使节律劳卑进广东	1830 法国七月革命
1836		一六	湖南瑶族起义。又律成为中国领事	1834 废除东印度公司的中国贸易独占权
1837		一七	林则徐任湖广总督	1837 美国船莫里森号来航浦贺
1838		一八	黄爵滋上奏禁止鸦片。林则徐作为钦差大臣前往广东	
1839		一九	林则徐虎门销烟，引发鸦片战争	1839 "蕃社之狱"（亦称"蛮社之狱"、"己亥之狱"）
1840		二〇	林则徐被革职，命琦善为钦差大臣	1842 幕府放宽"驱逐异国船只令"
1841		二一	琦善签订《穿鼻草约》。平英团袭击英国人	
1842	道光	二二	英军攻南京，《南京条约》割让香港	
1843		二三	上海开埠	
1844		二四	签订中美《望厦条约》、中法《黄埔条约》	
1847		二七	瑞典、挪威《通商条约》。回教徒起义	1852 拿破仑三世继位
1850		三〇	洪秀全广西起义。林则徐逝世。道光皇帝逝世	1853 培理来航浦贺
1851	咸丰	一	洪秀全称号太平天国	1854（～1856）克里米亚战争
1852		二	太平军攻陷武昌，汉阳	
1853		三	太平军占领南京，改称天京，小刀会起义	
1854		四	曾国藩败于湖南，湖北的太平军，组织湘军	
1856		六	太平天国天京内讧，亚罗号事件	

484

续表

公历	年号		中国	日本以及外国
1857		七	回教徒起义,捻军起义,英军联军占领广州	1857 印度土兵起义,莫卧儿帝国灭亡
1858		八	中英《天津条约》,中法《天津条约》,中俄《瑷珲条约》	1858 印度成为英国殖民地
1859		九	太平军李秀成败敌为忠王	
1860		一〇	英法联军进北京,《北京条约》	
1861		一一	咸丰皇帝去世,同治皇帝继位。太平军攻破杭州	1861 美国南北战争
1862	同治	一	美国人华尔组织常胜军。李鸿章组织淮军	
1863		二	英国人戈登指挥常胜军	
1864		三	洪秀全病死,清军占领南京。捻军,回教徒起义	
1865		四	捻军占领山东。苗民起义	
1866		五	上海成立江南制造机器总局	
1867		六	马尾成立福建船政局	1867 日本大政奉还
1868		八	平定捻军	1868 日本明治维新
1869		八	奥地利《通商航海条约》	
1870		九	成立天津机械局	
1871		一〇	《中日通商章程》	
1872		一一	曾国藩去世	
1873		一二	同治中兴	

· 485 ·

附 录

清代中央官制

　　清朝官制沿袭明朝传统，设置内阁作为最高政务机关，以殿阁大学士为中心，协办大学士进行辅佐。自从设置军机处，军机大臣便开始裁决重要政务，而内阁则变成形式上的事务部门。六部是分担事务的中枢，最高长官为承政，其次为参政，清朝入主北京后改其名为尚书和侍郎。这些职位虽然全部采取满汉并用的原则，但是像管理皇室事务的宗人府，则是需要特定身份的人出任的。

　　1861年，为了处理洋务及外交事务，特设了总理各国事务衙门，二十世纪初，将其作为外务部进行了官制改革，但并不具有实效。

中央官制略表

```
军机处（雍正以后）──大臣……章京  满汉各八名

内阁
 ├─ 大学士  满汉各两名
 └─ 协办大学士  满汉各一名

理藩院……大臣……尚书……左侍郎……右侍郎  满汉各一名
吏部（人事院）  尚书  左侍郎  右侍郎  满汉各一名
户部（大藏省）  尚书  左侍郎  右侍郎  〃
礼部（文部省）  尚书  左侍郎  右侍郎  〃
兵部（国防省）  尚书  左侍郎  右侍郎  〃
刑部（法务省）  尚书  左侍郎  右侍郎  〃
工部（建设省）  尚书  左侍郎  右侍郎  〃
```

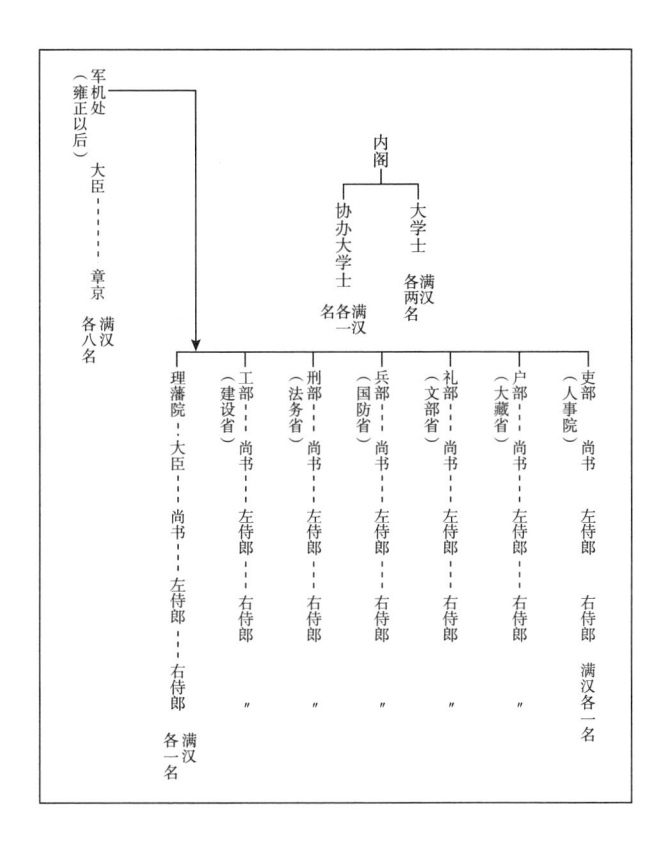

中央官制略表

清代地方官制

清朝将中国核心部分的十八个省和东北的满洲作为直辖市，蒙古、青海、西藏、新疆作为藩部。十八个省，基

大清帝国

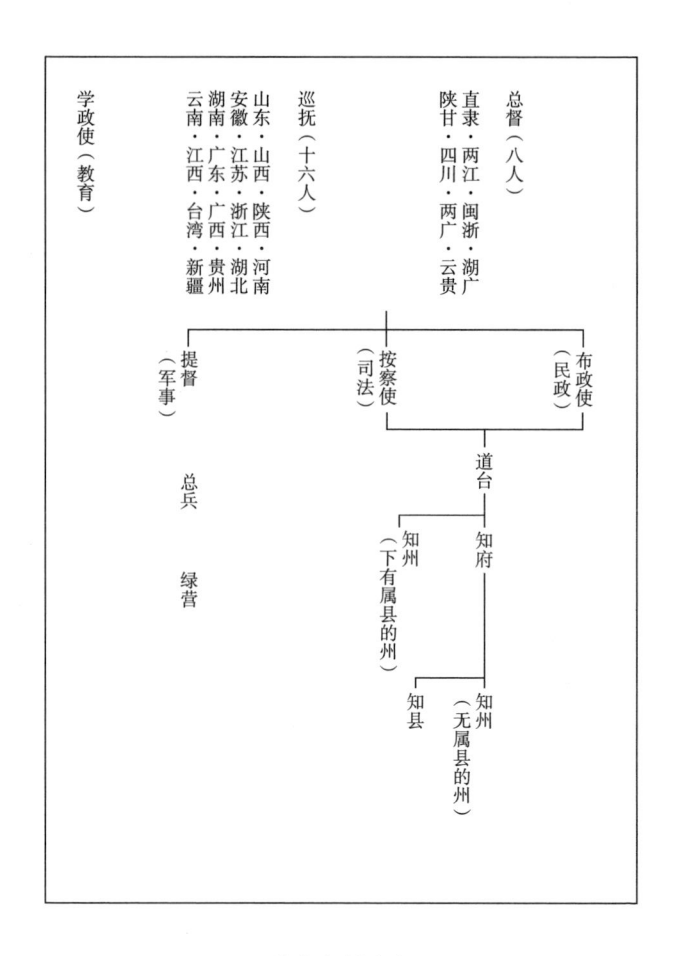

```
总督（八人）
  直隶・两江・闽浙・湖广
  陕甘・四川・两广・云贵

巡抚（十六人）
  山东・山西
  安徽・江苏・浙江・陕西・河南・湖北
  湖南・广东・广西・贵州
  云南・江西・台湾・新疆

学政使（教育）

布政使（民政）
按察使（司法）
提督（军事）
  总兵
  绿营

道台
  知府
    知州（下有属县的州）
    知县
  知州（无属县的州）
```

地方官制略表

本每个省设置一个巡抚，几个省设置一个总督。每个省设置布政使和按察使，再将省分为府、州、县，并设置其最高长官为知府、知州、知县。为了避免这样的地方长官为

488

附 录

本乡出身者,这些人都由中央统一派遣。满洲的军事政务由在盛京、吉林、黑龙江设置的三将军负责,蒙古以旗作为单位,结成盟统一管辖。像蒙古这样的藩部采用自治制度,理藩院进行监督,由中央派遣都统、将军、大臣统一管制。

索 引

阿桂　125，126
阿济格　85
阿美士德　167～169
奥伦　279
八大山人　403，404
八股文　391
八卦教　148，243
八旗　47，51，125，131～133，145，211，257
《巴黎茶花女遗事》　396
巴夏礼　223，224，227
白晋　110
白莲教　124，131，141～144，146～148，150，243，244，276
白齐文　278，279
包世臣　411
鲍鹏　208
《北碑南帖论》　377

北京笺　434
《本草纲目》　191，192，380
匕首会　243
彼得　100，104，458
毕沅　354，373
《补农书》　385
布尔布隆　226
《布连斯奇条约》　117
蔡牵　147，148
曹素功　437
曹锡宝　126
曹雪芹　394
策妄阿拉布坦　104
茶庄　293
查慎行　392
查嗣庭　118
蛋船　204
长春园　425
《长生殿》　63，397，398

· 490 ·

索　引

常胜军　275～279
陈鸿寿　411，412
陈继儒　59
陈森　395
陈廷敬　361
陈献章　436
陈玉成　274
陈玉书　361
《宸垣识略》　321
程君房　436，437
程瑶田　354
澄心堂纸　434
《池北偶谈》　392，400
崇祯皇帝　53，54，71
初尚龄　377
褚华　385
《穿鼻草约》　209
《词综》　392
崔述　363
大乘教　243
大记　278
戴名世　111
戴维斯　169
戴震　353～358，366，374
疍民　450，452
德楞泰　131，145
邓石如　410
地丁银　110，116

《滇黔纪闻》　111
《东西洋考》　309
董其昌　404，409，410
《都门纪略》　321
督宝灵　224
《读史方舆纪要》　375
《读通鉴论》　75
杜赫德　39，162
杜文澜　281
端华　228
端砚　437，438
段玉裁　353，354，377
敦崇　400
多铎　85
多尔衮　49，54，88，132
惰民　116
《俄罗斯国纪要》　208
《蛾术篇》　365，367
额尔金　225～227
额勒登保　131，145
鄂尔泰　124
《儿女英雄传》　395
《二十二史考异》　366
《二十二史札记》　369～370
《二十年目睹之怪现状》　395
樊明德　141，143
方苞　390
方东树　390

491

大清帝国

方观承　385
方孝标　111
方于鲁　437
丰亨豫大　52，66，74
《封建论》　118
冯道　67，68，73，237
冯克善　149
冯云山　248～251，253，256，272
《奉使金鉴》　366
福州船政局　291
福临　49，83
福州将军　231
复社　69，70，72
傅山　410
傅泽洪　365
噶尔丹　104，117
《陔余丛考》　370，400
改琦　408
改土归流　116
高凤翰　407
高鹗（兰墅）　394
高翔　407
戈登　266，267，279
哥老会　243
格莱斯顿　204，205
葛罗　225，227
耿继茂　93

耿精忠　92～94，96，98
耿仲明　93
公行　174～177，194，214，221，230
功过格　26，59，350，351
龚自珍　206
《古今图书集成》　33，106，382，440
《古泉汇》　377
《古文辞类纂》　390
《古玉图考》　419
顾炎武　69，70，72～74，353，355，362，375，378，400
顾祖禹　353，375
官逼民反　135，137，144，244
《官场现形记》　395
官窑　413，414
管同　390
光面　312
《广东十三行考》　176，468
《广东新语》　400
《广州竹枝词》　172
桂良　225～228
《国姓爷合战》　37
《海国图志》　165，345，376
海禁　17，33，172，309，310

· 492 ·

索 引

海山仙馆　177
韩山文　247，249，266
耗羡　114
合伙　333
何秋涛　375
何绍基　411
何震川　262
和　珅　125，126，131，140，167
赫德　39，162，231，232
恒福　227
《红楼梦》　394，395
《红雪楼填词九种》　397
洪承畴　88
洪大全　252
洪贵福　275
洪亮吉　375
洪仁达　273
洪仁发　273
洪仁玕　248，249，268
洪升　397
洪秀全　246～251，254，256，267，268，270，272，474
侯志　250
胡开文　438
胡适　372
胡渭　353，355
胡孝先　256

湖笔　437，438
华尔　278
华侨　16，30，245，286，324
华若翰　226
华兴会　243
华岩　407
《华夷变态》　31～33，35～37
怀德堂　38
淮军　277，279
《皇朝经世文编》　376
皇太极　48～50，83
《皇舆全览图》　106
黄百家　71
黄爵滋　202，206
黄钧宰　400
黄埔条约　218
黄慎　407
黄生戈　261
《黄书》　75
黄宗羲　69～72，352，353，362
黄遵宪　393
徽墨　431，437
会馆　15，61，260，327，329～336
惠栋　353，355
惠士奇　353
混元教　141，143

大清帝国

《积古斋钟鼎彝器款识》　377
《吉金所见录》　377
吉文元　260，261
几社　69
纪昀　354，396
济尔哈朗　49
《嘉定屠城纪略》　86
嘉庆皇帝　126，131～135，
　　140，144，145，149，150，
　　168，426
柬纸　434
江藩　354
江声　354
江永　354，379
《疆域志》　375
蒋溥　385
蒋士铨　392，397
蒋廷锡　406
蒋友仁　128
焦秉贞　407
《芥子园画传》
金榜　354
《金壶七墨》　400
金农　407
金圣叹　394
《金石萃编》　377
京剧　398
《京师坊巷志》　330

景安　140
《景德镇陶录》　382，384，
　　414
《镜花缘》　395
九姓渔户　116，450
捐输　137～139
开平矿务局　291
康熙皇帝　92，94，96，101，
　　102，104～112，114，118～
　　120，129，363，374，405，
　　407，425，426，441
《康熙帝传》　110
《康熙字典》　106，119
康有为　354
抗租　13，136，238，287
考证学　23，58～60，62，74，
　　342，349，354，355，360，
　　379，381
锞子　155，307
孔广森　354
孔尚任　63，397
孔有德　85，88，93
《苦瓜和尚画语录》　404
快蟹　204
《坤舆万国全图》　345
昆曲　398
廓尔喀　121
拉萼尼　218

索　引

蜡笺　434

赖汉英　273

赖文光　280

蓝浦　382，414

烂板　311，312

郎世宁　29，128，407，408，415

《老残游记》　395

乐户　116，450

勒保　145

冷添禄　144

李宝嘉　395

李长庚　147，148

李成栋　86

李调元　400

李方膺　407

李塨　353

李鸿章　277，279，280

李开芳　260，261

李汝珍　395

李鱓　407

李时珍　191~192，380

李侍尧　125

李泰国　231

李文成　148~150

李秀成　273，274，280~282，467

《李秀成供状》　273，280，282

李岩　55

李渔　397

李卓吾　67，235，237，394

李自成　32，49，53~55，85，90，92~94，132

李佐贤　377

《历史家的世界史》

《历象考成》　107

利玛窦　127，235，236，245，345

《笠翁十种曲》　397

连史纸　433，434

梁阿发　245，246

梁启超　352~354，357，372

梁上国　145

《聊斋志异》　396

林凤祥　260，261

林清　148，149

林纾　396

林爽文　368

林则徐　202~208，212，217，222，252

临襄会馆　333

凌廷堪　354

呤唎　252，258，266，267，279

刘大櫆　390

刘鹗　395

大清帝国

刘丽川　277
刘清　150,151
刘全　126
刘世明　192
刘松　143
刘台拱　354
刘献廷　353
刘应棠　385
刘墉　410
刘之协　143
《六谕衍义》　350
龙绍周　144
卢文弨　354
炉房　156,325
陆生枏　118
吕留良　119
律劳卑　169,170
《律吕正义》　108
罗卜藏丹津　117
罗大纲　250,277,278
罗聘　407
罗其清　144,151
罗孝全　248,249
马戛尔尼　165~168,425
马礼逊　245,441
马士　85,328,332
马士英　85
《马首农言》　385

马蹄银　155,156,307,308,313,314,316
买办　291,292,294
麦高恩　328
《满清纪事》　264
毛边纸　433
茅笔　437
《梅氏历算全书》　379
梅文鼎　353,355,379,384
《孟子字义疏证》　357
米怜　245
密储制　79,112~113
《棉花图》　385
苗沛霖　275
闵贞　407
《明清斗记》　37
《明儒学案》　71
《明诗综》　392
《明史》　105,106,360~362,391
《明史稿》　361
明史馆　71,105,360,361
《明史辑略》　111
《明夷待访录》　71,352
《墨银考》　308
《木棉谱》　385
穆彰阿　212
南怀仁　107,111

496

索 引

《南京条约》 212，214～218，230
《南山集》 111
《南越笔记》 400
《尼布楚条约》 8，9
年羹尧 118
年希尧 192，413
捻匪 261，279，280，282
宁绍道台 231
牛八 143
牛鉴 212
牛亮臣 148，149
《农桑经》 385
《农政全书》 385
努尔哈赤 45，47，48，50，83
帕默斯顿 203，205，207
潘启官 173，176
潘仕成 177
潘秀 173
潘振成 177
佩里 265
《佩文韵府》 106
《佩文斋广群芳谱》
《骈字类编》 106
票号 325
《品花宝鉴》 395
《平定粤寇纪略》 281

平英团 211，219
蒲松龄 385，396
璞鼎查 205，210，211，214
普鲁斯 226
七十二行 322，323
齐召南 375
祁隽藻 385
耆英 212，214，217，218
《崎港商说》 35
琦善 207～209，212，258
绮春园 425
《恰克图条约》 118
钱大昕 354，363，366，367，369，400
钱江 256
钱铺 156
钱谦益 391
钱业会馆 333
乾隆皇帝 29，110，120，121，123～126，128，131，132，165～168，187，366，368，385，424～426，441
强克捷 149
秦日纲 250
《清朝野史大观》 177
《清代学术概论》 353
《清国近世乱志》 266
《清国骚乱话》 263

· 497 ·

大清帝国

《清国商业综览》 301，321
《清国咸丰乱记》 263
《清三代实录摘要》 83
《清三朝事略》 83，84
清水教 141，143，243
《清俗纪闻》 37，38，40，84，429
《清学案小识》 341
《清一统志》 366，375
清漪园 424
屈大均 172，400
《全唐诗》 106
全祖望 353
《劝世良言》 245
冉文俦 144
《人寿金鉴》 366
仁记洋行 291
任大椿 354
《日本杂事诗》 393
《日下旧闻》 321，400
《日知录》 74，400
《儒林外史》 395
阮大铖 70
阮元 354，377，399，410
萨尔浒山 47
赛尚阿 252
三点会 243
《三藩纪事本末》 91

三合会 243
三田渡 48
三字经 63
僧格林沁 226，227，261，280
沙逊 291
山西乐户 450
上帝教 248~251，261，271，274，276
上海机器织布局 291
《上海杂记》 265
尚可喜 85，91~94
尚之信 92，96
邵晋涵 373
《神农本草经百种录》 381
《神器谱》 382
沈德潜 392
《沈氏农书》 385
《生意经》 321
《圣武记》 376
盛世滋生人丁 109
施耐庵 63
《十驾斋养新录》 367，400
《十七史商榷》 364，365
十三行 160，165，166，170，172~176，178~180，291，323，327，468
石达开 250，251，256，273，

498

索　引

275，277
《石渠余纪》　400
石涛　403，404
石贞祥　277
世仆　116
世忠营　70
《授时通考》　385
《数理精蕴》　107
双刀会　243
《水道提纲》　375
《水浒传》　235，343，394
顺刀会　243
顺治皇帝　49，88，89，91，
　93，108，131，426
《朔方备乘》　375
斯当东　166，167
《四库全书》　126
《四洲志》　208
宋教仁　268
《宋元学案》　71
苏板　312
苏松道台　231
肃顺　228
孙文　268，302，317
孙延龄　92，96
《梭山农谱》　385
台约尔　441
《太平天国革命亲历记》

258，267
《太平天国野史》　272
《太平天国轶闻》　272
谭廷襄　225
《唐阿兰陀持渡金银钱图鉴》
　195，196，307
唐鉴　341
唐英　413，415
《桃花扇》　63，397，398
《陶成纪事碑》　415
陶说　414
薙发令　86，87
天朝田亩制度　259
天地会　243，249，250，274，
　277
《天工开物》　382
《天津条约》　215，224～228，
　231
天理教　147～149，151，243
天坛　420，426
《天下郡国利病书》　74，375
添弟会　243
田芳　250
田文镜　119
艇盗　147，148
桐城派　390
土司　116，121，362
万历皇帝　65，123

· 499 ·

大清帝国

万斯同　71，353，361
汪景祺　118
汪森　400
汪中　354
王昶　354，377，392
王鼎　212
王铎　410
王夫之　69，74~76
王辅臣　96
王鸿绪　360，361
王翚　404~406
王鉴　405
王伦　141，143
王鸣盛　354，362~367，369，400
王念孙　126，353，354
王清任　381
王庆云　400
王三槐　144，150
王时敏　404~406
王士祯　391，392，400
王世贞　405
王锡阐　353
王锡侯　119
王秀楚　85
王引之　353，354
王原祁　405
王直　229，326

《望厦条约》　217，218
韦昌辉　250，251，256，272
魏源　165，206，345，376
魏忠贤　70
《文房四宝谱》　431
文康　472
文社　69，475，477
《文史通义》　342，371~373
文祥　227，228
文徵明　409
《无声戏》　397
无为教　243
吴昌硕　408，412
吴大澂　419
吴敬梓　395
吴历　406
吴三桂　32，36，49，56，85，88，90~94，96，111
吴世璠　96
吴伟业　391
吴沃尧　395
吴熙载　411，412
伍崇曜　178
伍敦元　178
《武英殿聚珍版丛书》　440
《西清古鉴》　376
《西厢记》　394
《西洋钱谱》　195，196，307

500

索 引

《西域水道记》 375
《西征随笔》 118
歙砚 431
《闲情偶寄》 397
乡勇 132,140,145,146,275
《香祖笔记》 392
湘军 269,276,277,281,332
湘勇 276
向荣 258
萧朝贵 250,251,253,254,256,272
萧令裕 192
小刀会 231,278
《啸亭杂录》 400
械斗 249
谢济世 119
兴中会 243
《行水金鉴》 365
行用银 176
胥吏 18,137,138,144,148,150
墟市 322
徐大椿 381
徐乾学 363,374,375
徐日升 107
徐松 375

徐添德 144
许乃济 207
《宣和博古图》 376
宣纸 64,431
薛福成 400
《雪桥诗话》 400
雅克萨 104
亚罗号 223~225
阎若璩 355
颜元 353
《燕京岁时记》 400
《扬州八怪》
《扬州十日记》 84,85
杨文乾 174
杨秀清 250,251,254,256,268,272
杨钟义 400
洋枪队 278
《洋银辨正》 314,315
养廉银 114,115
姚鼐 390
姚之富 144
叶名琛 224,225
伊秉绶 410
伊格纳切夫 227
伊里布 209,212
《医林改错》 381
《医宗金鉴》 380

501

大清帝国

怡和洋行　291
颐和园　29，408，424，425
义律　202，205，208~211
奕訢　227，228
奕山　209，210
《阴骘录》　350
《音学五书》　74，378
《银经发秘》　314~316
《银水总论》　313
银庄　156
应社　69
《营造法式》　382，421
《庸盦笔记》　400
雍正皇帝　78，112~119，124，128，129，174，425~427
《雍正朱批谕旨》　78，114
永不加赋　109，110
永历皇帝　75，111
《游清五录》　265
余葆纯　211
余萧客　354
《虞初新志》　400
育婴堂　14，333
《御批历代通鉴辑览》　368
《渊鉴类函》　106
元宝银　155，307，311，312
园冶　382

袁黄　350
袁枚　392，396
圆明园　128，135，168，227，424，425
《远西奇器图说录最》　382
岳钟琪　117
《阅微草堂笔记》　396
《粤东市舶论》　192
《粤匪大略》　264
粤海关　164，174~176，231
粤海关监督　174，176，231
《粤海关志》　175
《粤西丛载》　400
恽寿平　406
载垣　227，228
臧应选　413
曾国藩　75，276，277，279~282，290，341，390，465
曾国荃　277
《乍浦集咏》　211
张潮　400
张汉潮　144
张履祥　385
张瑞图　410
张添伦　144
张廷玉　124，361
张裕钊　411
张钊　250

· 502 ·

索　引

张照　410

张之洞　370

张宗禹　280

章学诚　342，353，371～374

招商局　291

昭梿　400

赵翼　363，367～370，392，399，400

赵之谦　408，412

正乙祠　333

郑成功　97～99

郑经　32，92，94，96～99

郑克塽　99

郑思肖　68

郑燮　407

郑芝龙　32，137

中锭　155，307

《中华帝国全志》　39，162

朱筠　373

朱琰　414

朱彝尊　392，400

朱由榔　91

朱由崧　91

朱聿键　91

朱子素　86

朱嶟　207

竹纸　433，434

庄廷鑨　111

《赘肬录》　265

准噶尔　104，105，117，118，121

《子不语》　396

紫禁城　420，422～424

总税务司　231，232

图书在版编目(CIP)数据

大清帝国 /（日）增井经夫著；程文明译. - - 北京：社会科学文献出版社，2017.8（2018.7重印）
 ISBN 978 - 7 - 5201 - 0416 - 6

Ⅰ.①大… Ⅱ.①增… ②程… Ⅲ.①中国历史 - 研究 - 清代 Ⅳ.①K249.07

中国版本图书馆 CIP 数据核字（2017）第 043347 号

封面满文题签：南开大学张楚南博士

大清帝国

著　　者 /[日]增井经夫
译　　者 /程文明

出 版 人 /谢寿光
项目统筹 /段其刚　冯立君
责任编辑 /沈　艺　张　骋　范欣欣　国　盟

出　　版 /社会科学文献出版社·甲骨文工作室（010）59366551
　　　　　地址：北京市北三环中路甲29号院华龙大厦　邮编：100029
　　　　　网址：www.ssap.com.cn
发　　行 /市场营销中心（010）59367081　59367018
印　　装 /三河市东方印刷有限公司

规　　格 /开　本：889mm×1194mm　1/32
　　　　　印　张：16.5　字　数：303 千字
版　　次 /2017 年 8 月第 1 版　2018 年 7 月第 2 次印刷
书　　号 /ISBN 978 - 7 - 5201 - 0416 - 6
著作权合同
登 记 号 /图字 01 - 2014 - 1053 号
定　　价 /79.00 元

本书如有印装质量问题，请与读者服务中心（010 - 59367028）联系

▲ 版权所有 翻印必究